古文观止

[清]吴楚材 [清]吴调侯◎著

高学珠◎编译

江苏凤凰科学技术出版社·南京

图书在版编目（CIP）数据

古文观止 /（清）吴楚材，（清）吴调侯著；高学珠编译. — 南京：江苏凤凰科学技术出版社，2018.9（2022.5 重印）

ISBN 978-7-5537-7946-1

Ⅰ.①古… Ⅱ.①吴… ②吴… ③高… Ⅲ.①古典散文－散文集－中国②《古文观止》－译文 Ⅳ.①H194.1

中国版本图书馆 CIP 数据核字 (2017) 第 012652 号

古文观止

著　　者	【清】吴楚材　【清】吴调侯
编　　译	高学珠
责任编辑	祝　萍
责任监制	方　晨
出版发行	江苏凤凰科学技术出版社
出版社地址	南京市湖南路 1 号 A 楼，邮编：210009
出版社网址	http://www.pspress.cn
印　　刷	文畅阁印刷有限公司
开　　本	718 mm × 1 000 mm 1/16
印　　张	13
插　　页	1
字　　数	233 000
版　　次	2018 年 9 月第 1 版
印　　次	2022 年 5 月第 2 次印刷
标准书号	ISBN 978-7-5537-7946-1
定　　价	32.80 元

前言

中华文化博大精深。古文是了解中国历史、开启传统文化智慧的一把金钥匙。经过数千年历史长河的披沙拣金，一篇篇优美的古文脱颖而出，宛如一颗颗圆润的明珠，熠熠生辉，动人心魂。时至清初，终于有人将这些明珠串连起来，供人们集中品鉴欣赏，这就是《古文观止》。

《古文观止》的“观止”一词，源自《左传》的“季札观周乐”篇：“观止矣，若有他乐，吾不敢请已。”观而止之，是对入选古文的最高的评价和推崇。而其中收入的古文，也确实是千百年来广为传看的精品，所以《古文观止》自清初定稿以来，流传城乡，雅俗共赏，是迄今为止深受广大读者喜爱的古文读本之一。

《古文观止》是清人吴楚材、吴调侯于康熙三十三年（公元1694年）编选的。二吴均是浙江绍兴人，长期设馆授徒，此书是为学生编的教材。《古文观止》收录的文章上起周代下迄明末，分为12卷，共222篇。所选文章注意题材和文体风格的多样性，坚持文质并重的文学主张，讲究思想性和艺术性；体裁也丰富多彩、百花齐放，既有儒家经典、历史散文，也有传记、书信、论辩乃至游记、寓言小说。《古文观止》自康熙三十四年（公元1695年）刊行以来，已有三百余年，它似一条长河，汩汩流淌，虽然蜿蜒曲折，但不曾枯竭，始终保持着旺盛的生命力。作为一本普及型的文学读本，《古文观止》折射出我泱泱华夏文化之源远流长、博大精深。

那些被文字固定在长长短短的篇幅里的人们，有的面色严谨，有的放浪形骸，有的痛哭失声，最后告诉我们的，却也只是一个问题：他们无时无刻不在坚守着自己内心深处的一种情愫，在不经意之中，通过不同的形式，践行自己的信念，甚至不惜失去繁华与生命。这本书里的水光山色、弓戈剑戟、长吁短叹、车辙蹄痕，掩不住的总是浓浓淡淡的血痕。

今天，许多版本的《古文观止》不断推出，让人们眼花缭乱，不知道如何选择。本书在原版的基础上精选 75 篇经典文章，加以注释、翻译、评析，较为全面地诠释了作品的思想内容，使读者在生活之余可以轻松闲逸地品味数千年的文学经典。

目录

卷一

初，郑武公娶于申，曰武姜，生庄公及共叔段。庄公寤生，惊姜氏，故名曰寤生。遂恶之。爱共叔段，欲立之。亟请于武公，公弗许。

及庄公即位，为之请制。公曰："制，岩邑也，虢叔死焉。他邑唯命。"请京，使居之，谓之京城大叔。

郑伯克段于鄢

《左传》[1] 隐公元年

※ 原文

初，郑武公娶于申，曰武姜，生庄公及共叔段。庄公寤生，惊姜氏，故名曰寤生[2]。遂恶之。爱共叔段，欲立之。亟请于武公，公弗许。

及庄公即位，为之请制。公曰："制，岩邑也，虢叔死焉。佗邑唯命。"请京，使居之，谓之京城大叔。

祭仲曰："都城过百雉[3]，国之害也。先王之制：大都，不过参[4]国之一；中五之一，小九之一。今京不度，非制也。君将不堪。"公曰："姜氏欲之，焉辟害！"对曰："姜氏何厌[5]之有！不如早为之所。无使滋蔓。蔓，难图也。蔓草犹不可除，况君之宠弟乎！"公曰："多行不义必自毙。子姑待之。"

既而大叔命西鄙[6]、北鄙贰于己。公子吕曰："国不堪贰，君将若之何？欲与大叔，臣请事[7]之；若弗与，则请除之，无生民心。"公曰："无庸[8]，将自及。"

大叔又收贰以为己邑，至于廪延。子封曰："可矣，厚将得众。"公曰："不义不昵，厚将崩。"

大叔完[9]聚[10]，缮甲兵，具卒乘，将袭郑。夫人将启之。公闻其期，曰："可矣！"命子封帅车二百乘以伐京。京叛大叔段。段入于鄢。公伐诸鄢。五月辛丑，大叔出奔共。

书曰："郑伯克段于鄢。"段不弟，故不言弟。如二君，故曰克。称郑伯，讥失教也，谓之郑志。不言出奔，难之也。

遂置姜氏于城颍，而誓之曰："不及黄泉，无相见也！"既而悔之。颍考叔为颍谷封人，闻之，有献于公。公赐之食。食舍肉。公问之。对曰："小人有母，皆尝小人之食矣，未尝君之羹，请以遗之。"公曰："尔有母遗，繄我独无！"颍考叔曰："敢问何谓也？"公语之故，且告之悔。对曰："君何患焉！若阙地及泉，隧而相见，其谁曰不然？"公从之。公入而赋："大隧之中，其乐也融融！"姜出而赋："大隧之外，其乐也泄泄。"遂为母子如初。

君子曰：颍考叔，纯孝也。爱其母，施及庄公。《诗》曰："孝子不匮，永锡尔类。"其是之谓乎！

※ 注释

1 《左传》：又称《春秋左氏传》《左氏春秋》，相传为鲁国太史左丘明所作，后来又经过许多人的增补。2 寤生：逆生。寤：通“牾”，逆，倒着。3 雉：量词。长三丈，高一丈为一雉。4 参：同“三”。5 厌：满足。6 鄙：偏远的城镇。7 事：侍候、侍奉。8 无庸：意思是说不用除掉大叔。9 完：修筑城池。10 聚：积聚、粮草。

※ 译文

当初，郑武公从申国娶回妻子，名叫武姜。生下庄公和共叔段两个儿子。庄公出生时是难产，惊吓了姜氏，所以给他取名叫“寤生”，因此姜氏就厌恶他。姜氏偏爱共叔段，想立他做太子。多次向郑武公请求，武公不答应。

等到庄公做了郑国国君，姜氏又替共叔段向庄公请求把制地封给他。庄公说：“制，是一个险要的地方，东虢国的国君虢叔就死在那里。其他地方我都随便您挑选。”于是姜氏又请求以京邑做封地，庄公答应了，就让共叔段住在那里，人们称他为“京城太叔”。

郑国的大夫祭仲说：“分封的都城如果超过了三百方丈，便是国家的祸害。先王的制度是：大城邑不得超过国都的三分之一；中等城邑不超过五分之一；小城邑不超过九分之一。今天京城的城墙不合法度，不是先王的制度，恐怕对您不利。”庄公说：“姜氏想这样，我又怎么能躲避这种祸害呢？”祭仲回答说：“姜氏哪里有满足的时候？不如早点做安排，不要让他的势力滋长蔓延。蔓延开来，就难对付了。蔓延的野草尚且不能够除尽，何况是您那受宠爱的弟弟呢！”庄公说：“不义的事情做多了，必然会自取灭亡。你姑且等着瞧吧！”

不久，太叔命令原属郑国的西边和北边的边邑从属于庄公，从属于自己。公子吕说：“我们的国家受不了这种从属两个主人的情况，您打算怎么处理这件事？如果把郑国交给太叔，就请您允许我侍奉他；如果不给太叔，就请您除掉他，不要让郑国的老百姓产生二心。”庄公说：“不用除掉他，他将会自及于祸，自作自受的。”

太叔又把原来两属的边邑收归自己所有，而且扩展到了廪延。子封说：“可以行动了！如果他的领地扩大了，将会得到更多人的归附。”庄公说：“他既对国君不义，又对兄长不亲，地方占得再大也必然失败。”

太叔积极地修筑城墙，集中民力、粮草，修整并制造盔甲、武器，编组步兵和战车，准备偷袭郑国。姜夫人也准备作为内应，替他打开城门。庄公获悉太叔偷袭郑国的日期，便说：“可以动手了！”命令子封率领两百辆战车去讨伐京城。京城的人反叛了太叔段。太叔逃到了鄢。庄公又追到鄢去讨伐他。五月二十三日那天，太叔便逃到共国去了。

《春秋》上记载说：“郑伯克段于鄢。”因为太叔段的所作所为不像做弟弟的样子，所以不称“弟”。兄弟俩像是两国国君一样争斗，所以说是“克”。而称庄公为郑伯，是讥讽他没尽到兄长的教育责任，姑息他弟弟的恶行，也表明庄公本来就有杀弟弟的意图。不说逃亡，是难以言说啊。

于是，郑庄公把姜氏安置在城颍，并发誓说：“不到黄泉，不再见面。”可是，不久他又后悔了。颍考叔是颍谷管理疆界的官，听到了这件事，便去给庄公进献礼品。庄公赐给他饭食，他吃饭时故意把肉留下。庄公问他缘故，他回答说：“我家中有母亲，小人孝敬的食物她都吃过了，就是没尝过君王赐给的美味，请您允许我把肉带回去孝敬母亲。”庄公说：“你有母亲可以孝敬食物，唯独我没有！”颍考叔说：“请问您这话怎么说？”庄公向他说明了缘故，并且告诉他自己很后悔。颍考叔回答说：“您又何必为这事而烦恼呢？如果挖地见到了泉水，再打一条隧道在里面与您母亲相见。又有谁说这样做不对呢？”庄公照他的话做了。庄公走进地道时赋诗说：“大隧道里面，母子相见，是多么快乐啊！”姜氏走出地道时赋诗说：“大隧道外面，母子相见，是多么舒畅啊！”于是母子又像以前一样融洽了。

君子说：颍考叔，是真正的孝子。爱自己的母亲，还影响到庄公。《诗经》上说：“孝子的孝道没有穷尽，永远能感化同类的人。”大概说的就是像颍考叔这样的人吧。

※ 评析

常言道：一母生二子，必有厚薄。春秋时代的郑国王后武姜，对庄公和共叔段二子有爱恶之偏见，导致兄弟之间的权力之争，感情破裂。庄公对共叔段姑息放纵，然后乘时而动用兵机，追杀而想置之于死地。为了权势，为了利益，为了一己私心，他们置亲情于不顾而展开了残酷的战争。文章通过这件事，把姜氏的偏私任性、共叔段的野心勃勃、郑庄公的阴险狡诈，都淋漓尽致地表现了出来。

情感是人世间最宝贵的东西，是任何东西都不能取代的。试想，如果每个人都多为对方着想一些，那么不就可以得到比金钱、荣誉、地位更可贵的东西吗？这才是人生最幸福的事情。

石蜡谏宠州吁

《左传》隐公三年

※ 原文

卫[1]庄公娶于齐东宫[2]得臣[3]之妹，曰庄姜。美而无子，卫人所为赋《硕人》也。又娶于陈，曰厉妫，生孝伯，蚤死。其娣[4]戴妫生桓公，庄姜以为己子。

公子州吁，嬖人[5]之子也。有宠而好兵[6]，公弗禁，庄姜恶之。

石碏谏曰："臣闻爱子，教之以义方，弗纳于邪。骄奢淫佚，所自邪也。四者之来，宠禄过也。将立州吁，乃定之矣；若犹未也，阶[7]之为祸。夫宠而不骄，骄而能降，降而不憾，憾而能昣[8]者，鲜[9]矣。且夫贱妨贵，少陵长，远间亲，新间旧，小加[10]大，淫破义，所谓六逆也；君义，臣行，父慈，子孝，兄爱，弟敬，所谓六顺也。去顺效逆，所以速祸也。君人者，将祸是务去；而速之，无乃不可乎[11]？"弗听。

其子厚与州吁游，禁之，不可。桓公立，乃老。

※ 注释

1 卫，国名。2 东宫：太子所住的宫室，故也称太子为东宫。3 得臣：齐太子名。4 娣：古代诸侯嫁女，妹妹常常随嫁，称为娣。5 嬖（bì）人：地位低下而受宠的婢亲。6 好兵：喜欢玩弄武器。7 阶：阶梯，引申为导引、酿成。8 昣（zhěn）：克制，安定。9 鲜：少。10 加：欺凌、侵犯。11 无乃不可乎：恐怕不可以吧。

※ 译文

卫庄公娶了齐国太子得臣的妹妹，名叫庄姜。生得美丽，但没有为庄公生下生儿子。卫国人因此替她作了《硕人》这首诗。卫庄公又在陈国娶了一个妻子，叫厉妫，生了孝伯，很早就死了。厉妫的妹妹戴妫生了桓公，庄姜把他当作自己的儿子。

公子州吁，是庄公宠妾所生的儿子。他得到庄公的宠爱，而且喜欢玩弄兵器，庄公却不禁止，庄姜则很讨厌他。

卫国大夫石碏劝谏庄公说："我听说一个人喜爱自己的儿子，就应当用正道来教育他，不要使他步入邪路。骄傲、奢侈、无度、放荡，这是走向邪路的开始。这四种恶习的产生，都是由于宠爱和赏赐太过分。如果要立州吁做太子，那就要定下来；如果还没有定下来，就会使他酿成祸乱。受宠爱而不骄傲，骄傲又能安于地位下降，地位下降而又不怨恨，怨恨又能自安自重的人，是很少有的啊。况且，低贱的妨害高贵的，年少的欺凌年长的，疏远的离间亲近的，新人挑拨旧人，弱小的压着强大的，淫乱的破坏道义的，这就是人们常说的六种逆礼。国君制命为义，臣下奉行君令，父亲疼爱儿子，儿子孝顺父亲，兄长爱护弟弟，弟弟敬重兄长，这就是人们常说的六种顺礼。离开顺礼而效法逆礼，这是使祸害加速到来的原因。作为国君应该尽力去掉祸害，现在却加速祸害的到来，这样做恐怕不可以吧！”庄公不听劝谏。

石碏的儿子石厚和州吁交往密切，石碏的禁止却不起作用。到了卫桓公即位，石碏就告老还乡了。

※ 评析

“宠”字是此篇贯通始终的总纲和主题。自古子不可宠，宠子必骄，骄必“速祸”也。石碏看到了这一点，并且提出了以“义方”为教子之法，以“六顺”为绝患之本。无奈庄公刚愎自用，贻祸于后代，确实是遗憾。

自古以来，父母爱自己的孩子都是人之常情，但是过分的溺爱则容易使孩子走上歧途，毁掉他们的一生。庄公就是一个很好的例子。所以，对孩子的爱不能是过分的爱，爱要朝培养他们成才的方向发展。

曹刿论战

《左传》庄公十年

※ 原文

十年春，齐师伐我，公将战。曹刿请见。其乡人曰：“肉食者[1]谋之，又何间焉？”刿曰：“肉食者鄙，未能远谋。”遂入见。问：“何以战？”公曰：“衣食所安[2]，弗敢专[3]也，必以分人。”对曰：“小惠未遍，民弗从也。”公曰：“牺牲[4]玉帛，弗敢加[5]也，必以信。”对曰：“小信未孚[6]，神弗福也。”公曰：“小大之狱，虽不能察，必以情。”对曰：“忠之属[7]也，可以一战。战则请从。”

公与之乘，战于长勺。公将鼓之，刿曰：“未可。”齐人三鼓，刿曰：“可矣。”齐师败绩。公将驰之，刿曰：“未可。”下视其辙，登轼而望之，刿曰：“可矣！”遂逐齐师。

既克，公问其故。对曰：“夫战，勇气也。一鼓作气，再而衰，三而竭。彼竭我盈，故克之。夫大国，难测也，惧有伏焉。吾视其辙乱，望其旗靡[8]，故逐之。”

※ 注释

1 肉食者：指居高位享厚禄的大官。2 所安：养生之物。3 专：独享。4 牺牲：祭祀用的牛、羊、猪。5 加：虚夸。6 孚：信用，指被信任。7 忠之属：尽心办事的表现。8 靡：倒下。

※ 译文

鲁庄公十年的春天，齐国军队攻打鲁国，鲁庄公准备应战。曹刿请求觐见庄公。他的同乡人说："大官们自有办法，你又何必参与呢？"曹刿说："大官们大都眼光短浅，不能深谋远虑。"于是觐见庄公。他问庄公："您凭什么条件应战？"庄公说："衣食之类的养生物品，不敢独自享用，一定把它分给别人。"曹刿说："这种小恩小惠并没有遍及全国，老百姓是不会顺从您的。"庄公说："祭祀用的牛、羊、猪和宝玉、丝绸，不敢虚报，一定以诚心去祭神。"曹刿说："小小的诚心还不能取得神灵的信任，神灵不会保佑您的。"庄公说："大大小小的诉讼案件，虽然不能一一彻底查清，但一定要按实情处理。"曹刿答道："这是为老百姓尽心办事的表现，可以凭这些去应战。作战时请让我跟您去。"

庄公和他同坐一辆战车，两军在长勺交战。刚开战，庄公就要下命令击鼓进兵。曹刿说："不行。"齐军擂过第三次鼓后，曹刿说："可以了。"齐军大败而逃，庄公正要命令军队乘胜追击，曹刿说："不行。"他跳下车察看齐军的车轮痕迹，又登上车前横木去观望齐军败退情况，才说："可以了。"庄公就下令追击齐军。

打了胜仗后，庄公问他为什么要这样指挥。曹刿回答道："打仗全靠战士们的勇气。第一次擂鼓，战士勇气大振；第二次擂鼓，勇气衰退；第三次擂鼓，勇气就彻底耗尽。敌军勇气耗尽时，我军勇气正旺盛，因此打败了齐军。然而像齐国这样的强国难以估计，所以我怕前面有伏兵。经过观察，我看到他们的车辙混乱，旗帜已倒下，知道他们真是大败，因此才追击他们。"

※ 评析

本文记叙了鲁国以弱胜强的长勺之战。面对强大的齐国的进攻，弱小的鲁国运用曹刿的战略战胜了齐国。战争的胜利显示了曹刿的政治远见和战争指挥才能。

这则故事虽然简短，但是很清晰地向世人揭示了目光远大、深谋远虑的人可以掌握局势、扭转乾坤的道理。世界上存在的事情都是有规律的，但并不是不能改变的，只要我们把事情分析透彻，寻找突破口，就可以运筹帷幄，掌握事情的发展脉络。

宫之奇谏假道

《左传》僖公五年

※ 原文

晋侯复假道于虞以伐虢[1]。宫之奇谏曰："虢，虞之表也。虢亡，虞必从之。晋不可启，寇不可玩，一之为甚，其可再乎？谚所谓'辅[2]车[3]相依，唇亡齿寒'者，其虞、虢之谓也。"

公曰："晋，吾宗也。岂害我哉？"对曰："大伯、虞仲，大王之昭也。大伯不从，是以不嗣。虢仲、虢叔，王季之穆也，为文王卿士，勋在王室，藏于盟府。将虢是灭，何爱于虞？且虞能亲于桓、庄乎，其爱之也？桓、庄之族何罪，而以为戮，不唯逼乎？亲以宠逼，犹尚害之，况以国乎？"

公曰："吾享祀丰洁，神必据[4]我。"对曰："臣闻之，鬼神非人实亲，惟德是依。故《周书》曰：'皇天无亲，惟德是辅。'又曰：'黍稷非馨，明德惟馨。'又曰：'民不易物，惟德繄物。'如是，则非德，民不和，神不享矣。神所冯[5]依，将在德矣。若晋取虞而明德以荐馨香，神其吐之乎？"

弗听，许晋使。宫之奇以其族行[6]，曰："虞不腊[7]矣。在此行也，晋不更举矣[8]。"冬，晋灭虢。师还，馆[9]于虞，遂袭虞，灭之，执[10]虞公。

※ 注释

1 "晋侯"一句：鲁僖公二年晋曾向虞借道伐虢，灭下阳。晋侯：晋献公。复：又。假：借。2 辅：通"酺"，面颊。3 车：牙床骨。4 据：依据，依附。5 冯：同"凭"。6 行：去，离开虞国。7 腊：年终的大祭，这时放纵官民饮酒作乐。8 "晋不"一句：晋将用灭虢的军队来灭虞，不需再起兵了。更：再。举：起兵。9 馆：驻扎，住。10 执：很轻易地捉住。

※ 译文

晋献公再次向虞国借道去讨伐虢国。宫之奇向虞公劝谏说："虢国是虞国的屏障。如果虢国灭亡了，那么我们虞国也就会跟着灭亡。不能够打开关门让晋国的军队进入国境，不可以忽视外部的敌人。借道一次给它就已经太过分了，难道要借第二次吗？俗话说：面颊和牙床互相依托，没了嘴唇，牙齿就会挨冻。这说的正是我国和虢国之间的关系啊。"

虞公说："晋君和我是同宗族，他怎么会害我呢？"宫之奇回答说："太伯和虞仲都是太王的儿子，太伯由于不从父命出走，所以没有继承王位。虢仲和虢叔都是王季的儿子，他们做文王的辅政大臣，对周王室立有功勋。记载他们功劳的典册还保存在盟府里。如今晋国连虢国都要消灭掉，又怎么会顾惜虞国呢？再说虞国能比晋献公的祖兄弟更亲吗？晋侯对他们关怀爱护吗？桓、庄两族有什么罪过呢？竟惨遭杀戮。晋侯难道不是欺人太甚了吗？亲戚因为恩宠而威胁到了晋侯的地位，尚且要杀害他们，何况是对一个国家呢？

虞公说："我祭祀鬼神的物品丰盛而且干净，神灵一定会保佑我的。"宫之奇回答说："我听说鬼神并不随意亲近人，而只保佑有德行的人。所以《周书》上说：'上天没有偏爱，只帮助有德之人。'又说：'黍稷这类祭品并不能扩散很远的香气，只有美德才能香飘万里，为鬼神所享受。'又说：'人民的祭品虽然相同，但只有那些有德之人献上的祭品鬼神才会享受。'这样看来，如果没有美德，人民不能安居乐业，祭品再丰盛再干净，鬼神也不会享用。神灵所依凭的，就在于德行。如果晋攻占了虞国，修德明行，再把丰洁的祭品献给鬼神，那么鬼神还会吐出来吗？"

虞公不听宫之奇的规劝，答应了晋国使者借道的要求。宫之奇便带领他的族人离开虞国。他说："等不到腊祭那一天，虞国就已灭亡了。晋国灭虞就在这次军事行动中，用不着再出兵了。"

这年冬天，晋灭掉了虢国。晋国回师时，驻留在虞国。于是乘机袭击虞国并一举消灭了它，而且很轻松地就捉住了虞公。

※ 评析

晋国再次向虞国借道讨伐虢国，其用心实在险恶。虞大夫宫之奇识破了晋的阴谋，于是向虞公慷慨陈词，极言道不可借；否则"唇亡齿寒"，虞将步虢之后尘。而糊涂的虞公却迷信宗族关系和神权，不听忠言，最后国破家亡，只为天下人留下"虞公之不可谏"的笑柄。

所以处理每一件事情，都不能独断专行，要听取各方意见。当局者迷，旁观者清。也许你看到的只是事情的一方面，而事情的发展可能跟你预期的会有很大的差别，这样就需要听取他人的意见。做事情，要善于听取他人的劝告，认真地分析问题，这样才不会因为一时的疏忽而酿成大错。

子鱼论战

《左传》僖公二十二年

※ 原文

楚人伐宋以救郑。宋公[1]将战。大司马固[2]谏曰："天之弃商久矣，君将兴之，弗可赦也已。"弗听。

及楚人战于泓[3]。宋人既成列，楚人未既[4]济[5]，司马曰："彼众我寡，及其未既济也，请击之。"公曰："不可。"既济而未成列，又以告。公曰："未可。"既陈而后击之，宋师败绩。公伤股，门官歼焉。

国人皆咎公。公曰："君子不重伤，不禽二毛。古之为军也，不以阻隘也。寡人虽亡国之余[6]，不鼓不成列。"子鱼曰："君未知战。勍[7]敌之人，隘而不列，天赞我也。阻而鼓之，不亦可乎？犹有惧焉。且今之勍者，皆吾敌也。虽[8]及[9]胡[10]耇[11]，获则取之，何有于二毛？明耻教战，求杀敌也。伤未及死，如何勿重？若爱重伤，则如勿伤；爱其二毛，则如[12]服[13]焉。三军以利用也，金鼓以声气也。利而用之，阻隘可也。声盛致志，鼓儳[14]可也。"

※ 注释

1 宋公：宋襄公，名兹父。2 大司马固：指子鱼，即宋庄公之孙公孙固。司马是统率军队的高级长官。3 泓：宋国水名。4 既：已经。5 济：渡河。6 亡国之余：宋是商的后代，所以宋襄公这么说。7 勍：同"劲"，勍敌即"劲敌"。8 虽：即使。9 及：到达。10 胡：大，指年纪大。11 耇（gǒu）：寿。胡耇，指很老的人。12 则如：何如。13 服：屈服，投降。14 儳（chān）：不整齐。这里指没有摆成阵势的意思。

※ 译文

楚国的军队攻打宋国来解救郑国。宋襄公准备和楚国交战。大司马公孙固规劝说："上天抛弃我们商朝已经很久了，您想复兴它，上天是不会赦免您的。"宋襄公不听他的劝告。

宋襄公和楚军在泓水展开战斗。宋军已经摆好了阵势，而楚军还没有完全渡过泓水。司马说："他们的兵多，我们的兵少，趁他们还没有完全渡过泓水，请您下令向他们进攻。"宋襄公说："不行。"楚军渡过泓水之后尚未摆好阵势，司马又请求攻击他们。宋襄公说："不行。"楚军摆好阵势后向宋军发动进攻，宋军被打得一败涂地，宋襄公的大腿受了伤，左右亲军也被全部消灭。

宋国人都怪罪宋襄公。襄公辩解说：“君子不杀害已经受伤的人，不俘虏年老的人。古代行军作战，不在险隘处阻击敌人。我虽然是已灭亡了的殷商后代，但也能够做到不向没有摆好阵势的敌军发动进攻。”

子鱼说：“您不懂什么是战争。强大的敌人，暂时陷在险隘的地方而没能摆好阵势，这是上天帮助我们啊。乘着他们处于险阻而向他们发动进攻，难道不可以吗？就这样还担心不能获胜呢。何况如今那些强大的国家，都是我们的敌人。即使是年纪很大的人，捉住了也要取他们的性命，何况是那些头发斑白的人呢？让人民明白耻辱，教导他们要勇敢作战，这是为了杀伤敌人。敌人受伤还没有死，怎么能不再次击杀他们呢？如果不想再次击杀那些受伤的敌人，就不如一开始就不杀伤他们；如果怜惜那些头发斑白的敌人，那就不如向他们投降。军队应该凭借一切有利的时机作战，鸣锣击鼓是用来鼓舞士气的。既然军队要凭借有利的时机行动，那么趁敌人遇到险阻时进攻是可以的。金鼓雄壮的声音可以鼓舞士兵的斗志，那么击鼓进攻那些还没有摆好阵势的敌人也是可以的。”

※ 评析

宋襄公不自量力，竟以中原霸主自居，这就不可避免地要和国力强盛、窥伺霸主地位已久的楚国发生尖锐的冲突，终于导致了楚宋泓水之战。宋襄公在战争中，摆出一副长者风度，以显示自己是仁义之师。结果坐失战机，被楚人打得落花流水，受伤而逃。子鱼论战一段，一针见血地指出战争就是要利用敌人的弱势，乘势杀敌，决不能有丝毫的心慈手软。

这次战争的失败，终要归罪于自称仁义之师的宋襄公。他根本不懂在竞争中抓住时机的重要性。在竞争中，要懂得利用有利时机向对手出击，攻其不备，这样才有可能取得最终的胜利。现实生活中，我们也时常与外界有竞争，要想在竞争中立于不败之地，那么就应该抓住机会，争取最后的胜利；而不是处处显示风度、风范，否则将和成功失之交臂。

介之推不言禄

《左传》僖公二十四年

※ 原文

晋侯[1]赏从亡者[2]，介之推[3]不言禄[4]；禄亦弗及。

推曰："献公[5]之子九人，唯君[6]在矣。惠、怀[7]无亲，外内弃之。天未绝晋，必将有主。主晋祀者，非君而谁？天实置之，而二三子[8]以为己力，不亦诬乎？窃人之财，犹谓之盗，况贪天之功以为己力乎？下义其罪，上赏其奸，上下相蒙，难与处矣。"其母曰："盍[9]亦求之？以死谁怼[10]？"对曰："尤[11]而效之，罪又甚焉。且出怨言，不食其食。"其母曰："亦使知之，若何？"对曰："言，身之文[12]也；身将隐，焉用文之？是求显[13]也。"其母曰："能如是乎？与汝偕[14]隐。"遂隐而死[15]。

晋侯求之不获，以绵上为之田，曰："以志[16]吾过，且旌[17]善人。"

※ 注释

1 晋侯：晋文公重耳。2 从亡者：跟随文公一起流亡的人，如孤偃、赵衰等人。3 介之推：晋贵族，曾随重耳流亡国外。4 禄：薪水。5 献公：晋文公的父亲。6 君：指晋文公。7 惠、怀：惠，晋惠公。怀，晋怀公。惠公是文公的弟弟，怀公是惠公的儿子。8 二三子：相当于现在讲的"那几位"，指跟从文公逃亡的人。9 盍：何不。10 怼：怨恨。11 尤：过失。12 文：修饰，此处有"表白"之意。13 显：显达。14 偕：俱。15 遂隐而死：指晋文公因寻找不到隐居在山里的介之推，就放火焚山，想借此让介之推出来，谁知介之推宁死也不出山，焚身于火海之中。16 志：记。17 旌：表扬。

※ 译文

晋文公赏赐跟他一起流亡的人。介之推没有说自己有功劳应该享受俸禄，因此高官厚禄也没有他的份。

介之推说："献公有九个儿子，现在只有君侯（指晋文公重耳）还活着。惠公、怀公不亲爱臣民，因此国外的诸侯、国内的人民都抛弃了他们。上天并没有灭绝晋国的意图，因此晋国必定会有新一代君主。主持晋国祭祀的人，不是君侯又是谁呢？这实在是上天的安排，但那些人却认为这是他们的功劳，这难道不是太荒唐了吗？偷别人的钱财，尚且称为盗贼；何况是把上天的功劳当作自己的功劳呢？臣下把他们这种勾当看作是正当的，君上对他们的这种奸恶行径加以赏赐，上下互相欺骗，我实在难以和他们相处共事啊！”他母亲说：“你为什么不也去要求赏赐呢，要不死了又怨谁呢？”介之推回答说：“我把他们这种行为当作罪过，现在却让我去效仿他们，那罪过就更加严重了！况且我既然说了怨恨的话，就不会再要他赏赐的俸禄了。”他母亲说：“那么也让国君知道这件事，怎么样？”介之推回答说：“言语，是自身思想的表白，我要隐居了，还用得着表白吗？这是想求得显达啊。”他母亲说：“你能够这样做吗？如果能，我和你一起隐居。”于是隐居至死。

晋文公派人找介之推没找到，就把绵上之田作为介之推的封地，说：“用这种做法来记下我的过错，并且用来表彰他这个善良的人。”

※ 评析

介之推追随重耳在外流亡十九年，即使无功，其耿耿忠心，难道不值得嘉奖？可是介之推认为重耳最终回国执政完全是由于天命而不在人事，因此当晋文公赏赐随从流亡的人时，他认为这是“上下相蒙”，不但没有去争求利禄，反而和母亲一道归隐。介之推的天命观是荒谬的，但他这种不追逐名利、超脱物欲的处世态度，却也是让人们敬佩的。

在这个物欲横流的世界里，有几人能有介之推这样的思想？超然物外，把一切名利欣然抛弃而归隐山间。他虽然没有大多封建隐士的反抗精神，但是不被名利所左右的思想却值得我们每个人去学习和借鉴。

烛之武退秦师

《左传》僖公三十年

※ 原文

晋侯[1]、秦伯[2]围郑，以其无礼于晋，且贰[3]于楚也。晋军函陵，秦军氾南。

佚之狐[4]言于郑伯曰：“国危矣！若使烛之武见秦君，师必退。”公从之。辞曰：“臣之壮也，犹不如人；今老矣，无能为也已。”公曰：“吾不能早用子，今急而求子，是寡人之过也。然郑亡，子亦有不利焉！”许之。

夜缒而出。见秦伯，曰：“秦、晋围郑，郑既知亡矣。若郑亡而有益于君，敢以烦执事。越国以鄙[5]远[6]，君知其难也。焉用亡郑以陪[7]邻[8]？邻之厚，君之薄也。

若舍郑以为东道主[9]，行李之往来，共其乏困，君亦无所害。且君尝为晋君赐矣，许君焦、瑕，朝济而夕设版焉，君之所知也。夫晋何厌之有？既东封郑，又欲肆其西封。若不阙秦，将焉取之？阙秦以利晋，唯君图之。”

秦伯说[10]，与郑人盟，使杞子、逢孙、杨孙戍之，乃还。子犯请击之。公曰：“不可。微夫人之力不及此。因人之力而敝[11]之，不仁；失其所与[12]，不知[13]；以乱易整，不武。吾其还也。”亦去之。

※ 注释

1 晋侯：晋文公。2 秦伯：秦穆公。3 贰：有二心，这里是依附的意思。4 佚之狐：郑大夫。5 鄙：边疆，这里作动词用。6 远：偏远的地方（指郑国）。7 陪：增厚，增强。8 邻：指晋国。9 东道主：东方道路上招待宿食的主人。因为郑在秦的东边，所以这么说。10 说（yuè）：同“悦”。11 敝：败坏、损害。12 所与：同盟者，指秦国。13 知：同“智”。

※ 译文

晋文公、秦穆公率军围攻郑国，因为郑文公曾经对晋文公无礼，而且怀有二心，背晋助楚。晋军进驻函陵，秦军进驻氾南。

佚之狐对郑文公说：“国家很危险了，如果让烛之武去拜见秦穆公，那么秦国的军队一定会撤退。”郑文公便听从了他建议。烛之武却推辞说：“我年轻力强的时候，尚且比不上别人；如今年纪大了，更加办不了事了。”郑文公说：“我不能及早重用您，到了危急的关头才来求您，这是我的过错。但如果郑国灭亡了，对您也不利啊！”于是烛之武便答应了他。

深夜，烛之武用绳子缚住自己，从城上吊了下来，觐见秦穆公。烛之武说：“秦晋两国围攻郑国，郑国人知道自己就要灭亡了。如果郑国的灭亡对您有好处，哪敢来麻烦您？可是越过他国把遥远的地方作为自己的边境，您一定知道其中的困难。怎能用灭亡郑国来增强邻国的实力呢？邻国实力的增强，就是秦国实力的削弱啊。如果您放弃攻打郑国，并把它作为东方道路上为秦国准备食宿的主人，贵国的使者来往经过这里，也能供应他们缺乏的东西，这对您也没有什么害处。再说，您曾经帮助过晋惠公回国即位，他答应把焦、瑕两地送给您作为酬谢，可是他早晨刚渡过黄河，傍晚就修筑工事来防备您，这您是知道的。晋国怎么会满足呢？等到晋国东面的疆土扩展到郑国，那么必定会扩张他们西部的边疆。如果不损害秦国，那他又从哪里获得土地呢？损害秦国来使晋国受益，希望您好好考虑一下。”

秦穆公非常高兴，于是和郑人结成联盟。让杞子、逢孙、杨孙守卫郑国，自己率军回国去了。子犯请求出兵袭击秦军。晋文公说："不行！如果没有秦国国君的帮助，我也不会有今天。得过人家的帮助却要损害人家，这是不仁义的；失掉自己的同盟者，这是不明智的；用冲突混乱来代替联盟，这是没有勇气的体现。我们还是回去吧。"于是晋军也撤离了郑国。

※ 评析

在秦晋两国兵临城下、千钧一发之际，郑国老臣烛之武赤胆忠心，只身深入虎穴，对秦穆公剖析陈词，有力地证明灭亡郑国对秦不但没有丝毫益处，反而会增强晋国这个潜在对手的实力，只有保存郑国，秦才能得到好处。这样就达到了分化、瓦解敌军的目的，并使秦郑两国化干戈为玉帛，从而使郑国转危为安。

烛之武的精神值得我们借鉴，他为了国家利益毅然深入最危险的境地。他大公无私的品格是我们每一个人学习的榜样。同时，他分析问题透彻精辟，解决方法得当，使国家免去了一场大灾难，保护了国家和人民的利益。

蹇叔哭师

《左传》僖公三十二年

※ 原文

杞子自郑使告于秦曰："郑人使我掌其北门之管[1]，若潜师以来，国可得也。"穆公访诸蹇叔，蹇叔曰："劳师以袭远，非所闻也。师劳力竭，远主[2]备之，无乃不可乎？师之所为，郑必知之。勤而无所，必有悖心[3]。且行千里，其谁不知？"

公辞焉。召孟明、西乞、白乙，使出师于东门之外。蹇叔哭之，曰："孟子[4]，吾见师之出而不见其入也。"公使谓之曰："尔何知！中寿[5]，尔墓之木拱[6]矣！"

蹇叔之子与师，哭而送之，曰："晋人御师必于殽。殽有二陵焉：其南陵，夏后皋之墓也；其北陵，文王之所辟风雨也。必死是间，余收尔骨焉。"秦师遂东。

※ 注释

1 管：钥匙。2 远主：指郑国，因为秦和郑之间还隔着晋国。3 悖心：叛乱的情绪。4 孟子：即孟明。"子"是古代对男子的美称。5 中寿：六七十岁。6 拱：两手合抱。

※ 译文

杞子从郑国派人报告秦穆公说："郑国叫我掌管都城北门的钥匙，如果您秘密派军队来偷袭，可以夺得郑国。"秦穆公听说这件事就来征询蹇叔的意见。蹇叔说："让军队辛辛苦苦去偷袭远方的国家，我从没听说过。军队到达郑国时必定累得精疲力竭，远方的郑国却早已有所准备，这恐怕不行吧？我们的军事行动，郑国一定会知道。秦军旅途劳顿却毫无所得，士兵会产生叛乱的情绪。再说，军队长征千里，还有谁不知道呢？"

秦穆公没有听从蹇叔的意见。他召集孟明、西乞和白乙三员大将，叫他们从东门出兵。蹇叔哭着说："孟明啊！我看见军队出征，却见不到他们回来了！"秦穆公派人对他说："你知道什么！如果你活到六七十岁就死了的话，现在你坟墓上的树也有两手合抱那么粗了。"

蹇叔的儿子也参加了这支军队。蹇叔哭着送他，说："晋国的军队一定会在崤山狙击我军，崤有两座大山：那南边的大山是夏王皋的坟墓；那北边的大山是周文王避过风雨的地方。你们必定会死在两山之间，我就到那里去收你的尸骨！"秦国的军队就向东进发了。

※ 评析

秦国虽从汜南撤军，但仍企图把势力扩张到东方，因而就必然要攫取郑国做它的军事据点。秦穆公精明练达，但野心勃勃，利令智昏，不考虑实际情况，结果可想而知。蹇叔两"哭"既说明他作为秦国元老透彻分析形势的能力，也表明了他的拳拳爱国心，同时还预示着秦师必败的下场。

作为一代君王的秦穆公一意孤行，不听规劝，终将使自己走入万劫不复之地。什么人都是如此，如果只是一味按照自己的意愿办事，而置他人的看法于不顾，终将受到失败或更严重的惩罚。

卷二

晋侯使吕相绝秦，曰：

“昔逮我献公及穆公相好，戮力同心，申之以盟誓，重之以昏姻。天祸晋国，文公如齐，惠公如秦。

“无禄，献公即世。穆公不忘旧德，俾我惠公用能奉祀于晋。又不能成大勋，而为韩之师。亦悔于厥心，用集我文公，是穆之成也。

吕相绝秦

《左传》成公十三年

※ 原文

晋侯[1]使吕相[2]绝秦，曰：

"昔逮我献公及穆公相好，戮力同心，申之以盟誓，重之以昏姻。天祸晋国，文公如齐，惠公如秦。

"无禄，献公即世。穆公不忘旧德，俾[3]我惠公用能奉祀于晋。又不能成大勋，而为韩之师。亦悔于厥心，用集我文公，是穆之成也。

"文公躬擐甲胄[4]，跋履山川，逾越险阻，征东之诸侯——虞、夏、商、周之胤——而朝诸秦，则亦既报旧德矣。郑人怒君之疆埸，我文公帅诸侯及秦围郑。秦大夫不询于我寡君，擅及郑盟。诸侯疾之，将致命于秦。文公恐惧，绥靖诸侯。秦师克还，无害，则是我有大造于西也。

"无禄，文公即世，穆不为吊，蔑死我君，寡我襄公，迭我殽地，奸绝我好，伐我保城，殄灭我费滑，散离我兄弟，挠乱我同盟，倾覆我国家。我襄公未忘君之旧勋，而惧社稷之陨，是以有殽之师。犹愿赦罪于穆公。穆公弗听，而即楚谋我。天诱其衷，成王陨[5]命，穆公是以不克逞志于我。

"穆、襄即世，康、灵即位。康公我之自出，又欲阙剪我公室，倾覆我社稷，帅我蝥贼，以来荡摇我边疆，我是以有令狐之役。康犹不悛，入我河曲，伐我涑川，俘我王官，剪[6]我羁马[7]，我是以有河曲之战[8]。东道之不通，则是康公绝我好也。

"及君之嗣也，我君景公引领西望，曰：'庶抚我乎？'君亦不惠称盟。利吾有狄难，入我河县，焚我箕、郜，芟夷我农功，虔刘[9]我边陲。我是以有辅氏之聚。君亦悔祸之延，而欲徼福于先君献、穆，使伯车来命我景公，曰：'吾与女同好弃恶，复修旧德，以追念前勋。'言誓未就，景公即世。我寡君是以有令狐之会。君又不祥，背弃盟誓。白狄及君同州，君之仇雠[10]，而我之昏姻也[11]。君来赐命曰：'吾与女伐狄。'寡君不敢顾昏姻，畏君之威，而受命于使。君有二心于狄，曰：'晋将伐女。'狄应且憎，是用告我。楚人恶君之二三其德[12]也，亦来告我曰：'秦背令狐之盟，而来求盟于我，昭告昊天上帝、秦三公、楚三王，曰：余虽与晋出入，余唯利是视。不穀恶其无成德，是用宣之，以惩不一。'诸侯备闻此言，斯是用痛心疾首，昵就寡人。寡人帅以听命，唯好是求。君若惠顾诸侯，矜哀寡人，而赐之盟，则寡人之愿也。其承宁诸侯以退，岂敢徼乱？君若不施大惠，寡人不佞，其不能以诸侯退矣。敢尽布之执事，俾执事实图利之！"

※ 注释

1 晋侯：指晋厉公，公元前580—公元前573年在位。2 吕相：人名，晋大夫魏锜之子。3 俾（bǐ）：使。晋惠公是由秦穆公送回晋国即位为国君的。4 躬擐（huàn）甲胄：亲自穿着铠甲、戴着头盔。躬：亲自。擐：穿。5 陨（yǔn）：通“殒”，灭亡。6 剪：削弱。7 羁马：晋地名，在今山西永济南。8 河曲之战：胜负未分，秦军连夜撤走。9 虔刘：杀戮。10 仇雠（chóu）：仇敌。11 我之昏姻也：白狄和赤狄同属狄族，而赤狄女季隗是晋文公的一位夫人，所以说是婚姻。12 二三其德：反复无常。

※ 译文

晋厉公派遣吕相去跟秦国绝交，说：“从我们献公和你们穆公开始，两国的关系一直互相友好，同心协力，并把这种关系用盟约誓言确定下来，又互通婚姻来加深两国的关系。上天降灾祸给晋国，文公奔往齐国，惠公奔往秦国。

“不幸，献公去世了，秦穆公不忘往日的情谊，使得我惠公能再次成为晋国的君王。可是秦国没有能维持住这种和平友好的局面，对我们发动了韩原之战。后来穆公心里有些后悔，因此，支持我文公顺利地登上君位，这是穆公的成全。

“文公身着戎装，亲自跋山涉水，历尽艰难险阻，率领东方的诸侯—虞、夏、商、周的后代，一齐朝见秦国，就已经报答了秦国过去的恩德了。郑国人侵犯了贵国的边境，我们文公便率领诸侯和秦国的军队围攻郑国。你们的大夫不询问我们国君的意见，就私自和郑国订立了盟约。诸侯都很痛恨这件事，要和秦国拼命，文公怕秦国受害，便安抚诸侯，使秦军能安然回国，没有受到危害，这是我们对秦国的重大恩德啊！

“不幸，文公去世，秦穆公却不来吊唁，轻视我们去世的君主，欺侮我们襄公的孤弱，并且袭击我们殽地，断绝和我们的友好关系，攻打我们的边境城邑，灭掉我们的同姓国费滑。离间我们兄弟国的关系，扰乱我们的同盟，企图颠覆我们的国家。我们襄公没有忘记穆公以前的功勋，但怕国家遭受灭亡，因此才有殽地的战争。我们仍然希望穆公宽宥我们，但穆公不听，却亲近楚国来谋害我们。上天有灵，楚成王被人杀死，因此，秦穆公侵犯我国的阴谋未能得逞。

“秦穆公、晋襄公去世，秦康公、晋灵公即位。康公是我们晋国女子所生，又想削弱我国，颠覆我们的国家；还带着我国公子雍那个蟊贼，一起来骚扰我们的边境，我们因此有了令狐之战。康公还是不肯改过，侵入我们河曲，攻打我们涑川，劫掠我们王官，占领我国的羁马，因此又和秦发生了河曲之战。秦晋两国不通往来，那是康公断绝和我们的友好关系造成的。

“到您继位以后，我国君主景公伸长脖子向西张望，说：‘秦国也许会来安抚我们吧！’可是您也不愿施恩，和我们缔结盟约，却利用我国有赤狄之战的困难，侵入我国的河县，焚烧我国的箕、郜，割掉我国的庄稼，杀戮我国边疆的人民，我们因此才有辅氏的集兵设防。您也懊悔不该使战祸延长，想要向先君献公、穆公求福，派遣伯车来吩咐我们景公说：‘我和您重新和好，抛弃以前的仇怨，恢复、发展过去的友好关系，以此来追念先君的功勋吧！’盟约还没有订立，我们景公就去世了，我们厉公因此和秦有令狐的会盟。您又不怀好意，背弃了盟约。白狄和你们同处雍州，是你们的仇敌，却是我们的亲戚，您派人来吩咐说：‘我和你们一起讨伐白狄！’我们君主慑于您的威力，不敢顾及亲戚关系，就接受了您使者的命令。可是您又讨好白狄，对他们说：‘晋国将要攻打你们了。’白狄表面上答应了，心里却很憎恶你们，因此告诉了我们。楚国人讨厌您这种反复无常的行为，也来告诉我们说：‘秦国违背了令狐的盟约，来要求同我们结盟。他们还向皇天上帝以及秦国的三公、楚国的三王发誓说：我们秦国虽然同晋国有往来，但我们是唯利是图的。秦国没有道德，令人讨厌，因此把这件事宣扬出来，用于惩戒那些言行不一致的人。’诸侯都听到了这番话，因而感到痛心疾首，而和我们亲近。现在，我们君主率领诸侯听候您的答复，目的只求和好。您若是看得起诸侯，并且怜悯我们，跟诸侯订立盟约，那是我们君主的愿望。我们也当承受秦君的命令，安抚诸侯，然后让他们退去，哪里敢来扰乱您呢？您要是还不肯施予大恩，我们国君没有什么才能，那就不能使诸侯退兵了。我大胆地把所有的话向您讲了，请您仔细权衡得失利弊吧！”

※ 评析

秦、晋两国君主互结婚姻，但为了争夺霸权，又钩心斗角，不断进行战争。本文是晋统率诸侯军队进攻秦国之前，先派吕相到秦宣布的绝交辞令。在这篇辞令里，吕相历数秦的罪状，指责秦不顾两国邦交的友好历史，做出了背信弃义的事。这篇辞令开创了战国策士游说之辞的先河，也是后世檄文之鼻祖。

季札观周乐

《左传》襄公二十九年

※ 原文

吴公子札来聘，请观于周乐。

使工为之歌《周南》《召南》，曰："美哉！始基之矣，犹未也，然勤而不怨矣！"为之歌《邶》《鄘》《卫》，曰："美哉，渊乎！忧而不困者也。吾闻卫康叔、武公之德如是，是其《卫风》乎？"为之歌《王》，曰："美哉！思而不惧，其周之东乎？"为之歌《郑》，曰："美哉！其细已甚，民弗堪也。是其先亡乎？"为之歌《齐》，曰："美哉！泱泱[1]乎，大风也哉！表东海者，其大公乎？国未可量也。"为之歌《豳》，曰："美哉，荡乎！乐而不淫，其周公之东乎？"为之歌《秦》，曰："此之谓夏声。夫能夏则大，大之至也！其周之旧乎？"为之歌《魏》，曰："美哉，沨沨[2]乎！大而婉[3]，险而易行。以德辅此，则明主也！"为之歌《唐》，曰："思深哉！其有陶唐氏之遗民乎？不然，何忧之远也？非令德之后，谁能若是？"为之歌《陈》，曰："国无主，其能久乎？"自《郐》以下，无讥焉。

为之歌《小雅》，曰："美哉！思而不贰，怨而不言，其周德之衰乎？犹有先王之遗民焉！"为之歌《大雅》，曰："广哉，熙熙乎！曲而有直体，其文王之德乎？"

为之歌《颂》，曰："至矣哉！直而不倨，曲而不屈；迩而不逼，远而不携；迁而不淫，复而不厌；哀而不愁，乐而不荒；用而不匮，广而不宣；施而不费，取而不贪；处而不底，行而不流。五声和，八风平；节有度，守有序。盛德之所同也。"

见舞《象箾》《南籥》者，曰："美哉！犹有憾。"见舞《大武》者，曰："美哉！周之盛也，其若此乎！"见舞《韶濩》者，曰："圣人之弘也，而犹有惭德，圣人之难也。"见舞《大夏》者，曰："美哉！勤而不德，非禹，其谁能修之？"见舞《韶箾》者，曰："德至矣哉！大矣，如天之无不帱[4]也，如地之无不载也！虽甚盛德，其蔑[5]以加于此矣。观止矣！若有他乐，吾不敢请已！"

※ 注释

1 泱泱：深广宏大的样子。2 沨沨：指音节轻盈飘逸。3 婉：委婉。4 帱：覆盖。5 蔑：无、没有。

※ 译文

吴公子季札到鲁国来访问，请求观赏周王室的乐舞。

鲁侯便让乐工为他演唱《周南》《召南》。季札听了说："好啊！周的教化开始奠定基础了，虽然还不算完美，但已经反映出人民勤劳而没有怨恨的情绪。"给他演唱《邶风》《鄘风》《卫风》，季札说："好啊，多么深沉呀！百姓虽有忧伤，但还不至于困顿。我听说卫国的康叔和武公的品德就是如此，这些大概是卫国的乐歌吧？"乐工给他演唱《王风》，季札说；"好啊！虽有忧思，但没有恐惧，大概是周室东迁以后的乐歌吧？"给他演唱《郑风》，季札说："好啊！可惜太烦琐，百姓受不了呀，这大概是它最先消亡的原因吧？"给他演唱《齐风》，季札说："好啊！声音宏大，反映出大国的气派。可以做东海一带诸侯的表率，是太公的国家吧？它的前途是不可限量的。"给他演唱《豳风》，季札说："好啊！声音多坦荡呀！欢乐而又不过分，这大概是反映周公东征的乐歌吧？"给他演唱《秦风》，季札说："这就叫作华夏的音调，能产生这种声调，气势自然是非常宏大的！这大概是周室旧地的乐歌吧？"给他演唱《魏风》，季札说："好啊！轻盈飘逸，宏大而委婉，节拍虽急促却流畅；用有美德的人加以扶持，那一定是个英明的君主了。"给他演唱《唐风》，季札说："忧思多么深远啊！这里也许有唐尧故国的遗民吧！否则，为什么会如此忧深，想得如此深远呢？不是有美德的人的后代，哪能像这样呢？"给他演唱《陈风》，季札说："国家没有好的君主，还能长久吗？"从《剑风》以后，季札就没有评论了。

给他演唱《小雅》，季札说："好啊！有忧思而无叛离的二心，有怨恨但不说出来，大概是周朝的德教开始衰败了吧？不过那时还有先王的遗民。"给他演唱《大雅》，季札说："声音多么宽广！多么和谐！既委婉曲折，又有正直的节操，这不就是周文王的盛德吗！"

给他演唱《颂》，季札说："好极了！刚直而不傲慢，委婉曲折而不卑下靡弱；紧凑而不急促，疏远而不离心；变化而不过分，反复而不令人厌倦；有哀思而不至于忧伤，安乐而不过度；供人取用而不会匮乏，广大而不张扬；施与而不费损，求取而不贪得；宁静而不停滞，流动而不泛滥。五音和谐，八风协调；节奏有一定的规律，乐器配合有一定的准则。乐舞中表现出来的，与圣贤的美德是一致的。"

看到表演《象箾》《南籥》舞时，季札说："好啊！但还有点美中不足。"看到表演《大武》舞时，季札说："好啊！当年周朝的盛况，大概就是这个样子吧！"看到表演《韶濩》舞时，季札说："圣人的德行宽宏，但是还有令人感到惭愧的行为，可见圣人处世很难啊！"看到表演《大夏》时，季札说："好啊！为百姓的事勤劳而不自以为功，如果不是禹，还有谁能做得到呢？"看到表演《韶箾》舞时，季札说："德行达到了极点！广大无限，如同天那样覆盖着一切，如同地那样承载着一切！即使还有更高尚的德行，恐怕也不会超过这种境界了。我观赏的乐舞至此已达到极点了！如果还有别的乐曲，我不敢再观赏了。"

※ 评析

吴公子季札是春秋时代的一位贤人。他访问鲁国时，要求欣赏中原各国的雅声。他把音乐看成政治的象征，从各国的风（即民歌）的乐调，判断各国的政治情况；从四代乐舞的姿态，体察出舜、禹、汤、武四位帝王的政教业绩。文章错落有致，音韵铿锵有力，生动耐读有味，是一篇很出色的评论文章。

卷三

穆王将征犬戎。祭公谋父谏曰："不可！先王耀德不观兵。夫兵，戢而时动，动则威。观则玩，玩则无震。是故周文公之《颂》曰：'载戢干戈，载櫜弓矢。我求懿德，肆于时夏。允王保之。'先王之于民也，茂正其德而厚其性，阜其财求而利其器用，明利害之乡，以文修之，使务利而避害，怀德而畏威。故能保世以滋大。

祭公谏征犬戎

《国语》[1]周语上

※ 原文

穆王将征犬戎。祭公谋父谏曰："不可！先王耀德不观兵。夫兵，戢而时动，动则威。观则玩，玩则无震。是故周文公之《颂》曰：'载戢[2]干戈，载櫜[3]弓矢。我求懿德[4]，肆[5]于时[6]夏[7]。允王保之。'先王之于民也，茂正其德而厚其性，阜其财求而利其器用，明利害之乡，以文修之，使务利而避害，怀德而畏威。故能保世以滋大。

"昔我先世后稷，以服事虞、夏。及夏之衰也，弃稷弗务。我先王不窋[8]用失其官，而自窜于戎、翟之间。不敢怠业，时序其德，纂修其绪，修其训典；朝夕恪勤，守以惇笃，奉以忠信；奕世载德，不忝前人。至于武王，昭前之光明，而加之以慈和，事神保民，莫不欣喜。商王帝辛，大恶于民，庶民弗忍，欣戴武王，以致戎于商牧。是先王非务武也，勤恤民隐而除其害也。

"夫先王之制：邦内甸服，邦外侯服，侯卫宾服，夷蛮要服，戎翟荒服。甸服者祭，侯服者祀，宾服者享，要服者贡，荒服者王。日祭、月祀、时享、岁贡、终王，先王之训也。有不祭则修意，有不祀则修言，有不享则修文，有不贡则修名，有不王则修[9]德，序成而有不至则修刑。于是乎有刑不祭，伐不祀，征不享，让不贡，告不王。于是乎有刑罚之辟[10]，有攻伐之兵，有征讨之备，有威让之令，有文告之辞。布令陈辞而又不至，则又增修于德，无勤民于远。是以近无不听，远无不服。

"今自大毕、伯仕[11]之终也，犬戎氏以其职来王，天子曰：'予必以不享征之，且观之兵。'其无乃废先王之训而王几顿[12]乎？吾闻夫犬戎树惇，能帅旧德而守终纯固，其有以御我矣！"

王不听，遂征之，得四白狼、四白鹿以归。自是荒服者不至。

※ 注释

1《国语》：相传为春秋时左丘明所作，是我国第一部国别史性质的书。它记载了从西周穆王十二年（公元前990年）至东周定王十六年（公元前453年）周、鲁、齐、晋、郑、楚、吴、越等八国诸侯的一些言论。有些内容与《左传》互有详略异同。其书经过汉代刘向的考校，今存二十一卷。2 戢：聚集、收藏。3 櫜（gāo）：这里作动词用，收藏。4 懿德：美德。5 肆：传布。6 时：指示代词，相当于"这，这个"。7 夏：指中国。8 不窋（zhì）：姬弃的后人。9 修：检查。10 辟：法令、条例。11 大毕、伯仕：犬戎族的两个君主。12 顿：败坏。

※ 译文

周穆王准备去征伐犬戎。祭公谋父劝阻说："不行。先王宣扬德治，而不轻易炫耀武力。平时聚集兵力，时机成熟才行动，一动就要显出威势。炫耀就是滥用，滥用就没有威慑力。所以周文公的《颂》诗说：'收好干戈，藏好弓箭；我王讲求美德，施行到全国，相信我王能永保天命。'先王对于百姓，鼓励他们端正自己的德行，使他们性情淳厚，充分满足他们的财富要求，使他们有称心的器物用具，让他们懂得利和害的所在，用礼法陶冶人民，使他们专心从事有利的事情而避免有害的事情，感恩戴德而又惧怕刑威，因此，先王创建的事业就能世代相承，并能发展壮大。

"从前，我们的祖先后稷做农官，服事虞、夏两朝。到夏朝衰败时，废掉了农官这个官职，不再注意农事。我们先王不窋因失去了农官的职务，只好自己隐居到戎、狄之间。但他对农业仍不敢懈怠，经常宣扬祖先的美德，继续他的事业，改进他的教化法度，早晚谨慎勤恳，用纯朴笃实的态度加以保持，用忠诚信实的态度加以奉行。此后世世代代相传，继承了这优良的品德，没有玷污前人。到了武王，他发扬前人光明磊落的德行，再加上慈爱和善，事奉神明，抚育人民，百姓没有不感到欢欣鼓舞的。那时，商纣王对百姓太凶恶，百姓不堪忍受，都乐于拥护武王，这样才出兵在商郊牧野打败了商纣王。这并不是先王非要致力于武力，而是忧虑体恤人民的痛苦，为他们除掉祸害啊。

"先王的制度是：天子都城郊外四周五百里以内的地区，叫甸服；甸服以外的五百里地区，叫侯服；侯服至卫服总称宾服；宾服以外五百里的蛮夷之地是要服；要服以外五百里的戎、狄所居之地是荒服。甸服地区要给天子供献祭祀祖父、父亲的祭品，侯服地区要给天子供献祭祀高祖、曾祖的祭品，宾服地区要给天子供献祭远祖的祭品，要服地区要给天子供献祭神的祭品，荒服地区的诸侯要进来朝见天子。祭祀祖父、父亲是每天一次，祭祀高、曾祖是每月一次，祭祀始祖是每季一次，祭祀远祖、天地之神是每年一次，入朝天子则是在天子去世嗣任者即位的时候。这是先王的遗训。如果有不来供日祭的，天子就检查自己的思想；有不来供月祭的，就检查自己的言论；有不按季献祭品的，就检查自己的法令；有不来进岁贡的，就检查自己规定的尊卑名号；有不来朝见的，就检查自己的德行；依次检查完了，如果还有不来供献朝见的，就检查刑法。因此，有依法惩治不祭的，派军队去讨伐不祀的、命令诸侯去征剿不享的、派使者责备不贡的、用文辞晓谕不朝见天子的措施。这时，有惩罚的法律，有攻打的军队，有征剿的武备，有严厉谴责的命令，有晓谕的文辞。如果已经宣布法令、发出文告后，还有不来供献朝见的，那就再检查自己的德行，断不可使百姓劳苦，到远方进行战争。这样，近处没有人不听从的，远方没有人不归服的。

“现在，自从大毕、伯仕去世以后，犬戎君王都按照他们的职守来朝见天子。但您却说：‘我一定要以不享的罪名去征讨他，并向他们显示兵威。’这恐怕是违背先王的教导，使‘荒服者王’的制度也遭到破坏了吧？我听说，犬戎树立了敦厚的风尚，能遵循先人的德行，始终如一地保持‘终王’的职分。这样他们就有理由抵抗我们了。”

周穆王不听谋父的话，去攻打犬戎，结果只得到四匹白狼、四只白鹿回来。从此以后，那些荒服的诸侯就不来朝见天子了。

※ 评析

周朝传到穆王，王室力量已经衰弱，但穆王仍想维持大一统的局面，去远征犬戎。祭公对他进行了劝谏，他先讲述先王的传统经验，注意以德服人，不轻易动兵；再讲述先王规定的法制，对荒远地区的民族只要求保持名义上的宗主关系就行了。但穆王不听劝告，结果威信扫地，得到的只是“狼、鹿”共八只而已。

周穆王的失败归结于：他没有时时刻刻注意自己的德行是否让人信服、是否符合人民的意愿，而是将自己的意愿强加到了别人身上。这样就势必导致人民的反抗。祭公劝解他注意检查自己的行为和处理国家大事的方略是否得当，然而他不听规劝，强行发动战争，最终得不偿失。

召公谏厉王止谤

《国语》周语上

※ 原文

厉王虐，国人谤王。召公告曰：“民不堪命矣！”王怒，得卫巫，使监谤者，以告，则杀之。国人莫敢言，道路以目。

王喜，告召公曰：“吾能弭[1]谤矣，乃不敢言。”召公曰：“是障[2]之也。防民之口，甚于防川。川壅[3]而溃，伤人必多，民亦如之。是故为川者[4]，决之使导；为民者，宣[5]之使言。故天子听政，使公卿至于列士献诗，瞽[6]献典，史献书[7]，师箴，瞍[8]赋，蒙[9]诵，百工谏，庶人传语，近臣尽规[10]，亲戚[11]补察[12]。瞽、史教诲，耆、艾[13]修之，而后王斟酌焉，是以事行而不悖。

“民之有口也，犹土之有山川也，财用于是乎出；犹其有原隰衍沃也，衣食于是乎生。口之宣言也，善败于是乎兴。行善而备败，所以阜财用、衣食者也。夫民虑之于心而宣之于口，成而行之，胡可壅也？若壅其口，其与能几何？”

王弗听，于是国人莫敢出言，三年，乃流王于彘。

※ 注释

1 弭：消除，止。2 障：筑堤防水叫障，引申为阻塞。3 壅：堵塞。4 为川者：治水的人。5 宣：引导，开放。6 瞽：盲艺人，这里指乐官太师。此言乐官进献反映民意的歌曲。7 史献书：史官献书于王，使知往古政治得失，作为借鉴。8 瞍：没有瞳仁的盲人。9 蒙：有瞳仁而看不见东西的盲人。10 尽规：尽规谏的职责。规：进谏，规劝。11 亲戚：指与天子有亲属关系的大臣。12 补察：弥补王的过失，监督王的行动。13 耆（qí）、艾：古称六十岁以人的人为“耆”，五十岁以上的人为“艾”。这里指朝中年高有德的人。

※ 译文

周厉王暴虐无道，国内的人民指责他的过失。召公告诉厉王说：“百姓忍受不了您的政令啦！”厉王听了很恼怒，找来一个卫国的巫师，叫他去监视指责自己过失的人。只要卫巫来报告，厉王就把被告发的人杀掉。国内的人民都不敢说话了，熟人在路上相遇，只能用眼神示意。

厉王很高兴，告诉召公说：“我能制止谤言了，他们不敢说话了。”召公说：“这是堵了他们的嘴！堵人民的嘴，比堵塞江河的后果还要严重；河水被堵塞，一旦决口奔流，被伤害的人一定很多，禁止人民讲话也是这样。因此，治水的人，应该疏通河道，使它畅通无阻；治理人民的人，要引导他们，让他们敢于直言。所以天子处理政事，要让公卿大夫直到列士都进献讽谏的诗篇，乐官进献反映民意的歌曲，史官进献可供借鉴的史书，少师进献寓有劝诫意义的文辞，瞍者朗诵，蒙者吟咏，各色工匠分别谏诤，百姓的议论辗转上达，左右近臣尽心规劝，宗室姻亲补过纠偏，乐官、史官施行教诲，元老重臣进行劝诫，然后天子亲自斟酌裁决，这样，政事施行起来才不违背情理。

“人民有嘴，就像大地有山有水一样，财富用度都从这里生产出来；又像大地上有高原、洼地、平川和沃野一样，衣服食物都从这里产生。放手让人民讲话，政事的善恶成败才能从这里反映出来。好的加以推行，坏的加以防范，这是增加财富、器物、衣服、食品的好办法。人民在心里想的，用嘴巴说的，是他们考虑成熟以后就自然流露出来，怎么能堵塞他们的嘴呢？如果强行堵塞他们的嘴，那又能堵多久呢？”

厉王不听召公的劝告。从此，国内没有一个人敢说话了。过了三年，厉王就被流放到彘地去了。

※ 评析

周厉王以刑杀为威，压制国人对他的批评。召公劝谏厉王，应该让人民说出他们想说的话，因为“防民之口，甚于防川”。但周厉王不听劝告，最后被流放到了彘地。

“水能载舟，亦能覆舟”这个千古不变的真理再一次得到印证。君王是为人民服务的，当他把自己定位为至高无上、唯我独尊、我行我素、一切为自己服务的时候，离国家灭亡的日子就不远了。所以要维持一个国家的统治，就要赢得人心，这样国家才能长治久安，才能世代传承，延续下去。

郑伯克段于鄢

《穀梁传》[1]隐公元年

※ 原文

克者何？能也。何能也？能杀也。何以不言杀？见段之有徒众也。

段，郑伯弟也。何以知其为弟也？杀世子[2]、母弟，目君，以其目君，知其为弟也[3]。

段，弟也，而弗谓弟，公子也，而弗谓公子，贬之也。段失子弟之道矣[4]。贱段而甚郑伯也。

何甚乎郑伯？甚郑伯之处心积虑，成于杀[5]也。

于鄢，远也。犹曰取之其母之怀中而杀之云尔[6]，甚之也。

然则为郑伯者，宜奈何？缓追[7]逸贼[8]，亲亲[9]之道也。

※ 注释

1《穀梁传》：为《春秋》三传（《左传》《公羊传》《穀梁传》）之一。2 世子：天子、诸侯的长子。3 以其目君，知其为弟也：因为称他为郑伯，所以知道被杀的段是他的弟弟。4 段失子弟之道矣：共叔段恃宠骄横，贪得无厌，失去了做子弟的本分规矩。5 成于杀：犹言置于死地。6“犹曰”一句：这句是说，郑伯所以要杀共叔段，是恨武姜爱共叔段而厌恶自己，所以虽然共叔段逃奔到了鄢地，离郑国首都已远，郑伯仍追杀共叔段，这就是像从母亲怀中拖出来杀掉一样。其母，指武姜。7 缓追：不要穷追。8 逸贼：放掉作乱的人（指共叔段）。9 亲亲：爱护亲人。

※ 译文

（鲁隐公元年夏季五月，郑庄公在鄢打败了共叔段。）“克”是什么意思呢？是能够战胜。能够战胜又是什么意思？就是能够杀共叔段。为什么《春秋》经上不说“杀”，是因为共叔段有军队，所以称为“克”。

段是郑伯的弟弟，怎么知道他是郑伯的弟弟呢？凡是杀死天子、诸侯的长子和同母弟弟的，经文上都按国君称呼，现在经文上称他为郑伯，就可知道段是弟弟了。

段既是弟弟，却不称弟；既是公子，却不称公子，这是贬抑他的意思。也是因为段不遵守做子弟的规矩。贬抑段也就更加严厉地谴责郑伯。

严厉谴责郑伯什么呢？严厉谴责郑伯平日处心积虑要致自己的弟弟于死地的罪责。

经文上说“于鄢”是表示路远的意思；说郑伯追到很远的地方去杀他的弟弟，就像从他母亲的怀中拖出来杀掉一样，这是强调他罪责深重的意思。

如此说来，郑伯应该怎么做？不要去穷追，并且放掉他，这才是爱护亲人的正确方法啊！

※ 评析

此文宜与本书首篇对照参看。

本文解释《春秋》“夏五月，郑伯克段于鄢”。先解释“克”字，表示双方等于敌国；再说贬低段是为了严厉责备郑伯；又再解释“于鄢”二字；最后为郑伯提出正确的办法。

这两篇文章是从两个不同的方面来写的。前者着重叙事，后者着重于对义理文字的说明。

晋献公杀世子申生

《礼记》[1] 檀弓上

※ 原文

晋献公将杀其世子申生。公子重耳[2]谓之曰："子盖言子之志于公乎？"世子曰："不可。君安骊姬[3]，是我伤公之心也。"曰："然则盖行乎？"世子曰："不可。君谓我欲弑君也。天下岂有无父之国哉？吾何行如之？"

使人辞于狐突[4]曰："申生有罪，不念伯氏[5]之言也，以至于死，申生不敢爱其死。虽然，吾君老矣，子少[6]，国家多难。伯氏不出而图吾君，伯氏苟出而图[7]吾君，申生受赐而死。"再拜稽首，乃卒。是以为恭世子也。

※ 注释

1《礼记》：儒家经书之一，记述儒家礼教学说及先秦典章制度、风俗习惯等。《汉书·艺文志》称之为"七十子后学者所记"。可见此书并非成于一人之手。2 重耳：申生的异母弟，后为晋文公。3 骊姬：晋献公的宠妃。4 狐突：重耳的外祖父，晋大夫，他是申生的师傅，这时因病在都城休养。5 伯氏：即指狐突。鲁闵公二年，晋献公派遣申生伐东山时，狐突曾劝他趁此机会逃到别的地方去，申生没有听从，"不念伯氏之言"即指此。6 子少：指骊姬的儿子奚齐，年纪还小。7 图：图谋安国之策。

※ 译文

晋献公将要杀他的太子申生。公子重耳对申生说："你何不把你的心意向国君讲明呢？"太子说："不可。君主的心在骊姬那里，没有她就不安逸；如果我把真相讲明，那是我伤君主的心了。"公子重耳说："那么，你怎么不逃走呢？"太子说："不可，君上说我想要杀害他。天下哪里存在没有父亲的国家呢？我能够逃到哪里去？"

太子派人去辞别狐突说："申生有罪，没有听您的话，以致性命也保不住了。我申生不敢贪生怕死，不过君上年纪老了，他所宠爱的奚齐又小，国家的患难正多。您如不肯出来为君上图谋安定国家的方法，那就罢了；但您如肯出来为君上图谋安定国家的方法，那么我申生就等于受了您的恩惠，死了也是甘心的。"于是拜了两拜，叩头到地，就自杀了。因此后世称他为恭世子。

※ 评析

本文篇幅虽小，但语言简洁，委婉曲折，生动感人。用寥寥数语描绘出了一个不忘孝道、家国的忠臣孝子形象。虽然在今天看来，申生的行为是愚孝，是不足取的，但他那种忠孝为国，不计生死，甚至在死前还为国家前途担忧的精神确实难能可贵，感人至深。今天的我们也可以从申生的行为中吸取教训，那就是在做出任何决定之前，要合理推断自己的牺牲是不是值得，如果自己的所作所为没有丝毫价值，那样的牺牲其实是不必要的。

卷四

苏秦始将连横，说秦惠王曰："大王之国，西有巴、蜀、汉中之利；北有胡貉、代马之用；南有巫山、黔中之限；东有殽、函之固。田肥美，民殷富，战车万乘，奋击百万；沃野千里，蓄积饶多，地势形便，此所谓天府，天下之雄国也。以大王之贤，士民之众，车骑之用，兵法之教，可以并诸侯，吞天下，称帝而治。愿大王少留意，臣请奏其效。"

苏秦以连横说秦

《战国策》[1]

※ **原文**

苏秦始将连横，说秦惠王曰："大王之国，西有巴、蜀、汉中之利；北有胡貉、代马之用；南有巫山、黔中之限；东有殽、函之固。田肥美，民殷富，战车万乘，奋击百万；沃野千里，蓄积饶多，地势形便，此所谓天府，天下之雄国也。以大王之贤，士民之众，车骑之用，兵法之教，可以并诸侯，吞天下，称帝而治。愿大王少留意，臣请奏其效。"

秦王曰："寡人闻之：毛羽不丰满者，不可以高飞；文章不成者，不可以诛罚；道德不厚者，不可以使民；政教不顺者，不可以烦大臣。今先生俨然不远千里而庭教之，愿以异日。"

苏秦曰："臣固疑大王之不能用也。昔者神农伐补遂，黄帝伐涿鹿而禽蚩尤，尧伐驩兜[2]，舜伐三苗，禹伐共工，汤伐有夏，文王伐崇，武王伐纣，齐桓任战而伯天下。由此观之，恶有不战者乎？古者使车毂击[3]驰，言语相结，天下为一。约从连横，兵革不藏。文士并饬[4]，诸侯乱惑，万端俱起，不可胜理。科条既备，民多伪态；书策稠浊，百姓不足；上下相愁，民无所聊；明言章理，兵甲愈起；辩言伟服，战攻不息；繁称文辞，天下不治。舌敝耳聋，不见成功；行义约信，天下不亲。于是乃废文任武，厚养死士，缀甲厉兵，效胜于战场。夫徒处[5]而致利，安坐而广地，虽古五帝、三王、五伯，明主贤君，常欲坐而致之，其势不能，故以战续之。宽则两军相攻，迫则杖戟相撞，然后可建大功。是故兵于胜外，义强于内，威立于上，民服于下。今欲并天下，凌万乘，诎敌国，制海内，子元元[6]，臣诸侯，非兵不可。今之嗣主，忽于至道，皆惛于教，乱于治，迷于言，惑于语，沉于辩，溺于辞，以此论之，王固不能行也。"

说秦王书十上而说不行。黑貂之裘敝，黄金百斤尽，资用乏绝，去秦而归。羸縢履蹻，负书担囊[7]，形容枯槁，面目黧黑，状有愧色。归至家，妻不下纴[8]，嫂不为炊，父母不与言。苏秦喟然叹曰："妻不以我为夫，嫂不以我为叔，父母不以我为子，是皆秦之罪也！"乃夜发书，陈箧数十，得太公[9]阴符[10]之谋。伏而诵之，简练以为揣摩。读书欲睡，引锥自刺其股，血流至足，曰："安有说人主，不能出其金玉锦绣，取卿相之尊者乎？"期年，揣摩成，曰："此真可以说当世之君矣。"于是乃摩[11]燕乌集阙[12]，见说赵王于华屋之下，抵掌而谈。赵王大悦，封为武安君，受相印，革车百乘，锦绣千纯，白璧百双，黄金万镒，以随其后，约从散横以抑强秦，故苏秦相于赵而关不通。当此之时，天下之大，万民之众，王侯之威，谋臣之权，皆欲决于苏秦之策。不费斗粮，未烦一兵，未战一士，未绝一弦，未折一矢，诸侯相亲，贤于兄弟。夫贤人任而天下服，一人用而天下从。故曰："式于政，不式于勇；式于廊庙之内，不式于四境之外。"当秦之隆，黄金万镒为用，转毂连骑，炫煌于道，山东之国从风而服，使赵大重。且夫苏秦特穷巷掘门、桑户棬枢之士耳，伏轼撙衔[13]，横历天下，庭说诸侯之主，杜[14]左右之口，天下莫之伉[15]。

将说楚王，路过洛阳。父母闻之，清宫除道，张乐设饮，郊迎三十里。妻侧目而视，侧耳而听。嫂蛇行匍伏[16]，四拜自跪而谢。苏秦曰："嫂何前倨[17]而后卑也？"嫂曰："以季子之位尊而多金。"苏秦曰："嗟乎！贫穷则父母不子，富贵则亲戚畏惧，人生世上，势位富厚，盍可以忽乎哉？"

※ 注释

1《战国策》：是一部战国时代的史料汇编，作者难考。此书主要记载战国策士的言论和活动，肯定他们在政治上的地位和作用。2 驩兜：尧的臣，因作乱而被放逐。3 使车毂击：使臣的车毂相互撞击，意思是说使臣来往频繁。毂：车轮中心突出部分。4 饬：同"饰"，巧，指用花言巧语游说诸侯。5 徒处：无所事事地待着。6 元元：百姓。7 囊：一本作"橐"，口袋。8 纴：织布帛的丝缕，借指织机。9 太公：姜太公，吕尚。10《阴符》：相传是太公所作的兵书。11 摩：逼近，切近。12 燕乌集阙：宫阙名。13 伏轼撙衔：意思是乘坐高车大马，洋洋得意。14 杜：塞。15 伉：同"抗"。16 匍伏：爬行。17 倨：傲慢。

※ 译文

苏秦起初用连横的主张去游说秦惠王，说："大王的国家，西边有巴、蜀、汉中的富饶之地，北边有胡貉、代马可以使用，南边有巫山、黔地的险阻，东边有殽山、函谷关的坚固。土地肥美，百姓富足，战车上万乘，勇士上百万，肥沃的土地上千里，贮存的物产极其丰富，地理形势险要，可攻可守，这正是所说的"天府之国"，是天下最强大的国家。凭着大王的贤明，士兵百姓的众多，将士的听命效劳，兵法的普遍教习，可以吞并诸侯，统一天下，称帝治理天下。请大王听完我的话稍稍留意一下，让我帮助您实现统一天下的大业。"

秦王说："我听说过这样的话，羽毛还没有长丰满的，不可以高飞；法令不完备的，不可以用刑罚；道德修养不深厚的，不可以役使百姓；政治教化不修明的，不可以烦劳大臣。现在先生郑重其事，不远千里地来到厅堂上教诲我，还是请改日再说吧。"

苏秦说："我本来就怀疑大王不会采纳我的主张。从前，神农讨伐补遂，黄帝攻打涿鹿擒获蚩尤，唐尧讨伐驩兜，虞舜讨伐三苗，夏禹讨伐共工，商汤讨伐夏桀，周文王讨伐崇国，周武王讨伐商纣，齐桓公用战争手段成为诸侯霸主。从这些事情看来，哪里有不使用战争的呢？古时候使者的车子来来往往、络绎不绝，各国用言语结成盟约，天下成为一体。现在讲合纵连横，战争不息，文人辩士都花言巧语、竞相游说，使诸侯迷惑昏乱，各种矛盾和事端因此产生，天下繁乱得不能治理。法律条规制订得虽已完备，老百姓虚伪奸恶的还是很多。文书、简策繁多杂乱，老百姓反而不能丰足。上上下下都发愁，人民的日子过不下去。越是讲冠冕堂皇的道理，战争就越多。衣着华丽的辩士越是能说会道，战争就越不能停止。越是那些繁杂的说教和浮夸的言辞，天下就越不能治理。说的人舌头说破了，听的人耳朵听聋了，却见不到成功。于是废除文辞，崇尚武力，用优厚的待遇豢养不怕死的勇士，制好盔甲，磨好兵器，在战场上决定胜负。什么也不做却能获得利益，坐着不动而能扩充领土，即使是古代的五帝、三王、五霸和其他贤明君主，想坐而得利，那也是办不到的，所以只好用战争来代替文治。距离远就摆开阵势两军相攻，距离近就兵器对兵器互相拼杀，这样才能建立伟大的功业。因此，士兵在外面打胜仗，君主在国内施仁政，国家的威望就树立起来了，老百姓也就服从了。如今想要吞并天下，凌驾在拥有兵车万乘的大国之上，让敌国屈服，从而控制天下，统治万民臣服诸侯，那是非用武力不可的。现在那些继承王位的国君，却忽视这至关重要的道理，被政教所昏乱，被花言巧语所迷惑，沉溺在辩论和辞令之中，照这样看来，大王您本来就不会施行我的主张的。"

苏秦向秦王上书十次，而连横的主张仍没有被采纳。他的黑貂皮衣穿破了，携带的百斤黄金用完了，连日常的费用也没有了，只得离开秦国回家。他绑着腿，穿着草鞋，背着书箱，挑着行李，模样憔悴，脸色又黑又黄，面露愧色。回到家里，妻子不下织机，嫂子不给他做饭，父母不和他说话。苏秦长叹一声说："妻子不把我当丈夫，嫂子不把我当叔子，父母不把我当儿子，这都是我自己的过错啊！"于是他连夜翻出书籍，把几十箱书全都打开，找到了姜太公写的名叫《阴符》的兵法书，伏案诵读，选择重要的熟记，研习其精要部分。读书疲倦想睡的时候，就拿个锥子刺自己的大腿，鲜血直流到脚上，并说道："哪有游说君主而不能得到他的金玉锦绣、获取卿相尊位的人呢？"过了一年，他的兵法研究透了，便说："这回真可以游说各国的君主了。"于是，苏秦走到燕乌集宫，在华丽的殿堂里拜见了赵王，两人谈得拍起手来，情投意合。赵王非常高兴，封苏秦为武安君，授给他相印，还有兵车百辆，锦绣千捆，白璧百双，黄金二十万两。赵王和苏秦去约集六国合纵，拆散连横，抑制强大的秦国。所以苏秦做了赵国的相国后，秦国通过函谷关和各国联系的交通就断绝了。这个时候，天下如此之大，百姓如此之多，王侯的威严，谋士的权势，都要由苏秦的计策决定。

这样不费一斗粮食，不用一件兵器，不用一个士兵打仗，不断一根弦，不折一支箭，六国的诸侯就互相亲善，比兄弟还好。真是贤人当政，天下信服，一人任用，天下顺从。所以说：“靠政治，不靠勇敢；靠朝廷内决策，不靠国境之外打仗。”苏秦最显赫的时候，有二十万两黄金作为费用，车轮飞转，马队连绵，威风凛凛地在大道上奔驰。山东各诸侯国，听到风声就附从，使赵国的地位大大提高。原来苏秦只不过是一个居住在穷街僻巷、寒屋陋室里的穷书生，拜相以后，乘坐着高车大马，游历天下，在各国的朝廷上游说诸侯，国君左右的人都被辩得哑口无言，天下的人没有一个敢和他抗衡。

苏秦将要去游说楚王，路过洛阳老家。他的父母听说这个消息后，就收拾房屋，打扫道路，敲锣打鼓，备办酒席，到三十里外的郊野去迎接。他的妻子不敢正面看他，侧着眼睛看他，侧着耳朵听他说话；他的嫂嫂，像蛇一样爬行，伏在地上，向苏秦跪拜请罪。苏秦说：“嫂嫂，你为什么以前那样傲慢，而现在又这样卑下了呢？”嫂嫂说：“因为你现在地位尊贵，又有很多金钱。”苏秦感叹地说：“唉！贫穷的时候，父母都不把我当儿子，富贵的时候家里的亲人都害怕。人活在世界上，权势地位、金钱财富，又怎么能忽视得了呢！”

※ 评析

本文最大的特点，就是紧紧抓住苏秦由失败困顿到成功显达的转折，亦即促成六国与秦抗衡的转折，生动形象地描绘了苏秦过人的辩才、智谋以及他那不同凡响、刻苦磨砺的精神。文章从两个角度塑造苏秦的形象：作为辩士的苏秦，具有过人的智谋韬略，是一个叱咤风云、扭转乾坤的人物；作为一个知识分子，他刻苦发奋，深切感受世态炎凉，又是一个热衷功名、得意忘形的凡夫俗子。这在文中通过生动的语言表现出来，塑造出了一个鲜活、有血有肉的人物形象。本文同时也反映了战国时代“逞干弋，尚游说”的历史面貌。

本文通过生动的语言，细致的情节描写，刻画出了鲜明的人物形象，这是本文最具吸引力的方面。此外，本文还具有纵横捭阖的风格，充分表现了高才秀士的奇特异智，可谓中国游说史上的经典之作。

邹忌讽齐王纳谏

《战国策》齐策一

※ 原文

邹忌修[1]八尺[2]有余，而形貌昳丽。朝服衣冠，窥镜，谓其妻曰："我孰与城北徐公美？"其妻曰："君美甚，徐公何能及君也！"城北徐公，齐国之美丽者也。忌不自信，而复问其妾曰："吾孰与徐公美？"妾曰："徐公何能及君也！"旦日，客从外来，与坐谈，问之曰："吾与徐公孰美？"客曰："徐公不若君之美也！"

明日，徐公来。熟视之，自以为不如；窥镜而自视，又弗如远甚。暮寝而思之，曰："吾妻之美我者，私[3]我也；妾之美我者，畏我也；客之美我者，欲有求于我也。"

于是入朝见威王，曰："臣诚知不如徐公美。臣之妻私臣，臣之妾畏臣，臣之客欲有求于臣，皆以美于徐公。今齐地方千里，百二十城。宫妇左右[4]，莫不私王；朝廷之臣，莫不畏王；四境之内，莫不有求于王。由此观之，王之蔽甚矣！"

王曰："善。"乃下令："群臣吏民，能面刺寡人之过者，受上赏；上书谏寡人者，受中赏；能谤议[5]于市朝[6]，闻寡人之耳者，受下赏。"令初下，群臣进谏，门庭若市。数月之后，时时而间进。期年之后，虽欲言，无可进者。燕、赵、韩、魏闻之，皆朝于齐。此所谓战胜于朝廷。

※ 注释

1 修：长。2 八尺：古时候一尺约相当于现在七寸，一寸约为3.33厘米。3 私：偏爱。4 宫妇左右：宫廷里面的后妃以及左右侍候的太监宫女等。5 谤议：指责议论。6 市朝：指公共集会场所。

※ 译文

邹忌身高八尺多，仪表堂堂，很有风度。一天早晨，他穿戴好衣帽，照着镜子，对他妻子说："我和城北的徐公比，谁漂亮？"他的妻子说："您漂亮极了，徐公哪能比得上您呢！"城北徐公，是齐国的美男子。邹忌自己不相信，又问他的妾说："我和徐公比，谁漂亮？"妾说："徐公哪能比得上您呢！"第二天，有位客人从外边来，邹忌和他坐着谈话，问他的客人说："我和徐公比，谁漂亮？"客人说："徐公不如您漂亮啊！"

又过了一天，徐公来了，邹忌仔细地观察他，认为自己不如徐公漂亮。照着镜子看自己，更觉得自己相差很远。晚上，他躺在床上想这件事，悟出了一番道理："我的妻子说我漂亮，是因为偏爱我；我的妾说我漂亮，是因为怕我；客人说我漂亮，是因为有求于我。”

于是，邹忌就进朝去见齐威王，说：“我知道自己不如徐公漂亮。可是，我的妻子偏爱我，我的妾怕我，我的客人有求于我，都说我比徐公漂亮。如今齐国方圆一千里，城池一百二十座。宫里的后妃和左右的近臣，没有谁不偏爱大王；朝廷的大臣，没有谁不怕大王；国境之内，没有谁不对大王有所求。这样看来，大王受到的蒙蔽太严重了。”

齐威王说：“好！”就下了一道命令：“文武百官和百姓能够当面指出我的过错，受上等赏；上书劝谏我的，受中等赏；能在公共场所指责议论我并让我听到的，受下等赏。”命令刚下达时，众臣纷纷进谏，宫门口和院子里像闹市一样人来人往；几个月之后，要隔一段时间才有人进谏；一年以后，即使有人想说也没有什么可进谏的了。

燕、赵、韩、魏各国听到这个情况，都到齐国朝见。这就是人们所说的在朝廷上战胜其他诸侯国的道理。

※ 评析

邹忌从家庭亲友间的微妙关系领悟到政治上的一番大道理，因而现身说法，讽谏齐王。他告诫君主不可受蒙蔽，而必须广开言路、虚心纳谏，这样才能及时补救犯下的错误，为更好地治理国家服务。这一席话发人深省，从而达到了劝谏的目的。这篇文章通过一系列的动作和语言描写，惟妙惟肖地传达出了邹忌及其他人物的心理和神态。

这一则短文告诫我们，做事要广开言路，那样才有可能进步。事实往往如此，如果做任何事，都只是一意孤行而闭塞思路，那样你的错误就永远不会被发现，那样你就会永远停留在原有位置，从而失去了向更好方面发展的机会。

颜斶说齐王

《战国策》齐策四

※ 原文

齐宣王见颜斶，曰：“斶前！”斶亦曰：“王前！”宣王不说。左右曰：“王，人君也；斶，人臣也。王曰‘斶前’，斶亦曰‘王前’，可乎？”斶对曰：“夫斶为慕势，王前为趋士；与使斶为慕势，不如使王为趋士。”

王忿然作色曰：“王者贵乎？士贵乎？”对曰：“士贵耳，王者不贵。”王曰：“有说乎？”斶曰：“有。昔者秦攻齐，令曰：‘有敢去柳下季垄五十步而樵采者，死不赦！’令曰：‘有能得齐王头者，封万户侯，赐金千镒！’由是观之，生王之头，曾[1]不若死士之垄也。”

宣王曰：“嗟乎！君子焉可侮哉？寡人自取病[2]耳。愿请受为弟子。且颜先生与寡人游[3]，食必太牢[4]，出必乘车，妻子衣服丽都[5]。”颜斶辞去，曰：“夫玉生于山，制则破焉；非弗宝贵矣，然太璞不完。士生乎鄙野，推选则禄焉；非不尊遂[6]也，然而形神不全。斶愿得归，晚食以当肉[7]，安步以当车，无罪以当贵，清净贞正以自虞[8]。”则再拜而辞去。

君子曰：“斶知足矣，归真反璞，则终身不辱。”

※ 注释

1 曾：竟然。2 病：羞辱。3 游：交往。4 太牢：一猪、一牛、一羊，三牲具备，叫“太牢”。5 丽都：华美。6 尊遂：尊贵显达。遂，达。7 晚食以当肉：把饭吃晚一些，虽然没有好吃的，但是因为饥饿而感到香甜，抵得上吃肉。8 虞：同“娱”，快乐。

※ 译文

齐宣王召见颜斶，说：“颜斶，上前来！”颜斶也对齐宣王说：“大王，上前来。”齐宣王很不高兴。左右的人说：“大王是君主，你是臣下。大王说：‘颜斶上前来’，你也说：‘大王上前来’，这可以吗？”颜斶回答说：“我上前去，是贪慕权势；大王上前来，是礼贤下士。与其让我做个贪慕权势的人，不如让大王礼贤下士。”

宣王愤愤地板起面孔说：“君王尊贵呢？还是士尊贵？”颜斶说：“士尊贵，君王不尊贵。”宣王说：“有什么理由吗？”颜斶说：“有。从前秦国攻打齐国，下命令说：‘有谁敢到离柳下季坟墓五十步之内的地方去砍柴，杀无赦。’又下命令说：‘有谁取得齐王的头，封他为万户侯，赏给黄金二万两。’以此看来，活着的君王的头，还不如死了的贤士的坟墓呢。”

齐宣王说：“唉！君子怎么能够侮辱呢？我自取其辱了。我希望您收我做弟子。只要颜先生和我交往，吃的一定是美味，出门一定是乘车，您的妻儿也都能穿上华丽的衣服。”颜斶辞谢说：“玉生在山中，一经雕琢，就把璞弄破了；雕琢后的玉不是不宝贵，只是它的本来面目已经失去了。士原本生活在偏僻的山野，一经推选得到俸禄，这并非不尊贵，可是他的形体精神已经不能保持本色。我情愿回去，晚一点吃饭就权当吃肉，慢步走路就权当坐车，没什么劫难就权当富贵，清净正直地生活，自得其乐。”于是向齐宣王再次拜谢，告辞离开了。

君子说：“颜斶很知足，返璞归真，这样终身都不会蒙受羞辱。”

※ 评析

战国时代，士人大多浸染了一种弃义逐利、虚矫诡妄的习气，表现出功利主义、利己主义的倾向。许多文士游说诸侯，以谋取高官厚禄，屈身于君王的权势之下。但也有人不慕利禄、不畏横强、洁身自爱，颜斶就是如此。面对骄横的齐王，他毫不退让、针锋相对、义正词严，旁征博引地论证了“士比王贵”的观点。更难得的是，胜论之后，对齐王的厚赐他不屑一顾。他高洁的气节和齐王倨傲的神态都通过全篇的对话表现出来了，结尾以“君子”的赞词结束，很有分量。

这篇文章全由对话构成，语言生动风趣，情节跌宕起伏，富有戏剧性。

冯谖客孟尝君

《战国策》齐策四

※ 原文

齐人有冯谖者，贫乏不能自存，使人属[1]孟尝君，愿寄食[2]门下。孟尝君曰：“客何好？”曰：“客无好也。”曰：“客何能？”曰：“客无能也。”孟尝君笑而受之，曰：“诺。”

左右以君贱之也，食以草具。居有顷，倚柱弹其剑，歌曰：“长铗，归来乎！食无鱼！”左右以告。孟尝君曰：“食之，比门下之客。”居有顷，复弹其铗，歌曰：“长铗，归来乎！出无车！”左右皆笑之，以告。孟尝君曰：“为之驾，比门下之车客。”于是，乘其车，揭[3]其剑，过[4]其友，曰：“孟尝君客我！”后有顷，复弹其剑铗，歌曰：“长铗，归来乎！无以为家！”左右皆恶之，以为贪而不知足。孟尝君问：“冯公有亲乎？”对曰：“有老母。”孟尝君使人给其食用，无使乏。于是冯谖不复歌。

后，孟尝君出记，问门下诸客：“谁习计会，能为文收责于薛者乎？”冯谖署曰：“能。”孟尝君怪之，曰：“此谁也？”左右曰：“乃歌夫‘长铗归来’者也！”孟尝君笑曰：“客果有能也！吾负之，未尝见也。”请而见之，谢曰：“文[5]倦于事，愦于忧，而性懧愚，沉于国家之事，开罪于先生。先生不羞，乃有意欲为收责于薛乎？”

冯谖曰："愿之！"于是约车治装，载券契而行，辞曰："责收毕，以何市而反？"孟尝君曰："视吾家所寡有者。"

驱而之薛，使吏召诸民当偿者，悉来合券。券遍合，起，矫命，以责赐诸民，因烧其券，民称万岁。

长驱到齐，晨而求见。孟尝君怪其疾也，衣冠而见之，曰："责毕收乎？来何疾也？"曰："收毕矣。""以何市而反？"冯谖曰："君云：'视吾家所寡有者'，臣窃[6]计：君宫中积珍宝，狗马实外厩，美人充下陈[7]。君家所寡有者，以义耳！窃以为君市义。"孟尝君曰："市义奈何？"曰："今君有区区之薛，不拊爱子其民，因而贾利之。臣窃矫君命，以责赐诸民，因烧其券，民称万岁，乃臣所以为君市义也。"孟尝君不说，曰："诺！先生休矣！"

后期年，齐王谓孟尝君曰："寡人不敢以先王之臣为臣！"孟尝君就国于薛。未至百里，民扶老携幼，迎君道中正日。孟尝君顾谓冯谖："先生所为文市义者，乃今日见之！"

冯谖曰："狡兔有三窟，仅得免其死耳。今君有一窟，未得高枕而卧也，请为君复凿二窟。"孟尝君予车五十乘，金五百斤，西游于梁，谓梁王曰："齐放其大臣孟尝君于诸侯，先迎之者，富而兵强。"于是，梁王虚上位，以故相为上将军，遣使者，黄金千斤，车百乘，往聘孟尝君。冯谖先驱，诫孟尝君曰："千金，重币也；百乘，显使也。齐其闻之矣！"梁使三反，孟尝君固辞不往也。

齐王闻之，君臣恐惧，遣太傅赍黄金千斤，文车二驷，服剑[8]一，封书谢孟尝君曰："寡人不祥[9]，被[10]于宗庙之祟[11]，沉于谄谀之臣，开罪于君，寡人不足为[12]也。愿君顾先王之宗庙，姑反国统万人乎？"冯谖诫孟尝君曰："愿请先王之祭器，立宗庙于薛[13]。"庙成，还报孟尝君曰："三窟已就，君姑高枕为乐矣！"孟尝君为相数十年，无纤介之祸者，冯谖之计也。

※ 注释

1 属：同"嘱"。嘱托，介绍。2 寄食：依靠别人吃饭。3 揭：高举。4 过：拜访，探望。5 文：田文，孟尝君自称其名。6 窃：私自，谦词。7 下陈：古代统治阶级堂下陈放礼品，站列婢妾的地方。8 服剑：齐王自己佩的剑。9 不祥：不善。10 被：遭受。11 祟：灾祸。12 为：帮助，辅佐。13 立宗庙于薛：在薛建立齐国先王的宗庙。孟尝君是齐国王室成员之一，因此可以请求立宗庙。薛有宗庙，齐国一定全力保护，不必担心外来侵犯。同时可以使孟尝君的地位更加巩固。

※ 译文

齐国有个叫冯谖的人，贫困得不能养活自己，托人介绍给孟尝君，希望在孟尝君门下做事。孟尝君问："客人有什么爱好？"来人说："客人没什么爱好。"孟尝君问："客人有什么才能？"来人说："没有什么才能。"孟尝君笑着答应说："好吧。"

左右的人认为孟尝君轻视他，就给他吃粗劣的饭食。过了不久，冯谖靠在柱子上弹着他的长剑唱道："长剑啊，咱们回去吧，吃饭没有鱼。"左右的人把这件事告诉了孟尝君，孟尝君说："照门下吃鱼的客人的待遇给他吃。"过了不久，冯谖又弹着他的剑，唱道："长剑啊，咱们回去吧，出门没有车。"左右的人都讥笑他，把这件事报告了孟尝君。孟尝君说："给他备车吧，如同门下有车的客人。"于是冯谖坐上他的车，举着他的剑去拜访他的朋友，说："孟尝君把我当客人对待。"这以后又过了一段时间，冯谖又弹起他的剑，唱道："长剑啊，咱们回去吧！没有什么可以用来养家。"左右的人都很厌恶他，认为他贪心不足，孟尝君问："冯先生有亲人吗？"他回答说："有位老母亲。"孟尝君派人供给她衣食费用，不让她缺少什么。从此，冯谖不再弹剑唱歌了。

后来，孟尝君出了个告示，问门下的客人："有谁熟悉算账理财，能够替我到薛地去收债？"冯谖签名说："我能。"孟尝君看了感到奇怪，就问："这是谁呀？"左右的人说："就是那个唱'长剑啊，咱们回去吧'的人。"孟尝君笑着说："这位客人果然有才能，我亏待了他，还没有接见过他呢！"就派人请他来相见。孟尝君道歉说："我被政事弄得很疲倦，被忧虑弄得心烦意乱，又生性懦弱愚笨，沉溺在国家的事务中，得罪了先生，先生不以为羞辱，还愿意替我到薛地去收债吗？"冯谖说："我愿意去。"就准备车马，整理行装，装着收债契约就要出发。辞行的时候冯谖问："债收完后，买些什么东西回来？"孟尝君说："看我家缺少什么。"

冯谖赶着车到了薛地，派官吏召集应该还债的百姓，都来核对债约，债约都核对完了，冯谖假传孟尝君的命令，把借款赏赐给百姓，就烧掉了他们的债约，百姓欢呼万岁。

冯谖马不停蹄地赶回齐国都城，清晨就求见孟尝君。孟尝君对他这么快回来感到很奇怪，就穿戴好衣帽去接见他，问道："债收完了吗？怎么回来得这么快？"冯谖说："收完了。"孟尝君又问："用债款买了什么回来？"冯谖说："您说'看我家里缺少什么'，我私下考虑，您家里堆满了珍宝，良犬骏马挤满了外面的牲口棚，美女站满了堂下。您家缺少的是'义'。我私下替您买回了'义'。"孟尝君问："'义'是怎么买的？"冯谖说："现在您只有一块小小的薛地，不把那里的百姓当作子女一样抚爱，却用商人的手段向他们谋取利息。我已经私下假托您的命令，把债款赐给百姓了，因此烧了他们的债约，百姓欢呼万岁，这就是我给您买的'义'。"孟尝君不高兴，说："好吧，先生算了吧。"

过了一年，齐王对孟尝君说："我不敢把先王的臣子作为我的臣子。"孟尝君只好回到自己的封地薛地去住。走到离薛地还有一百里的地方，百姓扶老携幼，在大路上迎接孟尝君，整整有一天。孟尝君回头对冯谖说："先生替我买的'义'，竟在今天看到了。"

冯谖说："聪明的兔子有三个洞穴，仅仅能够免除死亡。如今您只有一个洞穴，还不能高枕无忧睡大觉啊。请让我为您再凿两个洞穴。"孟尝君给他车子五十辆，黄金五百斤，到西方去游说梁国。冯谖对梁惠王说："齐王放逐他的大臣孟尝君到诸侯国去，先迎接他的诸侯，能使自己的国家富足，军队强大。"于是梁惠王空出最高的相位，把原来的相国调任做上将军，派遣使者带着黄金千斤，马车百辆去聘请孟尝君。冯谖抢先回来告诉孟尝君说："黄金千斤，是贵重的聘礼；车子百辆，是显赫的使者，齐王大概听到这件事了。"梁国的使者往返了多次，孟尝君坚决推辞不去。

齐王听到这些情况，君臣都很恐慌，就派太傅送去黄金千斤，华丽的车子二辆，佩剑一把，封好书信向孟尝君道歉说："我不好，遭受祖宗降给的灾祸，被谄媚逢迎的奸臣所迷惑，得罪了您。我是不值得您辅佐的，只希望您顾念先王的宗庙，暂时回来管理百姓吧。"冯谖告诉孟尝君说："希望您向齐王求得祭祀先王的礼器，在薛地建立宗庙。"宗庙建成了，冯谖回去向孟尝君报告说："三个洞穴已经凿好，您可以高枕而卧，过快乐日子。"孟尝君做了几十年相国，没有一丁点的灾祸，这都是由于冯谖的计策啊。

※ 评析

本文记叙出身贫穷的冯谖寄食于孟尝君的门下，开始受到人们轻视，三次弹铗而歌表示感叹，后来在帮助孟尝君焚券市"义"、迫齐王复相、建宗庙于薛等"营造三窟"的工作中，表现出卓越的政治才能，巩固了孟尝君的地位。文章突出表现了冯谖处事深谋远虑、善于相机而断的卓越才智，同时也反映了战国权势的养士之风。

文章反映了士在当时政治生活中的重要作用。全篇情节曲折而波澜起伏，清朝余诚曾评："真有武夷九曲，步步引人入胜之致。"

文章向人讲述了这样一个道理：看人才不要只看一时，要从长远来做打算。孟尝君起初收冯谖作门客时，连他自己都不会想到，有一天冯谖会对自己的帮助如此之大。所以也警示人们不要轻视任何人，也许有一天，他就会成为你的领导。

触詟说赵太后

《战国策》赵策四

※ 原文

赵太后新用事，秦急攻之，赵氏求救于齐。齐曰："必以长安君为质，兵乃出。"太后不肯，大臣强谏；太后明谓左右："有复言令长安君为质者，老妇必唾其面！"

左师[1]触詟愿见，太后盛气而揖之。入而徐趋[2]，至而自谢曰："老臣病足，曾不能疾走，不得见久矣。窃自恕，而恐太后玉体之有所郄[3]也，故愿望见。"太后曰："老妇恃辇而行。"曰："日食饮得无[4]衰[5]乎？"曰："恃鬻耳。"曰："老臣今者殊不欲食，乃自强步，日三四里，少益嗜食，和于身。"曰："老妇不能。"太后之色少解。

左师公曰："老臣贱息[6]舒祺，最少，不肖，而臣衰，窃爱怜之，愿令得补黑衣之数，以卫王宫。没死[7]以闻[8]。"太后曰："敬诺。年几何矣？"对曰："十五岁矣。虽少，愿及未填沟壑而托之。"太后曰："丈夫亦爱怜其少子乎？"对曰："甚于妇人。"太后曰："妇人异甚。"对曰："老臣窃以为媪之爱燕后，贤于长安君。"曰："君过矣！不若长安君之甚。"左师公曰："父母之爱子，则为之计深远。媪之送燕后也，持其踵[9]，为之泣，念悲其远也，亦哀之矣！已行，非弗思也，祭祀必祝之，祝曰：'必勿使反。'岂非计久长，有子孙相继为王也哉？"太后曰："然。"左师公曰："今三世以前，至于赵之为赵，赵王之子孙侯者，其继有在者乎？"曰："无有。"曰："微独赵，诸侯有在者乎？"曰："老妇不闻也。""此其近者祸及身，远者及其子孙。岂人主之子孙则必不善哉？位尊而无功，奉厚而无劳，而挟重器多也。今媪尊长安君之位，而封以膏腴之地，多予之重器，而不及今令有功于国；一旦山陵[10]崩，长安君何以自托于赵？老臣以媪为长安君计短也，故以为其爱不若燕后。"太后曰："诺，恣君之所使之。"于是为长安君约车百乘，质于齐，齐兵乃出。

子义[11]闻之曰："人主之子也，骨肉之亲也，犹不能恃无功之尊，无劳之奉，以守金玉之重也，而况人臣乎？"

※ 注释

1 左师：官名。2 徐趋：徐，慢。趋，小步快走。是古代下见上、臣见君的走路姿态。触詟脚有病，所以只能"徐趋"。3 郄：同"隙"，病，不舒适。4 得无：该不会。5 衰：减少。6 息：儿子。7 没死：冒着死的危险。8 以闻：把事情告诉您。9 持其踵：握住燕后的脚后跟，此指紧紧跟在她身后。10 山陵：比喻国君，这里指赵太后。11 子义：赵国贤士。

※ 译文

赵太后新近执政，秦国就加紧进攻赵国。赵国向齐国求援。齐王说："必须要用长安君来作人质，才能出兵。"赵太后不同意，大臣们竭力劝谏。太后明确地对左右的人宣布："有再说让长安君去作人质的，我一定要把唾沫吐到他脸上！"

左师触詟说他希望觐见太后，太后怒气冲冲地等候着他。触詟进宫以后慢慢向前小跑，到了太后跟前请罪说："老臣的脚有毛病，没法快跑，很久没能来觐见您了。我私下原谅了自己，但是担心太后的贵体有不舒服的地方，所以希望觐见您。"太后说："我靠车子行动。"触詟说："每天的饮食该不会减少吧？"太后说："靠喝点粥罢了。""老臣近来很不想吃东西，就自己勉强走走，每天走三四里，才稍微增加了一点食欲。身体也感到舒适了。"太后说："我可做不到。"太后脸色略微缓和了。

左师公说："我的儿子舒祺，年纪最小，不成器。可是我年纪老了，心里很疼爱他，希望能让他充当一名卫士，来保卫王宫，因此我冒着死罪来禀告太后。"太后说："好啊。他年龄多大了？"左师公说："十五岁了。虽然年纪小，但希望趁自己还没死，把他托付给您。"太后说："男人也疼爱自己的小儿子吗？"触詟说："比女人还疼爱得厉害些。"太后笑着说："女人疼爱自己的小儿子特别厉害。"左师公说："我私下认为，您疼爱燕后超过疼爱长安君。"太后说："你错了。不像疼爱长安君那么的厉害。"左师公说："父母疼爱子女，就要为他们做长远打算。您送燕后出嫁的时候，跟在她的后面偷偷哭泣。想起她离家远嫁就伤心，也真是怜爱她了。燕后走了后，您不是不想念她，每当祭祀的时候总为她祈祷，祈祷说：'一定不要让她回来。'这难道不是为她做长远打算，希望她有子孙世代为王吗？"太后说："是的。"左师公说："从现在上推到三世之前，一直到赵氏建立赵国的时候，赵国君主子孙封侯的，他们的继承人还有继续继承侯位的吗？"太后说："没有。"触詟说："不单是赵国，其他诸侯的子孙封侯的，他们的继承人有还在侯位的吗？"太后说："我没有听说过。"触詟说："这就是说他们不仅自身遭了祸，祸患还落到他们子孙身上。难道君王的子孙就注定不好吗？不是。只是因为他们地位尊贵而没有功勋，俸禄丰厚而没有什么劳绩，却拥有很多贵重的财宝。如今您让长安君的地位尊显，封给他肥美的土地，赐给他很多贵重的财宝，却不趁现在让他为国立功，一旦您百年后，长安君凭什么在赵立足？老臣以为您为长安君考虑得太短浅了，所以说您对他的爱不如对燕后的爱。"太后说："好吧，任凭您派他到哪里去。”就为长安君准备了一百辆车子，到齐国去做人质。齐国的援军就出动了。

子义听到这件事后说：“国君的儿子，也是骨肉之亲，尚且不能依靠没有功勋的高位和没有劳绩的俸禄来保持他的富贵，何况是做臣子的呢？”

※ 评析

本篇记叙的是触詟巧言劝谏赵太后让儿子到齐国做人质的故事。文章成功地塑造了触詟这个富有生活经验、善于进谏的老臣形象。面对气盛偏执、溺爱幼子的赵太后，他采取迂回曲折、因势利导的方法，巧妙地说服了她。作者用细致的笔触刻画了人物的言谈举止，传神地表现了人物的情绪和性格。

文中触詟对王孙公子们“位尊而无功，奉厚而无劳”，必导致“近者祸及身，远者及其子孙”的精辟之见，至今仍有借鉴作用。同时告诉人们一个深刻的道理：“父母之爱子，则为之计深远。”不能为了他们一时的安逸，而断送了美好的一生。

乐毅报燕王书

《战国策》燕策二

※ 原文

昌国君乐毅[1]，为燕昭王合五国之兵而攻齐[2]，下七十余城，尽郡县之以属燕。三城未下，而燕昭王死。惠王即位，用齐人反间，疑乐毅，而使骑劫代之将。乐毅奔赵，赵封以为望诸君。齐田单诈骑劫，卒败燕军，复收七十余城以复齐。

燕王悔，惧赵用乐毅乘燕之弊以伐燕。燕王乃使人让乐毅，且谢之曰：“先王举国而委将军，将军为燕破齐，报先王之仇，天下莫不振动，寡人岂敢一日而忘将军之功哉！会先王弃群臣，寡人新即位，左右误寡人，寡人之使骑劫代将军。为将军久暴露于外，故召将军，且休计事。将军过听，以与寡人有隙，遂捐燕而归赵。将军自为计则可矣，而亦何以报先王之所以遇将军之意乎？”

望诸君乃使人献书报燕王曰：

“臣不佞，不能奉承先王之教，以顺左右之心，恐抵斧质之罪，以伤先王之明，而又害于足下之义，故遁逃奔赵。自负以不肖之罪，故不敢为辞说。今王使使者数之罪，臣恐侍御者之不察先王之所以畜幸臣之理，而又不白于臣之所以事先王之心，故敢以书对。

“臣闻贤圣之君，不以禄私其亲，功多者授之；不以官随其爱，能当者处之。故察能而授官者，成功之君也；论行而结交者，立名之士也。臣以所学者观之，先王之举措，有高世之心，故假节于魏王，而以身得察于燕。先王过举，擢之乎宾客之中，而立[3]之乎群臣之上，不谋于父兄，而使臣为亚卿。臣自以为奉令承教，可以幸无罪矣，故受命而不辞。

“先王命之曰：‘我有积怨深怒于齐，不量轻弱，而欲以齐为事。’臣对曰：‘夫齐，霸国之余教，而骤胜[4]之遗事[5]也。闲[6]于甲兵，习于战攻。王若欲伐之，则必举天下而图之。举天下而图之，莫径于结赵矣；且又淮北、宋地，楚、魏之所同愿也。赵若许约，楚、魏尽力，四国攻之，齐可大破也。’先王曰：‘善！’臣乃口受令，具符节，南使臣于赵，顾反命，起兵随而攻齐。以天之道，先王之灵，河北之地，随先王举而有之于济上。济上之军，奉令击齐，大胜之。轻卒锐兵，长驱至国。齐王逃遁走莒，仅以身免。珠玉财宝，车甲珍器，尽收入燕，大吕陈于元英，故鼎反乎历室，齐器设于宁台，蓟丘之植，植于汶篁。自五伯以来，功未有及先王者也。先王以为顺于其志，以臣为不顿命[7]，故裂地而封之，使之得比乎小国诸侯。臣不佞，自以为奉令承教，可以幸无罪矣，故受命而弗辞。

“臣闻贤明之君，功立而不废，故著于《春秋》[8]；蚤知之士，名成而不毁，故称于后世。若先王之报怨雪耻，夷万乘之强国，收八百岁[9]之蓄积，及至弃群臣之日，遗令诏后嗣之余义，执政任事之臣，所以能循法令、顺庶孽者，施[10]及萌隶[11]，皆可以教于后世。

“臣闻善作者不必善成，善始者不必善终。昔者，伍子胥说听乎阖闾，故吴王远迹至于郢。夫差弗是也，赐之鸱夷而浮之江。故吴王夫差不悟先论之可以立功，故沉子胥而弗悔。子胥不蚤见主之不同量，故入江而不改。

“夫免身全功以明先王之迹者，臣之上计也；离[12]毁辱之非，堕先王之名者，臣之所大恐也；临不测之罪，以幸为利者，义之所不敢出也。

“臣闻古之君子，交绝不出恶声；忠臣之去也，不洁其名。臣虽不佞，数奉教于君子矣。恐侍御者之亲左右之说，而不察疏远之行也。故敢以书报，唯君之留意焉！”

※ 注释

1 乐毅：战国时著名军事家。原是魏国的大臣，奉魏昭王命使燕，受到燕昭王的礼遇，便留在燕国，被封为亚卿。后来死在赵国。昌国君：是乐毅的封号，因为助燕昭王破齐有功，昭王封他为昌国君。2 “为燕昭王”一句：燕昭王伐齐有其历史原因，燕王哙的时候，曾想效法尧舜让贤，将君位让给丞相子之，结果引起国内大乱，齐国趁机打败燕国。燕昭王即位，决心报复齐国。于是筑黄金台招揽人才，人才纷纷从各地来燕。五国，指赵、楚、韩、魏、燕。3 立：位置，这里指给以高位。4 骤胜：屡次战胜。5 遗事：旧事。6 闲：同“娴”，熟悉。7 不顿命：不辜负使命。8 春秋：史册。古代编年史都叫春秋，并非专指鲁《春秋》。9 八百岁：从姜太公吕望建立齐国到齐闵王为止的大约年数。10 施：普及。11 萌隶：指老百姓。萌：同“氓”。12 离：同“罹”，遭受。

※ 译文

昌国君乐毅，替燕昭王集合韩、赵、魏、楚、燕五国的军队共同去攻打齐国。攻下七十多座城池，全部改为郡县归属于燕国。还有三座城池没有攻下，燕昭王就死了。燕惠王即位，他听信了齐国人的离间，怀疑乐毅，就派骑劫代替乐毅作大将。乐毅便逃到赵国去，赵国封他做望诸君。后来齐将田单用计诈骗骑劫，燕军大败，又收复七十多座城池，光复了齐国。

燕惠王感到后悔，怕赵国重用乐毅，乘着燕国被齐国打败了的机会来攻打燕国。燕王就派人去责备乐毅，并向他道歉说：“先王把整个国家都托付给将军，将军为燕国攻破齐国，报了先王的仇，天下没有谁不震动，我哪敢忘记将军的大功呢？正碰上先王抛下重臣与世长辞，我刚刚即位，左右的人骗了我，我叫骑劫代替将军，是考虑到将军长期风餐露宿在外，所以召回将军，暂且休息一下并共同商议国事，将军误会了我，因而同我有了隔阂，便抛弃燕国而投奔赵国。将军为自己考虑是可以的，可是怎样来报答先王知遇将军的恩情呢？”

望诸君乐毅就派人送信回答燕王说：

“我没有才智，不能够承受先王遗留下来的教诲，顺从您的心意，恐怕回来受到刀斧刑，以致损伤先王知人善任的英明，又使您落个不义的名声，因此逃奔到赵国。自己宁愿背着不贤的罪名，不敢为自己辩解。如今大王派使者来数说我的罪过，我怕您不了解先王为什么要厚待重用我的道理，而且又不明白我事奉先王的一片忠心，因此大胆地写下了这封信来回答您。

“我听说贤圣的君主，不私自拿俸禄给他的亲信，功劳多的才授给他；不随意拿官职赐给他偏爱的人，能够胜任的才任命他。因此审察谁有才能就授给谁官职的，是能够成就功业的君主；衡量谁品行好就和谁结交的，是能够树立名声的贤士。我凭所学到的知识来看，先王的举动措施高出当今一般人的见解，因此我向魏王借用出使的符节，得以亲自来到燕国考察。先王过分抬举，把我从宾客中提拔上来，安置我的职位高于许多臣子，没有和父老兄弟商量，便叫我做了燕国的亚卿。我自以为只要奉行先王的命令，接受先王的教诲，便可以侥幸免除罪过了，因此接受了任命，没有推辞。

“先王命令我说：‘我积累了几代的冤仇，对齐国深为痛恨，因此不顾自己国小力弱，也想把报复齐国作为首要大事。’我回答说：‘那齐国，还保持称霸的遗业，而且有屡屡打胜仗的经验，熟习军事，惯于作战。大王如果要出兵伐齐，那就必须联合天下的力量来对付它。联合天下的力量来对付它，没有比联络赵国更直接了。况且淮北、宋地是楚国、魏国都希望得到的地方。赵国如果答应结约，楚、赵、魏都能尽力，四个国家攻打齐国，就可以大破齐国。’先王说‘好。’我便接受先王的亲口命令，拿着符节，出使赵国，不久就赶快回来复命，接着跟随先王起兵伐齐，凭借上天的佑助、先王的威灵、河北的地利，一下子占领了齐国的济上。来到济上的燕军，奉令进攻齐军，取得巨大胜利。轻装的精锐部队长驱直入，一直攻到齐国国都，齐王逃到莒城，仅仅保住了性命。齐国的珠玉、财宝、战车胄甲等珍贵器物全被收缴到燕国：大吕钟摆在元英殿前；被齐夺走的燕鼎又回到燕国，放在历室；齐国的贵重器物陈列在宁台殿；而燕都蓟的竹木种植在齐国汶水的竹田里。自春秋五霸以来，功劳没有谁比得上先王的。先王感到如愿以偿，认为我没有辜负使命，所以割地封我，使我能够和小国诸侯相比。我没有才能，自认为只要奉行先王的命令，接受先王的教诲，便可以侥幸免除罪过了，因此接受任命，没有推辞。

“我听说贤明的君主，功业建立起来了就不会废弃，所以能加载史册；有预见的贤士，名声成就了就不会毁坏，所以被后世称道。先王报仇雪耻，削平了拥有万辆兵车的强国，收取齐国蓄积八百年的珍宝；待到抛下重臣逝世之日，给子孙留下遗诏，意义深远。因此，执政任事的大臣能够遵循法令，预防庶出的儿子争夺王位，把好处施给全国百姓。先王的这些遗教，都是可以教育后世的啊！

“我听说善于开创事业的人不一定善于守成，有个好的开头不一定有个好的结果。从前，伍子胥的主张被吴王阖闾采纳接受，所以吴王阖闾能够远征到楚国的都城郢。吴王夫差却不是这样，还把伍子胥的尸体装在皮口袋里抛入大江。吴王夫差不明白伍子胥的预见是能够实现，因而把伍子胥的尸体沉到江中也不后悔。伍子胥没有及早认识到阖闾和夫差两个君主的胸怀度量不同，因而到死也没有改变态度。

“避免自己一死，保全伐齐的功劳，以显示先王的业绩，这是我的上策；遭受诽谤责难，败坏先王知人善用的好名声，这是我最大的恐惧；面临不可预测的大罪，却想侥幸助赵伐燕来谋取私利，在道义上我是不敢这样做的。

“我听说古代的君子，与人绝交后不说人家的坏话；忠臣蒙冤离开朝廷的时候，也不毁谤君主来洗刷自己的名声。我虽然没有才智，却多次从贤人君子那里受到教诲，恐怕您听信左右亲近之人的话，不能考察我这个被疏远的人的行为，因此冒昧写下这封信回答您，希望大王用心考虑一下吧！”

※ 评析

文章起笔简要地交代了背景，然后记述了燕惠王文过饰非的“谢”。正是这一饰非之举使乐毅明白不可被用，遂写下此篇报燕王书。从礼制上说，臣指责君的过失是害礼，乐毅先以此答燕惠王，以为己辩，随即回顾往事，委婉含蓄地表达了他未负于燕，但鉴于往事，又不可留在燕国。通读全文可以看出乐毅对燕昭王、燕惠王两主前后心胸、度量之不同的明察。正因为如此，乐毅拒绝了燕惠王请他返燕的要求，以免重蹈伍子胥“不早见主之不同量，故入江不改”的覆辙。由此而显示出乐毅的精明和练达。而乐毅之所谓“臣闻古之君子，交绝不出恶声”，也表现了乐毅身在他国也绝不加害于燕国的君子风范。同时这么做也保全了燕昭王和燕惠王的名声。

乐毅此书，语气婉转，语意恳切真挚，忧愤于心而不露，堪为传诵千古的书信名篇。

谏[1]逐客书

秦·李斯

※ 原文

秦宗室大臣皆言秦王曰：“诸侯人来事秦者，大抵为其主游间于秦耳，请一切逐客。”李斯[2]议亦在逐中。斯乃上书曰：

“臣闻吏议逐客，窃以为过矣。

“昔穆公求士，西取由余于戎，东得百里奚于宛，迎蹇叔于宋，求丕豹、公孙支于晋。此五子者，不产于秦，而穆公用之，并国二十，遂霸西戎。孝公用商鞅之法，移风易俗，民以殷盛，国以富强，百姓乐用，诸侯亲服，获楚、魏之师，举地千里，至今治强。惠王用张仪之计，拔三川之地，西平巴蜀，北收上郡，南取汉中，包九夷，制鄢、郢，东据城皋之险，割膏腴之壤，遂散六国之从，使之西面事秦，功施到今。昭王得范雎，废穰侯，逐华阳，强公室，杜私门，蚕食诸侯，使秦成帝业。此四君者，皆以客之功。由此观之，客何负于秦哉！向使[3]四君却[4]客而不内[5]，疏士而不用，是使国无富利之实，而秦无强大之名也。

“今陛下致昆山之玉，有随、和之宝，垂明月之珠，服太阿之剑，乘纤离之马，建翠凤之旗，树灵鼍之鼓。此数宝者，秦不生一焉，而陛下说之，何也？必秦国之所生然后可，则是夜光之璧，不饰朝廷；犀象之器，不为玩好；郑、卫之女，不充后宫；而骏马，不实外厩；江南金锡不为用；西蜀丹青不为采。所以饰后宫、充下陈[6]、娱心意、说耳目者，必出于秦然后可，则是宛珠之簪，傅[7]玑[8]之珥[9]，阿缟之衣，锦绣之饰，不进于前；而随俗雅化，佳冶窈窕，赵女不立于侧也。夫击瓮叩缶，弹筝搏髀，而歌呼呜呜快耳目者，真秦之声也；郑、卫桑间，韶虞、武象者，异国之乐也。今弃击瓮而就郑、卫，退弹筝而取韶虞，若是者何也？快意当前，适观而已矣。今取人则不然，不问可否，不论曲直，非秦者去，为客者逐，然则是所重者在乎色乐珠玉，而所轻者在乎人民也。此非所以跨[10]海内、制诸侯之术也。

"臣闻地广者粟多，国大者人众，兵强则士勇。是以泰山不让土壤，故能成其大；河海不择细流，故能就其深；王者不却众庶，故能明其德。是以地无四方，民无异国，四时充美，鬼神降福，此五帝[11]三王[12]之所以无敌也。今乃弃黔首[13]以资敌国，却宾客以业诸侯，使天下之士退而不敢西向，裹足不入秦，此所谓藉寇兵而赍盗粮者也。

"夫物不产于秦，可宝者多；士不产于秦，而愿忠者众。今逐客以资敌国，损民以益仇，内自虚而外树怨于诸侯[14]，求国之无危，不可得也。"

秦王乃除逐客之令，复李斯官。

※ 注释

1 谏：规劝君主、尊长或朋友，使改正错误。2 李斯：楚国上蔡（今河南上蔡县）人，荀卿的学生。他游说秦，秦王拜他为客卿。后来，帮助秦王（即秦始皇）统一天下，当了丞相。秦二世时，被赵高陷害，腰斩于咸阳。3 向使：假使。4 却：拒绝。5 内：同"纳"。6 下陈：台阶下面姬妾歌舞的地方。7 傅：同"附"，附着。8 玑：不圆的珠。9 珥：耳环。10 跨：凌驾。比喻统一。11 五帝：指黄帝、颛顼、帝喾、唐尧、虞舜。12 三王：指夏禹、商汤、周文王。13 黔首：秦称百姓为黔首。黔，黑色。14 外树怨于诸侯：意思是把客籍人赶回各国，这些人会怨恨秦国，极力辅佐诸侯攻秦。这等于秦王自己在外部树立了众多仇敌。

※ 译文

秦国宗室大臣们一起向秦王说："各诸侯国人来秦国谋事的，大都是在替他们的君主进行游说、离间，请把所有的客籍人都赶走。"李斯也是在商议中要被驱逐的一个。李斯就写信给秦王说：

"听说官吏们商议赶走客籍人，我私下认为这样做是错误的。

"从前，穆公访求贤士，西边从戎族那里选拔了由余，东面从楚国的宛县得到了百里奚，从宋国迎来了蹇叔，从晋国招来了邹豹和公孙友。这五个人，都不出生在秦国，可是穆公重用他们，因而兼并了二十个小国，于是称霸西戎。孝公采用了商鞅的新法，移风易俗，百姓因此兴旺富足，国家因此繁荣富强，百姓都乐意为国出力，各诸侯国都对秦国亲善归服，并战胜了楚、魏的军队，攻取了上千里的土地，使得秦国至今还保持安定强盛。惠王采用张仪的计策，攻取了三川的土地，向西吞并了巴、蜀，向北收得了上郡，向南夺取了汉中，拿下了广大少数民族地区，控制着楚国的鄢、郢，向东占据了成皋的天险，取得了大片肥沃的土地。于是离散了韩、魏、赵、齐、楚、燕六国的合纵联盟，使他们都尊崇、侍奉秦国，这功劳一直延续到今天。昭王得到范雎，废黜穰侯，驱逐华阳君，加强王室的权力，限制豪门贵族的势力。渐渐地吞并诸侯各国，帮助秦国建成帝王的事业。这四位君主，都凭借了客籍人的功劳。由此看来，客籍人哪里辜负了秦国呢！假使这四位君主拒绝不接纳客籍人，疏远贤士而不用，这就会使国家没有强盛的实力，而秦国也没有强大的名声了。

“现在陛下得到了昆仑山的宝玉，有了随侯珠、和氏璧，悬挂着光如明月的珍珠，佩带着太阿宝剑，乘坐名叫纤离的骏马，竖着用翡翠取羽毛作装饰的彩旗，摆设着鳄鱼皮蒙的大鼓。这几种宝物没有一种产自秦国，可是陛下非常喜爱它们，这是为什么呢？若一定要秦国出产的才能用，那么夜光璧就不能装饰朝廷，犀牛角和象牙制的器物就不能做玩赏的东西，郑、卫两国的美女就不能住满后宫，而且骏马不该关满在外面的马栏，江南的金锡不该用作器物，西蜀的丹青不能用来做颜料。凡是装饰后宫的珠玉、充满台阶下面的姬妾、娱乐心意的器物、愉悦耳目的音乐图画等，如果一定要出产在秦国的才可用，那么，这些嵌着宛珠的簪子、镶着小珠的耳环、东阿白绢做成的衣服、锦绣的饰物，就不能进献到您面前；而打扮时髦、艳丽苗条的赵国女子就不能侍立在您的身边了。那敲打着瓦瓮瓦钵，弹着竹筝，拍腿打拍子，唱着呜呜的歌曲来娱人耳目的，才真正是秦国的音乐呢！郑、卫桑间的音乐，以及韶虞、武象，都是别国的音乐呢！如今抛弃敲打瓦器而欣赏郑、卫的音乐，撤走竹筝而选择韶虞的乐曲，这样做是为了什么呢？还不是为了心情愉快，适合观赏罢了。如今您用人却不这样做，不问适宜不适宜，不论正确不正确，凡不是秦国人就要他离开，只要是客籍人就赶走。这样做就说明，你所重视的是女色、音乐、珍珠、宝玉，而所轻视的则是人才，这可不是统一天下、制服诸侯的策略啊。

“我听说土地广大的粮食就丰富，国家大的人口就众多，武器精锐兵士就勇敢。因此泰山不拒绝土壤，所以能成就它的高大；河海不排除细流，所以能成就它的深邃；君主不拒绝庶民，所以能显示他的厚德。因此说地不分东西南北，人民不分本国别国，能够四季都富庶美好，鬼神都来保佑。这就是五帝、三王无敌于天下的根本原因。现在您竟然抛弃百姓去资助敌国，驱逐客籍人去成就别国诸侯的事业，使天下的贤士都退缩畏惧，不敢向西，停住脚步不肯进入秦国，这就叫作借武器给敌人，送粮食给盗贼啊。

“物品不出产在秦国，可是珍贵的很多；贤士不出生在秦国，但愿意效忠秦国的很多。现在驱逐客籍人去资助敌国，损害百姓去增加对手的力量，使得国家内部空虚，而对外又结怨于诸侯，想求得国家没有危险，这是办不到的啊！”

秦王（看了李斯的书信）便撤销逐客的命令，恢复了李斯的官职。

※ 评析

战国时很多客卿来到秦国，影响了秦国贵族的权势。适逢韩国派郑国来秦，劝秦王大规模兴修水利，企图消耗秦的国力，以免对韩用兵。此事泄露后，秦国贵族一味攻击客卿皆间谍，劝秦王驱逐所有客卿。李斯也在被逐之列，故写下这篇《谏逐客书》。

本文引用充足的历史事实，先正面立论，说明各客卿有功于秦国，又设妙喻，以不拒他国的珍宝器物与逐客相比，归结出逐客的危害性。行文中，多用排比，反复论证，很有说服力，使秦王不得不撤销逐客之令。

宋玉对楚王问

《楚辞》

※ 原文

楚襄王问于宋玉[1]曰：“先生其有遗行[2]与？何士民众庶不誉[3]之甚也？”

宋玉对曰：“唯，然，有之。愿大王宽其罪，使得毕其辞。

“客有歌于郢中者。其始曰《下里》《巴人》[4]，国中属而和者数千人。其为《阳阿》《薤露》[5]，国中属而和者数百人。其为《阳春》《白雪》[6]，国中属而和者不过数十人。引商刻羽[7]，杂以流徵[8]，国中属而和者，不过数人而已。是其曲弥高，其和弥[9]寡。

“故鸟有凤而鱼有鲲。凤凰上击九千里，绝[10]云霓，负[11]苍天，足乱浮云，翱翔乎杳冥[12]之上。夫藩篱之鷃，岂能与之料天地之高哉？鲲鱼朝发昆仑之墟，暴鬐于碣石，暮宿于孟诸。夫尺泽之鲵，岂能与之量江海之大哉？

“故非独鸟有凤而鱼有鲲也，士亦有之，夫圣人瑰意琦行[13]，超然独处，世俗之民又安知臣之所为哉？”

※ 注释

1 宋玉：战国后期楚国著名辞赋家，是屈原的学生，曾为顷襄王小臣。2 遗行：不对的行为。3 誉：称赞。4《下里》《巴人》：楚国通俗的民间歌曲。5《阳阿》《薤露》：楚国较为高雅的歌曲名。6《阳春》《白雪》：楚国高雅的歌曲名。7 引商刻羽：古代以宫、商、角、徵、羽为“五音”，也称“五声”。其中商声轻劲敏疾，羽声低平掩映，所以引高其声而为商音，减低其声而为羽音。刻：削、减。8 流徵：流动的徵音，其声抑扬连续。9 弥：越。10 绝：超越。11 负：背着。12 杳冥：指极高极远看不清的地方。13 瑰意琦行：宏大的志向，美好的行为。

※ 译文

楚襄王问宋玉说：“先生也有不检点的行为吧？为什么那么多人都对你有不满情绪呢？”

宋玉回答说：“嗯，是的，有这种情况。希望你能宽恕我的过错，让我把话说完。

“在都城中，有一个唱歌的外地人，他开始时唱《下里》《巴人》这首歌，城中能和他接唱应和的有几千人；当他唱《阳阿》《薤露》时，能和他接唱应和的还有几百人；当他唱《阳春》《白雪》时，能和他接唱应和的就只有几十个人了。当他一会儿高唱商声，一会儿低唱羽声，又夹杂着流动的徵音时，全城中能和他接唱应和的就只剩下几个人了。这样看来，曲调越高雅，能够应和的人就越少。

“所以鸟中有凤凰，鱼中有鲲鱼。凤凰向上飞了九千里，超越了云霞，背负苍天，脚搅乱浮云，在那遥远幽深的天空中自由地飞翔；那种生活在篱笆杂草间的鷃鸟，又怎能和凤凰一起估算天地的高大呢！鲲鱼早上从昆仑山下出发，白天在碣石晒脊背，傍晚在孟诸过夜；那一尺深的水坑中的小鱼，又怎能和鲲鱼一样测知长江大海的深广呢？

“因此不只是鸟类中有凤凰而鱼类中有鲲鱼，士人当中也有杰出的人才。圣人的伟大志向和美好操行，超出常人而独自存在，一般人又怎能理解我的所作所为呢？”

※ 评析

这是宋玉和楚王的一段精彩对话。文中楚王向宋玉提出质疑；宋玉为了辩驳楚王的诘责，却从音乐谈起，指出曲高和寡这一现象；接着通过凤与、鲲与鲵的鲜明对比，说明俗人是无法理解圣人的。宋玉通过巧妙的回答，表现了自己超出流俗和现实之上的卓尔不群的品格。文中的回答既描写了宋玉的清高，同时还表现了他不被现实所容的失志之感。这也就是人们通常所说的“高处不胜寒”。

这篇文章委婉含蓄、形象瑰奇、手法夸张、文辞华美，确是辞赋中的精品。

卷五

太史公曰：学者多称五帝，尚矣。然《尚书》独载尧以来；而百家言黄帝，其文不雅驯，荐绅先生难言之。孔子所传《宰予问五帝德》及《帝系姓》，儒者或不传。余尝西至空峒，北过涿鹿，东渐于海，南浮江淮矣。至，长老皆各往往称黄帝、尧、舜之处，风教固殊焉。

五帝本纪赞

《史记》

※ 原文

太史公[1]曰：学者多称五帝，尚矣。然《尚书》独载尧以来，而百家言黄帝，其文不雅驯[2]，荐绅[3]先生难言之。孔子所传《宰予问五帝德》及《帝系姓》，儒者或不传。余尝西至空峒，北过涿鹿，东渐于海，南浮江淮矣。至，长老皆各往往称黄帝、尧、舜之处，风教固殊焉。总之，不离古文[4]者近是[5]。予观《春秋》《国语》，其发明《五帝德》《帝系姓》，章[6]矣，顾弟[7]弗深考，其所表见[8]皆不虚。《书》缺有间[9]矣，其轶乃时时见于他说。非好学深思，心知其意，固难为浅见寡闻道也。余并论次，择其言尤雅者，故著为本纪书首。

※ 注释

1 太史公：司马迁自称。2 雅驯：正确可信。此为说得通、合理之意。3 荐绅：同“缙绅”。缙，插。绅，大带。古代官员上朝时，把手里拿着的笏板插在腰带上。故称士大夫为“缙绅”。4 古文：指《尚书》《宰予问五帝德》《帝系姓》。5 近是：近于正确。6 章：同“彰”。明白、显著。7 弟：通“第”，只是。8 见：通“现”。9 有间：年月长。

※ 译文

太史公说：学者常称赞五帝，那已经是很久远的事情了。就是《尚书》也只记载了尧以来的史事，而诸子百家提到黄帝，他们的记述都不严谨可信，所以士大夫也无法说清楚。孔子所传的《宰予问五帝德》和《帝系姓》，儒者多不传授学习。我曾经西到崆峒山，北过涿鹿山，东达大海，南渡江淮，到过那些老人都经常谈论黄帝、尧、舜的地方，其风俗教化本来有所不同。总的来说，以不违背古记载的说法为接近正确。我看《春秋》《国语》，其中阐发《五帝德》《帝系姓》两篇，非常明显，但是学者不深入考察，其实它们的记载都是可信的。《尚书》残缺已经有较长的时间了，它所缺失的内容常常可在其他的著作中见到。如果不是好学深思，领会书中意旨的人，就很难和见识浅薄、孤陋寡闻的人说清楚。我把有关五帝的材料综合起来，加以论定编排，选择那些较为正确可信的，写成《五帝本纪》，作为十二本纪的开头。

※ 评析

本文表明司马迁对有关史料作了考订、分析，并到有关地区进行考察，得出古文《尚书》和不被儒者们重视的《五帝德》《帝系姓》等书所记载的史料接近历史真实情况的结论，说明了司马迁对古代历史文献传说的求实精神和慎重态度。

项羽本纪赞

《史记》

※ 原文

太史公曰：吾闻之周生曰："舜目盖重瞳子。"又闻项羽亦重瞳子。羽岂其苗裔邪？何兴之暴[1]也？夫秦失其政，陈涉首难，豪杰蜂起，相与并争，不可胜[2]数。然羽非有尺寸[3]，乘势起陇亩之中，三年，遂将五诸侯[4]灭秦，分裂天下而封王侯，政由羽出，号为霸王，位虽不终，近古[5]以来未尝有也。及羽背关怀楚，放逐义帝[6]而自立，怨王侯叛己，难矣。自矜[7]功伐[8]，奋其私智而不师古，谓霸王之业，欲以力征经营天下，五年，卒亡其国。身死东城，尚不觉寤[9]，而不自责，过矣。乃引[10]"天亡我，非用兵之罪也"，岂不谬哉！

※ 注释

1 暴：突然。2 胜：尽。3 尺寸：长度单位，引申为小，指尺寸封地。4 五诸侯：指原来的齐、赵、韩、魏、燕五国。5 近古：春秋、战国以来的时代。6 义帝：公元前 208 年，项梁立楚怀王的孙子熊心为王，仍称楚怀王。公元前 206 年，项羽分封诸王，表面上尊楚怀王为义帝。公元前 205 年，项羽派人杀死义帝。7 矜：夸耀。8 伐：功劳。9 寤：通"悟"，醒。10 引：援引，作为理由。

※ 译文

太史公说：我听周生说："舜的眼睛是双瞳孔的。"又听说项羽的眼睛也是双瞳孔。项羽难道是舜的子孙后代吗？他为什么能兴起得这样迅猛呢！当秦朝趋于灭亡时，陈涉首先发动起义，天下豪杰蜂拥而起，相互争夺天下，多得不可胜数。而项羽并没有尺寸地盘作为依靠，却趁着当时的形势从民间崛起，三年的时间，便率领五国的诸侯灭掉了秦朝，把天下的土地分封给各个王侯，并且制定各项政令，自号为“霸王”。他的王位虽然没有长时间地保持下来，但从春秋战国以来像他这样的还不曾有过。等到他放弃关中，怀恋楚地，放逐义帝自立为王，就失去了人心，这时怨恨那些王侯背叛自己，就很难了。项羽夸耀自己的功劳，自高自大，运用个人的才智而不效法古人，以为霸王的事业只靠武力征伐就能统治天下，只有五年的时间就亡了国，直到他死在东城，还不曾觉悟自己犯了个大错误。他却说，“这是上天要灭亡我，不是我用兵的错误”，这难道不是非常荒谬吗！

※ 评析

项羽是秦末反秦斗争中一个叱咤风云的英雄人物，在反秦斗争中表现出了十分英勇的一面。在决定反秦成败的巨鹿之战中，他破釜沉舟，以暴风骤雨之势，摧毁了秦军主力，一跃成为史诗上的一名重要人物。然而成功之后的项羽，在政治上鼠目寸光，最终所有的成功毁于一旦。

他三年而亡暴秦，一度左右天下，但因其本身的弱点和政策的错误，终演成悲剧。本文通过对项羽一生经历的简述，真实再现了秦汉之际风云变幻的历史画面，成功地描绘了项羽这一历史人物的典型性格。司马迁肯定了项羽起兵反秦、推翻秦王朝的历史功绩，分析了项羽失败的原因，批驳了他的宿命论思想。文章有歌颂、有批判，为我们塑造了一个有血有肉、多棱角的悲剧英雄形象。

孔子世家赞

《史记》

※ 原文

太史公曰：《诗》[1]有之：“高山[2]仰止[3]，景行[4]行止。”虽不能至，然心乡[5]往之。余读孔氏书，想见其为人。适[6]鲁，观仲尼[7]庙堂、车服、礼器，诸生以时习礼其家，余低回[8]留之，不能去云。天下君王至于贤人，众矣，当时则荣，没则已焉。孔子布衣，传十余世，学者宗之。自天子王侯，中国言六艺[9]者，折中于夫子，可谓至圣矣！

※ 注释

1 《诗》：即《诗经》，我国最早的一部诗歌总集。2 高山：比喻道德高尚。

3 止：语助，表示肯定语气。4 景行（háng）：大路，比喻行为正大光明。5 乡：通“向”，倾向。6 适：到。7 仲尼：孔子字。8 低回：徘徊。9 六艺：《易》《礼》《乐》《诗》《书》《春秋》。

※ 译文

太史公说：《诗经》上有这样的话：“巍峨的高山，人们仰望它；宽阔的大道，人们沿着它前进。”我虽然不能达到这个境界，可心里却向往着它。我读孔子的著作，想象到他的为人。我到鲁国，参观了孔子的庙堂，看到了他乘过的车子、穿过的衣服、用过的礼器，还见到儒生们在他家里按时演习礼仪，这些都让我徘徊留恋，舍不得离开。天下的君王和那些道德才能出众的人实在是多，他们在世时十分荣耀，但死后就一切都没有了。孔子只是一个平民，他的学说传了十几代，仍为读书人所尊崇。从天子王侯起，中国讲说六艺的，都以孔子的学说作为准则，孔子这个人，可以说是最高尚的圣人了。

※ 评析

作为中国儒家文化的先驱者，孔子及其学派对中国文化的形成和发展起到了非常重大的作用。本文是《孔子世家》写后的赞语，通过瞻仰孔氏遗迹，述说君王贤人不能流传久远，而孔子以平民身份却能传十余世的比较，表现了作者对孔子的无限推崇之情。

赞文虽然简短，含义却很深刻，极具抒情意味。文章虽没有提到金钱，但可以看出，金钱财富不是什么都可以买到的。有许多比金钱、名誉、地位更重要的东西需要我们细心寻找和学习。

太史公自序

《史记》

※ 原文

太史公曰：“先人有言：‘自周公卒五百岁而有孔子。孔子卒后至于今五百岁，有能绍[1]明世[2]，正《易传》，继《春秋》，本《诗》《书》《礼》《乐》之际？’意在斯乎！意在斯乎！小子何敢让焉！”

上大夫壶遂曰："昔孔子何为而作《春秋》哉？"太史公曰："余闻董生曰：'周道衰废，孔子为鲁司寇，诸侯害之，大夫壅之。孔子知言之不用，道之不行也。是非二百四十二年之中，以为天下仪表，贬天子，退诸侯，讨大夫，以达王事而已矣。'子曰：'我欲载之空言，不如见之于行事之深切著明也。'夫《春秋》，上明三王之道，下辨人事之纪，别嫌疑，明是非，定犹豫，善善恶恶，贤贤贱不肖，存亡国，继绝世，补敝起废，王道之大者也。《易》著天地、阴阳、四时、五行，故长于变；《礼》经纪[3]人伦[4]，故长于行；《书》记先王之事，故长于政；《诗》记山川、溪谷、禽兽、草木、牝[5]牡[6]、雌雄，故长于风[7]；《乐》乐所以立，故长于和；《春秋》辩是非，故长于治人。是故《礼》以节人，《乐》以发和，《书》以道事，《诗》以达意，《易》以道化，《春秋》以道义。拨乱世反之正，莫近于《春秋》。《春秋》文成数万，其指[8]数千。万物之散聚，皆在《春秋》。《春秋》之中，弑君三十六，亡国五十二，诸侯奔走不得保其社稷者，不可胜数。察其所以，皆失其本已。故《易》曰：'失之毫厘，差以千里'。故曰：'臣弑君，子弑父，非一旦一夕之故也，其渐久矣。'故有国者不可以不知《春秋》，前有谗而弗见，后有贼而不知。为人臣者不可以不知《春秋》，守经事而不知其宜，遭变事而不知其权[9]。为人君父而不通于《春秋》之义者，必蒙首恶之名。为人臣子而不通于《春秋》之义者，必陷篡弑之诛，死罪之名。其实[10]皆以为善，为之不知其义，被[11]之空言而不敢辞[12]。夫不通礼义之旨，至于君不君，臣不臣，父不父，子不子。君不君则犯，臣不臣则诛，父不父则无道，子不子则不孝。此四行者，天下之大过也。以天下之大过予之，则受而弗敢辞。故《春秋》者，礼义之大宗也。夫礼禁未然之前，法施已然之后；法之所为用者易见，而礼之所为禁者难知。"

壶遂曰："孔子之时，上无明君，下不得任用，故作《春秋》，垂空文以断礼义，当一王之法。今夫子上遇明天子，下得守职，万事既具，咸各序其宜，夫子所论，欲以何明？"

太史公曰："唯唯，否否，不然。余闻之先人曰：'伏羲至纯厚，作《易》八卦。尧、舜之盛，《尚书》载之，礼乐作焉。汤、武之隆，诗人歌之。《春秋》采善贬恶，推三代之德，褒周室，非独刺讥而已也。'汉兴以来，至明天子，获符瑞，建封禅，改正朔，易服色，受命于穆清[13]，泽流罔极，海外殊俗，重译[14]款塞[15]，请来献见者，不可胜道。臣下百官，力诵圣德，犹不能宣尽其意。且士贤能而不用，有国者之耻；主上明圣而德不布闻，有司之过也。且余尝掌其官，废明圣盛德不载，灭功臣、世家、贤大夫之业不述，堕先人所言，罪莫大焉。余所谓述故事，整齐其世传，非所谓作也，而君比之于《春秋》，谬矣。"

于是论次其文。七年而太史公遭李陵之祸，幽于缧绁[16]。乃喟然而叹曰："是余之罪也夫？是余之罪也夫？身毁不用矣！”退而深惟曰：“夫《诗》《书》隐约者，欲遂其志之思也。昔西伯拘羑里，演《周易》；孔子厄陈、蔡，作《春秋》；屈原放逐，著《离骚》；左丘失明，厥有《国语》；孙子膑脚，而论兵法；不韦迁蜀，世传《吕览》；韩非囚秦，《说难》《孤愤》；《诗》三百篇，大抵贤圣发愤之所为作也。此人皆意有所郁结，不得通其道也，故述往事，思来者。”于是卒述陶唐以来，至于麟止，自黄帝始。

※ 注释

1 绍：继。2 明世：太平盛世。3 经纪：安排。4 人伦：指人与人之间的等级关系。5 牝（pìn）：雌性的鸟兽。6 牡：雄性的鸟兽。7 风：教化。8 指：通“旨”。意旨，要旨。9 权：变通。10 实：实心，本意。11 被：加。12 辞：推辞。13 穆清：指上天，天气清而和。14 重译：经过几重翻译。15 款塞：叩关，叩开塞门。16 缧绁（léi xiè）：捆绑人的绳索，这里指牢狱。

※ 译文

太史公说：“先父曾经说过：‘周公死后五百年孔子出生，孔子死后到今天已经五百年了，又到了应该出现一个人能够继续叙述太平盛世，到了考订《周易》，续写《春秋》，探求《诗》《尚书》《礼》《乐》本源的时候了。’这番话的意思就在这里吧！我怎么敢谦让呢？”

上大夫壶遂说：“从前孔子为什么写作《春秋》呢？”太史公说：“我听董仲舒说：‘周朝的制度衰微荒废，孔子做了鲁国的司寇，诸侯把他视为他们的祸害，大夫处处给他设置障碍。孔子知道自己的意见不会被采用，政治主张也无法实现，因此便对二百四十二年中发生的大事进行评论、褒贬，把它作为天下行事的标准，讥贬天子，斥责诸侯，声讨大夫，只是为了要实行王道罢了。’孔子说：‘我想只提出褒贬的空论，不如把褒贬表现在具体事件中更为深刻鲜明。’《春秋》这部书，上则阐明三王的政道，下则分辨人世的伦理纲常。解释疑惑和难明的事理，辨明是非，确定犹豫难定的事，表彰善良，贬斥邪恶，尊敬贤良的人，鄙视不肖的人，恢复已经灭亡了的国家，延续断绝了的世系，修补弊端，振兴衰废，这都是王道的重大内容。《易》说明天地、阴阳、四季、五行，所以善于变化；《礼》安排人世伦常纲纪，所以善于指导；《尚书》记载过去帝王的事业，所以长于政事；《诗》记述山川、溪谷、禽兽、草木、牝牡、雌雄的状况，所以长于教化；《乐》是礼乐建立的依据，所以长于陶冶性情；《春秋》明辨是非，所以长于治理百姓。因此，《礼》用来节制人的行动，《乐》用来抒发和乐之情，《尚书》用来指导政事，《诗》用来表达心意，《易》用来推演事物的变化，《春秋》用来引导人民遵守道义。治理乱世，使它归于正常安定，没有比《春秋》更实用的了。《春秋》的字数有几万，要旨有几千条，万事万物的成败、聚散的道理都在这部书里。《春秋》一书中，记载杀死国君的事件有三十六起，国家灭亡的有五十二个，诸侯逃亡失去政权的数不胜数。考察这些事情发生的原因，都是由于失去了仁义这个根本。所以《易》上说：'失之毫厘，差之千里。'所以说：'臣子杀死君王，儿子杀死父亲，并不是一朝一夕，而是在很长时间内逐步发展形成的。'因此，一国的君主不可以不懂《春秋》，否则面前有人进谗言却看不出，背后有叛逆作乱的人也不了解。做臣子的不可以不懂《春秋》，否则就不知道日常事务怎样处理才恰当，遇到事变就不会相机应付。作为君主、父亲，如果不通晓《春秋》的大义，就一定会蒙受首恶的名声。作为臣下、儿子，如果不通晓《春秋》的大义，必然陷入篡位杀父的境地，落个死罪的名声。其实他们都是把这些当好事来做的，只是不知道礼义，人们凭空给他们加上罪名也不敢反驳。由于不通晓礼义的要旨，就会造成君王不像君王，臣子不像臣子，父亲不像父亲，儿子不像儿子；君不像君就容易被冒犯，臣不像臣就会被诛杀；父不像父，就没有道德规范；子不像子，就会成为不孝之徒。这四种行为是天下最大的过错。把天下最大的过错加给他们，也只好接受而不敢推托。所以《春秋》是礼义的本源。礼是在坏事发生前加以防范，法是在坏事发生后加以惩处；法起的作用很容易被人看见，而礼的预防作用却不易被人了解。"

壶遂说："孔子的时代，上没有贤明的君主，下则不被重用，所以才作《春秋》，用文辞来判断礼义，当作一位帝王立的法。现在您上遇圣明的天子，下有固定的职位，万事齐备，都各自安排在适当的位置上。你说的话，想用来说明什么呢？"

太史公说："啊，不，不，不是这样。我听先父说过：'伏羲极其淳朴厚道，他作了《易》的八卦；尧、舜那样的盛德，《尚书》记载下来，礼、乐由此兴起；汤、周武功业兴隆，诗人加以歌颂。《春秋》称赞善良，贬斥邪恶，推崇三代的盛德，褒扬周室，不仅仅是讽刺讥笑而已。'汉朝兴起以来，到当今的圣明天子，得到了象征吉祥的瑞兽，举行了祭天地的大典，改革历法，变更衣服器物的颜色，承受天命，恩泽无穷无尽，连海外不同风俗的国家都经过几重翻译，叩开边塞的大门请求贡献物品、拜见君主，这样的事多得数不清。臣下百官极力颂扬天子的明德，仍然不能完全表达自己的心意。况且，贤能的士人不被重用，是国君的耻辱；皇上圣明而他的盛德没有广泛传扬，这是官吏的过失。而我曾任过太史令，废弃圣明天子的盛德不去记载下来，磨灭功臣、诸侯、贤大夫的功业不加记述，背弃父亲的遗教，没有比这罪过更大的了。我所说的记述过去的事，只是整理、归纳他们的世系传记，算不上什么著作。而您把它和《春秋》对比，就不对了。"

于是把有关资料加以编排，写成文章。过了七年，太史公因替李陵辩解而遭祸，被禁在监牢之中。于是喟然长叹道："这是我的罪过吗？这是我的罪过吗？身体遭到毁坏，没有什么用了。"平静下来深思道："大凡《诗》《书》隐约其词的地方，都是作者想实现自己的意志而必须深思的地方。当初西伯被拘禁在羑里，推演出了《周易》六十四卦；孔子在陈、蔡受到困厄，后来作了《春秋》；屈原遭到流放，写作了《离骚》；左丘的双目失明，后来著作了《国语》；孙膑被挖去膝盖骨，就研究兵法；吕不韦迁到蜀地，世上流传着他主持编写的《吕氏春秋》；韩非子被囚禁在秦国，写出了《说难》《孤愤》等文章；《诗》三百篇，大多是贤人圣人抒发内心的愤懑而创作出来的。这些人都是志气被压抑，不能实现他们的主张，所以记述过去的事，想作为后世的借鉴。"于是我终于记述完了从陶尧以来的事情，从黄帝开始，一直到当今皇帝猎获白麟的那一年为止。

※ 评析

本文是作者为《史记》写的序言（节选）。文章开头揭示了作者的胸襟和使命，以继承周公、孔子为己任。接着极力赞颂《春秋》的巨大社会作用，从侧面阐述了自己写作《史记》的宗旨。最后说明自己在写作过程中，遭受到了身残的巨大不幸，曾一度灰心，但最终决心忍辱负重，发奋写作，实现自己终生的誓愿，终于完成了《史记》这部巨著。

这篇文章以另一种方式向人们传达了一种精神：只要持之以恒地做事，没有什么事情是做不到的。文中列举了众多的学者，他们发奋努力，最终取得了成功。文章寓意深刻，值得我们细细研读。

报任安书

西汉·司马迁

※ 原文

太史公牛马走司马迁再拜言，少卿足下：

曩[1]者辱赐书[2]，教以慎于接物，推贤进士为务，意气勤勤恳恳，若望仆不相师，而用流俗人之言。仆非敢如此也。仆虽罢驽，亦尝侧闻长者之遗风矣。顾自以为身残处秽，动而见尤，欲益反损，是以独抑郁而谁与语。谚曰："谁为为之？孰令听之？"盖钟子期死，伯牙终身不复鼓琴。何则？士为知己者用，女为说己者容。若仆大质已亏缺矣，虽才怀随、和，行若由、夷，终不可以为荣，适足以见笑而自点耳。书辞宜答，会东从上来，又迫贱事，相见日浅，卒卒无须臾之闲，得竭指意。今少卿抱不测之罪[3]，涉旬月，迫季冬，仆又薄从上雍，恐卒然不可为讳，是仆终已不得舒愤懑以晓左右，则长逝者魂魄私恨无穷，请略陈固陋。阙然久不报，幸勿为过！

仆闻之："修身者，智之符也；爱施者，仁之端也；取予者，义之表也；耻辱者，勇之决也；立名者，行之极也。"士有此五者，然后可以托于世，列于君子之林矣。故祸莫憯于欲利，悲莫痛于伤心，行莫丑于辱先，而诟莫大于宫刑。刑余之人，无所比数，非一世也，所从来远矣。昔卫灵公与雍渠同载，孔子适陈；商鞅因景监见，赵良寒心；同子[4]参乘[5]，袁丝变色：自古而耻之。夫中材之人，事有关于宦竖，莫不伤气，而况于慷慨之士乎？如今朝庭虽乏人，奈何令刀锯之余，荐天下豪俊哉？仆赖先人绪业，得待罪辇毂下，二十余年矣。所以自惟：上之，不能纳忠效信，有奇策材力之誉，自结明主；次之，又不能拾遗补阙，招贤进能，显岩穴之士；外之，不能备行伍，攻城野战，有斩将搴旗之功；下之，不能积日累劳，取尊官厚禄，以为宗族交游光宠。四者无一遂，苟合取容，无所短长之效，可见于此矣。向者仆亦尝厕下大夫之列，陪奉外廷末议，不以此时引维纲，尽思虑，今已亏形，为扫除之隶，在阘茸之中，乃欲仰首伸眉，论列是非，不亦轻朝廷、羞当世之士邪？嗟乎！嗟乎！如仆尚何言哉！尚何言哉！

且事本末未易明也。仆少负不羁之才，长无乡曲之誉。主上幸以先人之故，使得奏薄伎，出入周卫之中。仆以为戴盆何以望天，故绝宾客之知，亡室家之业，日夜思竭其不肖之才力，务一心营职，以求亲媚于主上，而事乃有大谬不然者！

夫仆与李陵，俱居门下，素非能相善也。趣舍异路，未尝衔杯酒，接殷勤之余欢。然仆观其为人，自守奇士，事亲孝，与士信，临财廉，取与义，分别有让，恭俭下人，常思奋不顾身，以徇国家之急。其素所蓄积也，仆以为有国士之风。夫人臣出万死不顾一生之计，赴公家之难，斯已奇矣。今举事一不当，而全躯保妻子之臣，随而媒蘖其短，仆诚私心痛之！且李陵提步卒不满五千，深践戎马之地，足历王庭，垂饵虎口，横挑强胡，仰亿万之师，与单于连战十有余日，所杀过当，虏救死扶伤不给，旃裘之君长咸震怖，乃悉征其左右贤王，举引弓之人，一国共攻而围之。转斗千里，矢尽道穷，救兵不至，士卒死伤如积。然陵一呼劳军，士无不起，躬自流涕，沬血饮泣，张空弮，冒白刃，北向争死敌者。陵未没时，使有来报，汉公卿王侯皆奉觞上寿。后数日，陵败书闻，主上为之食不甘味，听朝不怡，大臣忧惧，不知所出。仆窃不自料其卑贱，见主上惨怆怛悼，诚欲效其款款之愚，以为李陵素与士大夫绝甘分少，能得人之死力，虽古之名将不能过也。身虽陷败彼，观其意，且欲得其当而报于汉；事已无可奈何，其所摧败，功亦足以暴于天下矣。仆怀欲陈之，而未有路，适会召问，即以此指，推言陵之功，欲以广主上之意，塞睚眦之辞。未能尽明，明主不深晓，以为仆沮贰师，而为李陵游说，遂下于理。拳拳之忠，终不能自列，因为诬上，卒从吏议。家贫，货赂不足以自赎。交游莫救视；左右亲近不为一言。身非木石，独与法吏为伍，深幽囹圄之中，谁可告愬者！此正少卿所亲见，仆行事岂不然乎？李陵既生降，颓其家声，而仆又佴之蚕室，重为天下观笑。悲夫！悲夫！事未易一二为俗人言也。

仆之先，非有剖符丹书之功，文史星历，近乎卜祝之间，固主上所戏弄，倡优所畜，流俗之所轻也。假令仆伏法受诛，若九牛亡一毛，与蝼蚁何以异？而世俗又不与能死节者次比，特以为智穷罪极，不为自免，卒就死耳。何也？素所自树立使然也。人固有一死，死或重于泰山，或轻于鸿毛，用之所趋异也。太上，不辱先；其次，不辱身；其次，不辱理色[6]；其次，不辱辞令；其次，诎体[7]受辱；其次，易服[8]受辱；其次，关[9]木[10]索[11]、被箠[12]楚[13]受辱；其次，剔毛发、婴金铁受辱；其次，毁肌肤、断肢体受辱；最下，腐刑极矣。传曰："刑不上大夫。"此言士节不可不勉励也。猛虎在深山，百兽震恐，及在槛阱之中，摇尾而求食，积威约之渐也。故士有画地为牢，势不可入；削木为吏，议不可对，定计于鲜也。今交手足，受木索，暴肌肤，受榜箠，幽于圜墙之中。当此之时，见狱吏则头抢地，视徒隶则心惕息[14]。何者？积威约之势也。及以至是，言不辱者，所谓强颜耳，曷足贵乎！且西伯，伯也，拘于牖里；李斯，相也，具于五刑；淮阴，王也，受械于陈；彭越、张敖，南乡称孤，系狱抵罪；绛侯诛诸吕，权倾五伯，囚于请室；魏其，大将也，衣赭衣、关三木；季布为朱家钳奴；灌夫受辱于居室。此人皆身至王侯将相，声闻邻国，及罪至罔加，不能引决自裁，在尘埃之中。古今一体，安在其不辱也？由此言之，勇怯，势也；强弱，形也。审矣，何足怪乎？夫人不能蚤自裁绳墨[15]之外，以稍陵迟[16]，至于鞭箠之间，乃欲引节，斯不亦远乎！古人所以重施刑于大夫者，殆为此也。

夫人情莫不贪生恶死，念父母，顾妻子，至激于义理者不然，乃有所不得已也。今仆不幸，蚤失父母，无兄弟之亲，独身孤立。少卿视仆于妻子何如哉？且勇者不必死节，怯夫慕义，何处不勉焉？仆虽怯懦，欲苟活，亦颇识去就之分矣，何至自沉溺累绁之辱哉？且夫臧获婢妾，犹能引决，况仆之不得已乎？所以隐忍苟活，幽于粪土之中而不辞者，恨私心有所不尽，鄙陋没世而文采不表于后世也。

古者富贵而名摩灭，不可胜记，唯倜傥非常之人称焉。盖文王拘，而演《周易》；仲尼厄，而作《春秋》；屈原放逐，乃赋《离骚》；左丘失明，厥有《国语》；孙子膑脚，《兵法》修列；不韦迁蜀，世传《吕览》；韩非囚秦，《说难》《孤愤》。《诗》三百篇，大抵贤圣发愤之所为作也。此人皆意有所郁结，不得通其道，故述往事，思来者。乃如左丘无目，孙子断足，终不可用，退而论书策，以舒其愤，思垂空文以自见。

仆窃不逊，近自托于无能之辞，网罗天下放失旧闻，略考其事，综其终始，稽其成败兴坏之理。上计轩辕，下至于兹，为十表、本纪十二、书八章、世家三十、列传七十，凡百三十篇。亦欲以究天人之际[17]，通古今之变，成一家之言。草创未就，会遭此祸，惜其不成，是以就极刑而无愠色。仆诚已著此书，藏之名山，传之其人，通邑大都，则仆偿前辱之责，虽万被戮，岂有悔哉！然此可为智者道，难为俗人言也。

且负下未易居，下流多谤议。仆以口语遇遭此祸，重为乡党所戮笑，以污辱先人，亦何面目复上父母之丘墓乎？虽累百世，垢弥甚耳。是以肠一日而九回，居则忽忽若有所亡，出则不知其所往。每念斯耻，汗未尝不发背沾衣也！身直为闺阁之臣，宁得自引深藏岩穴邪？故且从俗浮沉，与时俯仰，以通其狂惑。今少卿乃教之以推贤进士，无乃与仆私心刺谬乎！今虽欲自雕琢，曼辞以自饰，无益，于俗不信，适足取辱耳。要之死日，然后是非乃定。书不能悉意，略陈固陋。谨再拜。

※ 注释

1 曩：从前，过去。2 辱赐书：承您不以给我这样的人写信为羞耻。3 少卿抱不测之罪：指任安被判处腰斩。汉武帝晚年听信江充，江充诬太子谋反，太子起兵讨江。时任安为北军使者护军，接受了太子的命令，因被牵连判死刑。4 同子：汉文帝时的宦官赵谈，子是尊称。司马迁因父亲司马谈与赵谈同名。为避父讳，称他为“同子”。5 参乘：古时乘车陪坐在车子右边的人。6 理色：脸面颜色。7 讪体：指身体被捆绑。8 易服：改穿赭色的囚服。古时犯人穿红赭色的衣服。9 关：贯穿，指套上。10 木：木枷。11 索：绳索。12 箠：杖。13 楚：荆条。14 惕息：惧怕喘息。15 绳墨：法律。16 陵迟：衰颓，卑下。17 天人之际：自然现象与政治社会的关系。

※ 译文

仆人太史公司马迁再次致敬并陈说，少卿足下：先前承蒙您屈尊写信给我，教导我待人接物要谨慎，并担负起向皇帝推荐贤才的责任，言辞诚挚恳切。像是抱怨我没有听从您的教导，反而听信了世俗人的话，我是不敢这样的。我虽然才能低劣，也曾经私下听闻德高望重的长者遗留下来的风尚。只是我自己认为身体已经残废，处在污秽的环境中，一行动就会受到责难，想对事情有所补益，反而会招来损害。因此独自忧愁烦闷，而又能跟谁诉说呢？谚语说：“为谁去做？叫谁来听？”钟子期死后，伯牙终生不再弹琴。为什么呢？贤士为了解自己的人效力，女人为喜欢自己的人打扮。像我这样身体已经残废了，即使才能像随侯珠、和氏璧那样宝贵，品德像许由、伯夷那样高洁，终究不能把这当作荣耀，只不过足以被人耻笑而自己受污辱罢了。来信本该及时回复，但我恰好跟从皇帝从东方回来，又忙于烦琐的事务，能与您相见的日子很少，而我又匆匆忙忙没有片刻空闲来详尽地说明我的心意。现在您遭受到意外的罪祸，过一个月就接近十二月了，我又要跟从皇帝去雍地，恐怕您骤然之间遭到不幸，这样我就终生不能抒发心中的愤懑让你有所了解，那就会使您与世长辞的灵魂遗憾无穷。请允许我略略陈述固塞浅陋的意见。隔了很久没有回信，希望不要责怪。

我听说：善于修身，是智慧的象征；乐于施舍，是仁德的开端；不随便取予，是义的表现；懂得耻辱，是勇的标志；树立名声，是行的顶峰。一个士人有了这五种品德，然后才可以在社会上立足，而列入君子的行列。所以祸患没有比贪图私利更悲惨的了，悲哀没有比心灵受创更痛苦的了，行为没有比使祖先受辱更丑恶的了，耻辱没有比遭受宫刑更严重的了。受过宫刑的人，没有人肯和他相提并论，这种情况不是一个时代的事，长久以来就是这样了。从前卫灵公与雍渠同坐一辆车，孔子感到耻辱，离开卫国到陈国去了；商鞅见秦孝公是由于景监的推荐，赵良便感到寒心；赵谈陪坐在汉文帝的车上，袁丝看到了脸色骤变。自古以来，人们就看不起宦官。就是只有一般才能的人，事情涉及宦官的，没有不失意丧气的，何况那些激昂刚毅而又有志气的人呢？现在朝廷虽然缺乏人才，怎么能让受过宫刑的人推荐天下的豪杰俊士呢？我依赖父亲的余业，得以在京城任职，已经二十多年了。自己平时常想：上不能对皇帝尽忠效信，有策略卓越、才干突出的声誉，以取得圣明君主的信任；其次又不能替皇帝拾取遗漏、补正过失，招延、推荐贤能之人和隐居之士；对外又不能参与军队、攻城野战，取得斩将夺旗的功劳；下不能逐日积累功劳，取得高官厚禄，使宗族、朋友增光得宠。四个方面没有一项成功，只能苟且迎合皇帝的心意，没有任何微小的贡献，可以从这里看出来。先前我也曾居于下大夫的行列，侍奉在朝堂上，发表些微不足道的议论，没能在当时整顿国家的纲常法纪，竭尽自己的思虑。现在身体已经残废，成了地位低下的人，处在地位卑贱的人中间，还想昂首扬眉，评论是非，不是轻视朝廷、羞辱当今的有识之士吗？唉！唉！像我这样的人还有什么话可说呢？还有什么话可说呢！

况且事情的原委是不容易明白的。我年轻时没有卓越非凡的才能，长大后也没有受到乡里的称誉。幸亏皇上因为我祖先的功勋，使得我能贡献自己微薄的才能，允许我在宫禁之中进出。我认为头上顶着盆子怎么还能望见天呢，于是就断绝了和宾客的交往，把家庭俗事抛在一边，日夜想着献出自己微薄的才力，务必专心尽职，以期取得皇上的信任和宠幸。然而往往事与愿违。

我和李陵都在宫廷做官，平常并没有很深的交情，各走各的路，不曾在一起饮过酒，没有互相表示过友好。但是我观察他的为人，确是个能自守节操的出众人物，侍奉双亲很孝顺，同士人结交讲信用，处理财物能保持廉洁，对待取舍讲义气，能长幼尊卑，谦让有礼，恭敬节俭，甘居人下，经常想着奋不顾身，为国家的危难不惜牺牲。他平素所修养的品德，我认为是具有国家杰出人才的风度。作为臣子，万死不辞，不顾惜自己的生命，奔赴国家的危难，这已经是个奇士了。如今他行事不当，那些只知保全自己和家庭的大臣们，随即夸大李陵的过失，我真是对此感到十分痛心。况且李陵率领的步兵不到五千，深入匈奴境内，到达单于居住的地方，在虎口边设下诱饵，勇敢地向强大的胡人挑战，向处在高处的几万敌军进攻，与单于的军队连战了十多天，杀掉的敌人超过自己兵士的数量。敌军连救死扶伤都顾不上。胡人的君王都震惊，感到恐怖，于是征调他们的左右贤王，出动了所有拉弓射箭的人，用一国的兵力共同围攻他们。李陵转战千里，箭射完了，道路断绝了，而救兵却不到，士兵死伤严重，尸体堆积如山。但是李陵一声号唤，慰劳军队，士兵无不奋起，人人流着眼泪，脸上沾满血污，暗自抽泣，于是拉开空弓，冒着白光闪闪的刀剑奔向北方，与敌人决死搏斗。李陵的军队还没有覆没时，有使者送来捷报，朝廷的公卿王侯都向皇上举杯祝贺。过了几天，李陵兵败的奏章报来，皇上为此茶饭不思，上朝处理政事也忧心忡忡，大臣们担忧害怕，不知如何是好。我私下里没有考虑自己的卑贱，见皇上极度悲痛伤心，实在想诚恳地献出自己愚昧的见解。我认为李陵对部下能做到有好吃的东西自己不吃、把仅有的少量物品分给别人，因而能得到部下的拼死出力。即使古代的名将，也不能超过他。李陵虽然失败被俘，但看他的心意，还是想找恰当的机会立功报效汉朝。事已至此，无可奈何，但他摧败敌人的功劳已足以向天下表白了。我心里想把这些陈述给皇上但没有机会，恰好碰上皇上召见询问，我就把这些意见禀告皇上并陈说李陵的功劳，想以此来宽慰皇上的胸怀，堵塞那些诋毁诬陷李陵的言语。我没有完全表达明白，皇上不明白我的心意，以为我诋毁贰师将军而替李陵辩解，于是就把我交给大理寺问罪，我诚挚恳切的忠心，终于不能自我表白。因此被定为诬上的罪名，最后皇上同意了法吏的判决。我因为家里贫穷，钱财不够用来赎身，朋友中没有谁来援救看望，皇上身边的人没有谁替我说一句话。人身不是木石，单独同执法的官吏在一起，深深地被拘禁在监狱之中，这痛苦能向谁去诉说呢？这些正是你亲眼看到的，我的遭遇难道不是这样的吗？李陵已经活着投降了匈奴，败坏了他家族的声誉，我又在监牢中蒙受耻辱，更加被天下人耻笑，可悲啊！可悲啊！这事是不容易跟俗人讲清楚的。

我的祖先并没有立下免死的功勋，只是掌管文献、历史、天文、历法，职位接近卜官和巫祝，本是被皇上戏弄，像乐师、优伶那样被豢养，而被世人所轻视的。假使我伏法被杀，就像九头牛身上失去一根毛，同蝼蛄、蚂蚁又有什么不同呢？而世俗的人又不把我同坚持气节而死的人相提并论，只是认为我智慧穷尽，罪恶极大，不能避免刑罚，终于被杀罢了。为什么会这样呢？是平时自己所从事的职业和所处的地位造成的。人难免一死，有的比泰山还重，有的比鸿毛还轻，这是由于死的价值不相同啊。最主要的是不使祖先受污辱，其次是自身不受污辱，其次是不使脸面受辱，其次是不因别人的言辞而受污辱，其次是被捆绑而受污辱，其次是被换上囚服受污辱，其次是戴上刑具、遭受拷打受污辱，其次是剃光头发、戴上铁圈受污辱，其次是毁坏肌肤、截断肢体受污辱，最下等的是腐刑，受污辱到了极点。古书上说：“刑罚不能加到大夫身上。”这话是说士人的节操不可不加以勉励。猛虎在深山的时候，百兽都震惊害怕，等到把它关在栅栏和陷阱里，便摇着尾巴向人求食，这是人用威力和约束而逐渐形成的状况。所以有的士人看见地上画个圈圈作监牢，他也坚决不进去；削个木头人作为狱吏，他也绝不同它对答，这是由于有见地、态度坚决鲜明的缘故。如今我手脚被捆，带着枷锁，皮肉暴露在外，遭受拷打，幽禁在牢狱之中。这个时候，见了狱吏就要叩头触地，见了狱卒就心里害怕。为什么呢？就是由于狱吏威势的逼迫而逐渐造成的。等到已经到了这个地步，还说自己没有受到污辱，就是常说的厚着脸皮罢了，还有什么值得尊重的呢？况且西伯是一方诸侯首领，被拘禁在羑里；李斯是丞相，受尽了五种酷刑；淮阴侯本是王，却在陈地被戴上刑具；彭越、张敖都是面向南方称孤道寡的王，被下狱定罪；绛侯诛杀诸吕，权势超过春秋五霸，被囚禁在请罪之室；魏其是员大将，却穿上赭色囚衣，手脚和颈上都套着刑具；季布卖身给朱家做带枷的奴隶；灌夫被拘禁在少府狱中受辱。这些人都身至王侯将相，名声传扬天下，等到犯罪落入法网，不能自尽，却被囚禁在监牢里面，在古今都是一样的，哪里有不受污辱的呢？照这样说来，勇怯强弱都是形势造成的，明白了这个道理，还有什么值得奇怪的呢？人不能早早地在法律制裁之前就自杀，因此逐渐志气衰颓，等到被鞭打杖责时，才想保全气节自杀，这不是已经太晚了吗？古人之所以对大夫施刑很慎重，就是由于这个原因吧。

按照人的常情，没有谁不贪生怕死，不怀念父母、顾念妻室儿女的。至于被正义公理所激发的人就不是这样，他们是有不得已的缘故。现在我很不幸，父母过早死去，没有兄弟，独自一人孤立在世，少卿你看我对妻室儿女的感情怎么样呢？况且勇敢的人不一定为气节而死，怯懦的人如果仰慕节义，在什么情况下不能勉励自己呢？我虽然怯懦，想苟且活在世上，也稍微能识别舍生就义的道理，何至于自甘陷入监牢而受污辱呢？而且奴仆婢妾还能够下定决心自杀，何况我已经到了不得已的地步呢？我之所以暗自忍耐苟活下来，被拘禁在污浊的环境中不肯死，是因为怨恨我心中想做的事还没有完成，在耻辱中离开人世，我的文章著述就不能流传给后世。

古时候富足尊贵而名声磨灭的人，多得不可胜数，只有才能卓越突出的人才能受到后人的称赞。周文王被拘禁却推演出《周易》；孔子遭受困厄却著有《春秋》；屈原被放逐才写下了《离骚》；左丘明双目失明，写出了《国语》；孙膑被割去膝盖骨，编写出了一部兵法；吕不韦被贬谪到蜀地，《吕览》一书流传后世；韩非被囚禁在秦国，曾著《说难》《孤愤》。《诗》三百篇，大抵都是贤人、圣人抒发他们心中的愤懑而作的。这些都是因为人们的思想被压抑，心中有所郁结，不能实现他们的主张，才叙述过去的事迹而寄希望于未来的人。就像左丘明双目失明，孙膑断掉双足，再也不能被世上任用了，于是退隐著书，以此来抒发心中的怨愤，希望自己的文章能流传，使自己的心意得以表白。

我不自量力，运用拙劣的文辞，收集天下散失的传闻，略微考订它的事实，综合它的前后始末，考查它成功、失败、兴起、衰亡的原因，从黄帝开始，直到今天，写成表十篇，本纪十二篇，书八篇，世家三十篇，列传七十篇，总共一百三十篇。也是想用来探求自然现象与社会政治的关系，通晓从古到今的变化，形成独立的见解。但草稿还没有完成，就遭遇到这场灾祸。我痛惜全书还没有完成，因此遭受极残酷的刑罚也没有怨恨。我果真写完了这本书，就把它藏在名山之中，传给可信的人，使它传播到大都市里，那么我就可以抵偿以前受到的屈辱，即使受刑被杀一万次，又有什么可以悔恨的呢？可是这些话只可以向有智慧的人去说，很难同世俗的人去讲。

况且在社会上背负着因罪受刑的坏名声不易安身，地位低贱的人容易受到诽谤议论。我因为说了几句话而遭遇这场灾祸，更加被乡里的人耻笑，又污辱了祖宗，还有什么脸面再到父母的坟上去祭拜呢？即使过了百代，耻辱还会愈来愈深。所以我非常痛苦，每天肠子要在腹中搅动多次，平日在家里恍惚迷离，好像丢失了什么，出门却不知道要往哪里去，每当想到这件耻辱的事，没有不汗流浃背而沾湿衣服的。我是一个宦官，又怎能自行引退隐居深山岩穴中呢？所以只好跟着世俗沉浮，随着时势上下，来抒发自己狂乱迷惑之情。现在你叫我推贤进士，恐怕和我个人的想法相违背吧？现在使用美好的言辞自我装饰也没有用，不会取得世人的信任，只会得到侮辱罢了。总之，人死之后，是非才有定论。这封信不能完全表达我的心意，只是略略陈述我固塞浅陋的意见，谨再拜。

※ 评析

这是司马迁给他的朋友任安的信。在这封信中，司马迁以无比激动的心情向任安详细叙述了自己因李陵而受的奇耻大辱，以及下狱受刑的经过，抒发了受刑后的痛苦和怨恨，道出了内心隐藏多时的痛苦和不满，说明了他忍辱苟活是为了完成《史记》这部著作，并且回答了他不能推荐贤才的原因，反映了当时社会的黑暗与残酷。

同时文中还可以看出司马迁积极的处世态度，他指出“人固有一死，或重于泰山，或轻于鸿毛”的人生观，这就显示出了他为了完成《史记》已经下了很大的决心。

信中感情沉痛悲愤，言辞委婉深沉，文势起伏跌宕而呼应绵密，把作者的心思表现得淋漓尽致。后人评价这篇文章是“感慨啸歌，大有燕赵烈士之风；忧愁幽思，则又宜与《离骚》对参”。

卷六

秦孝公据殽、函之固，拥雍州之地，君臣固守，以窥周室；有席卷天下、包举宇内、囊括四海之意，并吞八荒之心。当是时也，商君佐之，内立法度，务耕织，修守战之具；外连衡而斗诸侯。于是秦人拱手而取西河之外。

过秦论（上）

西汉·贾谊

※ 原文

秦孝公据殽、函之固，拥雍州之地，君臣固守，以窥周室；有席卷天下、包举宇内、囊括四海之意，并吞八荒之心。当是时也，商君佐之，内立法度，务耕织，修守战之具；外连衡而斗诸侯。于是秦人拱手而取西河之外。

孝公既没，惠文、武、昭蒙故业，因遗策，南取汉中，西举巴蜀，东割膏腴之地，收要害之郡。诸侯恐惧，会盟而谋弱秦，不爱珍器、重宝、肥饶之地，以致天下之士，合从缔交，相与为一。当此之时，齐有孟尝，赵有平原，楚有春申，魏有信陵。此四君者，皆明智而忠信，宽厚而爱人，尊贤重士，约从离横，兼韩、魏、燕、楚、齐、赵、宋、卫、中山之众。于是六国之士，有宁越、徐尚、苏秦、杜赫之属为之谋，齐明、周最、陈轸、召滑、楼缓、翟景、苏厉、乐毅之徒通其意，吴起、孙膑、带佗、倪良、王廖、田忌、廉颇、赵奢之伦制其兵，尝以十倍之地，百万之众，叩关[1]而攻秦。秦人开关而延敌[2]，九国之师逡巡遁逃而不敢进。秦无亡矢遗镞之费，而天下诸侯已困矣。于是从散约解，争割地而赂秦。秦有余力而制其敝，追亡逐北，伏尸百万，流血漂橹。因利乘便，宰割天下，分裂河山，强国请服，弱国入朝。

延及孝文王、庄襄王，享国之日浅，国家无事。及至始皇，奋六世之余烈，振长策而御宇内，吞二周而亡诸侯，履至尊而制六合，执敲扑以鞭笞天下，威振四海。南取百越之地，以为桂林、象郡。百越之君，俛首系颈，委命下吏。乃使蒙恬北筑长城，而守藩篱，却匈奴七百余里。胡人不敢南下而牧马，士不敢弯弓而报怨。

于是废先王之道，燔百家之言，以愚黔首。隳名城，杀豪俊，收天下之兵聚之咸阳，销锋铸鐻，以为金人十二，以弱黔首。然后斩华为城，因河为池，据亿丈之城，临不测之溪以为固。良将劲弩，守要害之处，信臣精卒，陈利兵而谁何！天下已定，秦王之心，自以为关中之固，金城千里[3]，子孙帝王万世之业也。

秦王既没，余威震于殊俗。然而陈涉，瓮牖绳枢之子，甿隶之人，而迁徙之徒也，才能不及中庸，非有仲尼、墨翟之贤，陶朱、猗顿之富；蹑足行伍之间，而俛起[4]阡陌之中，率罢弊之卒，将数百之众，而转攻秦。斩木为兵，揭竿为旗，天下云集而响应，赢[5]粮而景从[6]，山东豪俊遂并起而亡秦族矣。

且夫天下非小弱也。雍州之地，殽、函之固，自若也。陈涉之位，非尊于齐、楚、燕、赵、韩、魏、宋、卫、中山之君也；鉏[7]耰[8]棘矜[9]，非铦于句戟长铩也；谪戍之众，非抗于九国之师也；深谋远虑，行军用兵之道，非及曩时之士也。然而成败异变，功业相反。试使山东之国与陈涉度长絜大，比权量力，则不可同年而语矣。然秦以区区之地，致万乘之权，招八州而朝同列，百有余年矣。然后以六合为家，殽、函为宫。一夫作难而七庙隳，身死人手[10]，为天下笑者，何也？仁义不施，而攻守之势异也。

※ 注释

1 叩关：直攻函谷关之意。叩：去、犯。2 延敌：这里是迎击敌人的意思。延：延纳。3 金城千里：铜墙铁壁般的城墙相连千里。4 俛起：奋起。俛，通“勉”，尽力。5 赢：肩挑，背负。6 景从：像影子跟着身体似的。景，同“影”。7 鉏：同“锄”。8 耰（yōu）：平整土地的一种农具，形如榔头。9 棘矜：棘木做的矛柄。10 身死人手：本身被人杀死。指秦二世被赵高所杀，子婴被项羽所杀。

※ 译文

秦孝公凭借着殽山、函谷关的险要地势，占有雍州的土地，君臣牢固地守卫着，以便寻找机会夺取周王朝的政权。他们怀着席卷天下，征服列国，控制四海，吞并八方的雄心。在这个时候，商鞅辅佐孝公，对内建立法规制度，努力发展农业和纺织业，整修攻守的器械；对外进行连横的策略，使其他诸侯相争斗。这样，秦国轻而易举地取得了西河以外的大片土地。

秦孝公死后，惠文王、武王、昭襄王继承旧业，继续推行孝公的策略，向南攻占了汉中，向西夺取了巴蜀，向东割取了肥沃的土地，向北征服了地势险要的州郡。各国诸侯恐惧起来，他们集会订盟，图谋削弱秦国。不惜用珍贵的器具、财宝和肥沃的土地来招纳天下的士人。他们缔结盟约，互相支持，结为一体。在这个时候，齐国有孟尝君，赵国有平原君，楚国有春申君，魏国有信陵君。这四个人，都很明智，且正直有信义，宽厚又爱护百姓，尊敬且重用贤人。他们相约“合纵”而破坏“连横”，聚合起韩、魏、燕、楚、齐、赵、宋、卫、中山等国的众多人力。这时，六国的士人中，有宁越、徐尚、苏秦、杜赫这一类人出谋划策，有齐明、周最、陈轸、召滑、楼缓、翟景、苏厉、乐毅等外交家往来沟通意见，有吴起、孙膑、带佗、倪良、王廖、田忌、廉颇、赵奢等一批人统率军队。他们曾经以十倍的土地和上百万的大军，直攻秦国的函谷关。秦国人开关迎敌，九国军队退的退、逃的逃，不敢前进。秦国没有一兵一卒的损失，可是天下的诸侯已经困苦不堪了。于是“合纵”拆散，盟约瓦解。各诸侯国争着割地贿赂秦国。秦国有了充分的力量利用诸侯的困难去制服他们，追逐败逃的敌人，击毙上百万的士兵，流的血多得可漂起大盾牌。秦国便依靠有利的条件，乘着大好形势，控制天下，分裂各国的土地。这样，强国请求臣服，弱国到秦国朝拜。

到孝文王、庄襄王的时候，他们在位的日子太短，国家没有发生重大事件。到了秦始皇，他继承并发展了六代祖先遗留下来的功业，挥动长鞭驾驭天下，吞并东、西二周，灭掉了各诸侯国，登上了至尊的皇帝宝座，统治着上下四方，用严刑镇压天下人民，声威震动四海。他向南攻取了百越的土地，设立桂林郡和象郡郡。百越的君主低着头，脖子上系着绳子，把性命交给秦国的下级官吏。始皇又派蒙恬在北方修筑长城并固守这道屏障，把匈奴击退七百多里。匈奴人不敢南下牧马，六国的勇士不敢张弓来报仇。

接着始皇废弃了先王的法制，烧毁了诸子百家的书籍，使百姓愚昧无知；毁掉著名的城池，杀掉六国的豪杰，收取天下的兵器，集中到咸阳，销熔刀箭，铸成十二个铜人，用来削弱天下百姓反抗的力量。然后以华山为城墙，以黄河为城壕，上据亿丈之高的城墙，下临深不可测的护城河，使它们成为坚固的屏障。派优秀的将领，用强劲的弓弩，守卫着要害的地方；让可靠的大臣，精锐的士兵，拿着锋利的兵器，盘问来往行人。天下已经平定，秦始皇的心里以为关中地势险固，城郭犹如铜墙铁壁，已完成子子孙孙称帝称王的万世不败基业了。

秦始皇死后，遗留下来的威风仍然震慑着边远地区。但是，陈涉这个贫寒出身的子弟，是个没有土地的农民，而且是被征发去守边的士卒；论才能比不上一般人，没有孔子、墨翟那样的贤能，没有陶朱、猗顿那样的富有；他夹杂在戍边队伍的中间，奋起于村野百姓里面，带领几百名疲惫不堪的士兵，却转过矛头向秦朝进攻。他们砍断树干当兵器，举起竹竿作旗帜，天下百姓像云彩一样汇集，像回声一样应声而起，农民们自己背着粮食如影随形。殽山以东六国的豪杰便一齐行动起来而灭亡了秦王朝。

再说，秦国的力量本来并不弱，雍州的地势、殽函的险固，还是原来那样；陈涉的地位并不比齐、楚、燕、赵、韩、魏、宋、卫、中山等国的君主尊贵；锄、耙和木棍并不比钩、戟和长矛锋利；被征调去戍边的士卒，也抵不上九国军队的强大；他们深谋远虑、指挥作战的本领，也比不上从前九国的将领，可是成功和失败却发生了异常的变化，成就了完全相反的功业。假如叫各诸侯国和陈涉比较长短粗细，较量一下权势力量，根本不能相提并论。秦国凭借它很小的一块地盘，夺取了帝王的权力，使其他八州的诸侯前来朝拜，已经一百多年了。然后秦国以天下为一家，把殽、函地区变成宫殿。可是一个普通人发难，秦王朝就灭亡了，皇子皇孙也死在别人手里，成为天下的笑柄。这是什么原因呢？因为不施行仁义，而攻守的局势就发生了根本变化！

※ 评析

《过秦论》分上、中、下三篇，本文为上篇。总论秦得天下的形势及其失败的主要原因。文章开头极写秦国的强盛，铺张渲染，逐渐推进，“及至始皇”一段达到了极点。转而写陈涉，并同九国之师对比，九国的人才和庞大的武装力量所不能推翻的秦国，却被一群折木为兵的农民军给推翻了，写得波澜起伏，又步步紧逼，到结尾处点明中心论点，大有画龙点睛之笔。

文章的目的在于总结“仁义不施”而得到的教训。身为君王，统治着数万之众，如果不实行仁政，势必会导致人民的反抗，而最终走向灭亡的道路。这篇文章也为汉文帝提供政治上的借鉴——施仁政才能得天下，如果一味地由着自己的性子来，国家一定不会长盛不衰，相反还有可能很快地就走向衰亡。

文章前后对照，铺张排比，气势磅礴、姿态横生、对汉代以后的散文创作产生了重要影响。

治安策一

西汉·贾谊

※ 原文

夫树国固，必相疑[1]之势也，下数被其殃，上数爽其忧，甚非所以安上而全下也。今或亲弟谋为东帝，亲兄之子西乡[2]而击，今吴又见告矣。天子春秋鼎盛，行义未过，德泽有加焉，犹尚如是，况莫大诸侯，权力且十此者乎！

然而天下少安，何也？大国之王幼弱未壮，汉之所置傅相方握其事。数年之后，诸侯之王大抵皆冠，血气方刚，汉之傅相称病而赐罢，彼自丞尉以上遍置私人，如此，有异淮南、济北之为邪？此时而欲为治安，虽尧舜不治。

黄帝曰：“日中必熭，操刀必割[3]。”今令此道顺而全安，甚易；不肯早为，已乃堕骨肉之属而抗刭[4]之，岂有异秦之季世乎！夫以天子之位，乘今之时，因天之助，尚惮以危为安，以乱为治。假设陛下居齐桓之处，将不合诸侯而匡天下乎？臣又以知陛下有所必不能矣。假设天下如曩时[5]，淮阴侯尚王楚，黥布王淮南，彭越王梁，韩信王韩，张敖王赵，贯高为相，卢绾王燕，陈豨在代，令此六七公者皆亡恙，当是时而陛下即天子位，能自安乎？臣有以知陛下之不能也。天下殽乱[6]，高皇帝与诸公并起，非有仄室[7]之势以豫[8]席[9]之也。诸公幸者乃为中涓[10]，其次仅得舍人，材之不逮至远也。高皇帝以明圣威武即天子位，割膏腴之地以王诸公，多者百余城，少者乃三四十县，德至渥[11]也，然其后七年之间，反者九起。陛下之与诸公，非亲角材而臣之也，又非身封王之也，自高皇帝不能以是一岁为安，故臣知陛下之不能也。

然尚有可诿者曰疏。臣请试言其亲者。假令悼惠王王齐，元王王楚，中子王赵，幽王王淮阳，共王王梁，灵王王燕，厉王王淮南，六七贵人皆亡恙，当是时陛下即位，能为治乎？臣又知陛下之不能也。若此诸王，虽名为臣，实皆有布衣昆弟之心，虑亡不帝制而天子自为者。擅爵人，赦死罪，甚者或戴黄屋[12]，汉法令非行也。虽行不轨如厉王者，令之不肯听，召之安可致乎！幸而来至，法安可得加！动一亲戚，天下圜视[13]而起，陛下之臣虽有悍如冯敬者，适启其口，匕首已陷其胸矣。陛下虽贤，谁与领此？

故疏者必危，亲者必乱，已然之效也。其异姓负强而动者，汉已幸胜之矣，又不易其所以然。同姓袭是迹而动，既有征矣，其势尽又复然！殃祸之变，未知所移，明帝处之尚不能以安，后世将如之何！

屠牛坦一朝解十二牛，而芒刃不顿者，所排击剥割，皆众理解[14]也。至于髋[15]髀[16]之所，非斤则斧。夫仁义恩厚，人主之芒刃也；权势法制，人主之斤斧也。今诸侯王皆众髋髀也，释斤斧之用，而欲婴以芒刃，臣以为不缺则折。胡不用之淮南、济北？势不可也。

臣窃[17]迹[18]前事，大抵强者先反，淮阴王楚最强，则最先反；韩信倚胡，则又反；贯高因赵资，则又反；陈豨兵精，则又反；彭越用梁，则又反；黥布用淮南，则又反；卢绾最弱，最后反。长沙乃在二万五千户耳，功少而最完，势疏而最忠，非独性异人也，亦形势然也。曩令樊、郦、绛、灌据数十城而王，今虽已残，亡可也；令信、越之伦列为彻侯而居，虽至今存可也。

然则天下之大计可知已。欲诸王之皆忠附，则莫若令如长沙王，欲臣子之勿菹醢[19]，则莫若令如樊、郦等；欲天下之治安，莫若众建诸侯而少其力。力少则易使以义，国小则亡邪心。令海内之势，如身之使臂，臂之使指，莫不制从。诸侯之君不敢有异心，辐凑并进而归命天子，虽在细民，且知其安，故天下咸知陛下之明。割地定制，令齐、赵、楚各为若干国，使悼惠王、幽王、元王之子孙毕以次各受祖之分地，地尽而止，及燕、梁他国皆然。其分地众而子孙少者，建以为国，空而置之，须其子孙生者，举使君之。诸侯之地，其削颇入汉者，为徙其侯国，及封其子孙也，所以数偿之。一寸之地，一人之众，天子亡所利焉，诚以定治而已，故天下咸知陛下之廉。地制一定，宗室子孙莫虑不王，下无倍畔[20]之心，上无诛伐之志，故天下咸知陛下之仁。法立而不犯，令行而不逆，贯高、利几之谋不生，柴奇、开章之计不萌，细民乡善，大臣致顺，故天下咸知陛下之义。卧赤子天下之上而安，植遗腹，朝委裘[21]，而天下不乱。当时大治，后世诵圣。一动而五业附，陛下谁惮而久不为此？

天下之势方病大瘇[22]，一胫之大几如要，一指之大几如股，平居不可屈信[23]，一二指搐[24]，身虑无聊[25]。失今不治，必为锢疾，后虽有扁鹊，不能为已。病非徒瘇也，又苦跖戾[26]。元王之子，帝之从弟也，今之王者，从弟之子也。惠王之子，亲兄子也；今之王者，兄子之子也。亲者或亡分地以安天下，疏者或制大权以偪[27]天子，臣故曰非徒病瘇也，又苦跖戾。可痛哭者，此病是也。

※ 注释

1 相疑：指诸侯国实力膨胀，在各方面都超过中央的规定而同中央政权相比拟、相对立。疑：通“拟”。2 乡：通“向”。3 “日中”二句：意思是机不可失，失不再来。彗（wèi）：晒。4 抗到：这里指杀头。5 曩时：从前，以往。6 殽（xiáo）乱：混乱。7 仄室：即倒室，卿大夫的庶子。8 豫：预先。9 席：凭借。10 中涓：皇帝亲近的侍从官。11 渥（wò）：深厚。12 黄屋：皇帝专用的黄缯车盖。13 圜（huán）视：瞪眼怒视。14 理解：肌肉的纹理。15 髋（kuān）：胯骨。16 髀（bì）：大腿骨。17 窃，私下。18 迹：根据事实进行考察。19 菹醢（zū hǎi）：古时的一种酷刑，把人杀死剁成肉酱。20 倍畔：同“背叛”。21 委裘：之君留下的衣冠。22 瘇（zhǒng）：两脚浮肿的病。比喻诸侯王的势力太大。23 屈信：弯曲伸展；信，同“伸”。24 搐：抽搐、痉挛。比喻一二处诸侯反叛。25 身虑无聊：身，全身；虑，大抵；无聊，没有依靠。比喻天下不安。26 跋戾（zhí）：脚掌向反面弯曲。27 偪：同“逼”，逼迫。

※ 译文

建立的诸侯王国力量强大了，必然造成同朝廷对等的形势。各诸侯王常因朝廷的猜疑而遭受祸殃，朝廷也经常为诸侯王的叛乱而担忧。这实在不是安定朝廷、保全臣民的好办法。如今，陛下的亲兄弟之中有的曾图谋自立为东帝，亲侄子也向西袭击朝廷，现在，吴王又被人告发要谋反。陛下正当壮年，行事合乎道义，没有什么差错，对他们又再三给以恩惠，他们尚且如此，更何况是最强的诸侯国，权力比他们还大十倍的呢！

但是天下却还比以前稍为安宁，这是什么原因呢？因为目前各大诸侯国的国君还年幼，朝廷安置在那里的太傅、丞相正掌握着王国的大权。几年之后，诸侯王大都加冠成人。他们血气方刚，朝廷委派的太傅和丞相便不得不托病辞职归家，他们便会把县丞、县尉以上的官职统统安排上自己的亲信，这样一来，他们的行为和淮南王、济北王又有什么不同呢？到了那时，要想使天下太平安定，即使是唐尧、虞舜也办不到了。

黄帝说：“要晒东西必须趁太阳正午，要宰割东西必须趁刀子在手。”现在按照这个道理行事，就很容易做到安上全下。假如不及早行动，以后就会发展到破坏骨肉之情，拿起刀来互相残杀，这和秦朝末年又有什么不同呢？凭着天子的权位，乘着当今的大好形势，靠着上天的保佑，还对转危为安、改乱为治的措施有所顾虑，假如陛下处于齐桓公那种情况，恐怕不会有联合诸侯而一匡天下的举动吧？我知道陛下一定不会这样做的。假如国家的形势还像从前那样，淮阴侯韩信还统治着楚国，黥布统治着淮南，彭越统治着梁，韩王信统治着韩国，张敖统治着赵国，贯高做赵国的相，卢绾统治着燕国，陈豨还在代国，假如这六七个王公都健在，在这个时候，陛下登上皇位，能觉得安全吗？我有理由认为这是不可能的。秦末天下混乱，高皇帝与上述诸公一同起事，当时并没有宗族的势力可以依靠，诸公中最幸运的也不过做了皇帝的近臣，或者仅仅得到一个舍人的职位。这些人的才能比高祖差远了。高祖凭着他的圣明威武，登上天子位，划出肥沃的土地分封诸公为侯王，多的有一百多个城市，少的也有三四十个县，恩德是厚极了。可是在以后的七年当中，谋反的事发生了九起。陛下跟这些王公的关系，并非亲自同他们较量过使他们甘心称臣，也不是亲自封他们当诸侯王的。高祖尚且不能因此而得到一年的安定，因而我知道陛下也必不能得到安定。

不过，上述情况的发生还有可推托的借口，说是那些王公与刘氏关系疏远。那么，让我说说关系亲近的同姓王。假如悼惠王还在齐国称王，元王还在楚国称王，中子还在赵国称王，幽王在淮阳称王，共王在梁国称王，灵王在燕国称王，厉王在淮南称王，这六七位贵人都健在，这时，陛下登上天子位，能使国家太平吗？我知道陛下是不可能做到的。像这些王，虽然名义上是臣子，实际上心里认为自己和陛下是普通兄弟一样的关系，他们没有一个不想采用跟皇帝一样的制度而自己当天子的。他们擅自封给别人爵位，赦免有死罪的囚犯，甚至乘坐天子专用的华盖车。汉朝的法令在那里行不通。即使能推行法令，对于厉王那样不守法纪的人，命令都不肯听从，召见他又怎肯来呢！即使来了，法律又怎能施加到他身上？触动了一个亲戚，全国的诸侯王就瞪起眼睛，起来反抗了。陛下的臣子中，虽然不乏冯敬那样的勇敢者，但刚要开口，刺客的匕首已经刺进他的胸膛了。陛下虽然贤明，可谁能同您一起来治理这些诸侯王呢？

所以，关系疏远的异姓王必然给国家带来危害，关系亲近的同姓王必定会发动叛乱，这已是事实所证明的了。那些自恃强大而发动叛乱的异姓王，朝廷已经侥幸战胜他们了，可并没有改变那种造成叛乱的条件。同姓王因袭先例发动叛乱，已经有征兆了，这种形势完全会使叛乱重演。这些突然发生的灾祸，不知道如何改变。英明的皇帝在这种情况下，尚且不能使国家安定，后世子孙又能拿它怎么办呢？

屠牛坦一个早晨宰十二头牛，但屠刀的芒刃并没有变钝，这是因为他下刀剥割的部位都在肌肉和骨头的缝隙中间。遇到那胯骨和大腿骨，他不是用砍刀就是用斧子。仁义恩德好比君主的芒刃，权势和法制则是君主的砍刀和斧子。如今的诸侯王都像众多的胯骨和大腿骨，如果不用砍刀、斧子，而用芒刃去切割，我看不是碰出缺口就是会折断。为什么不用仁义恩德去对待淮南王、济北王呢？那是因为形势不允许这样。

我私自考察了一下从前发生的事，发现大都是势力强大的先反叛。淮阴侯韩信，称王于楚，势力最强，就最先反叛；韩王信依靠匈奴支持，接着反叛；贯高依靠赵国的力量，又反叛；陈豨因他的部队精良，就又反叛；彭越利用梁国的力量，又起来反叛；黥布依靠淮南的力量，又反叛；卢绾势力最弱，最后反叛。长沙王吴芮仅封有人口二万五千户，功劳很小却保存得最完善，关系疏远却对汉朝最忠诚，这不只是他的性情和别的诸侯王不同，而是形势使他这样的。如果从前让樊哙、郦商、周勃、灌婴占据几十个城市，做了诸侯王，到今天即使国家已经破败灭亡也是可能的。如果把韩信、彭越他们列为普通的彻侯，即使至今他们还能保全自身也是可能的。

既然如此，那么安定天下的大计就容易明白了。希望诸侯王都忠心依附汉朝，最好让他们像长沙王一样；希望臣子不被剁成肉酱，最好让他们像樊哙、郦商等人一样；希望天下安定，最好多多建立诸侯国，削弱他们的力量。势力小，就容易用法令来约束他们；国小，就不会有反叛之心。假使天下的形势，就如身体指挥手臂，手臂指挥手指一样，没有不服从的；诸侯王不敢有二心，像辐条凑向车轮轴一样，听命于天子。那么，即使是普通百姓，也知道国家安定，因此全天下都知道陛下的英明。分割土地，规定制度，使齐、赵、楚几个诸侯王国分成若干小国，悼惠王、幽王、元王的子孙，全部依次序得到祖先的一块分地，一直到分完为止。对于燕、梁和其他诸侯也都这样办。那些封地多而子孙少的王国，也先分建若干小国，可空着君位，等他们的子孙出生，全让他们做国君。一些诸侯的土地被大量削减而收归朝廷，用来调剂侯国的封地，或将来封给他们的子孙，并且如数补偿。一寸土地、一个百姓，天子都不贪图他们的，而只是为了国家的安定太平罢了，因此，天下都知道陛下的廉洁。分割封地的制度一经确定，宗室子弟就没有谁担心不能封王的，诸侯就不会产生背叛的心思，朝廷也就不必有诛杀讨伐的意图，因此，天下都知道陛下的仁爱。法纪确立起来，没有人敢于触犯，命令通行了，没有人对抗，贯高、利几之类的阴谋不会发生，柴奇、开章之类的诡计不再重演，民心向善，朝廷大臣个个效忠，因此，天下都知道陛下的恩义。那时，即使让一个婴儿统治天下也会安定太平；即使立遗腹子，让臣下朝拜先帝留下的衣裘，天下也不会混乱。当代得到大治，后世歌颂圣明。一项措施的采取，就能得到五种功业，陛下还有什么顾虑而久久不这样做呢？

现在天下的形态，就像一个人患有严重的脚肿病。一条小腿肿得跟腰差不多粗，一个脚趾头肿得差不多与大腿一样粗。平时不能屈伸，一两个脚趾抽搐，就担心整个身体支撑不住。现在不及时医治，必然成为不治之症。以后即使有扁鹊那样的名医，也不能够挽救了。病还不仅是两脚浮肿，还苦于脚掌扭折。元王的儿子是陛下的堂弟，现在继承王位的，是您堂弟的儿子。惠王的儿子是您亲哥哥的儿子；这一代的齐王，是陛下您的侄孙。近亲当中有的还没有封地来安定天下，而远亲有的却掌握大权，威逼天子。所以我说不只害了脚肿病，还苦于脚掌扭折。使人痛哭的也正是此病啊。

※ 评析

西汉初年，天下初定。各诸侯王国封地大，势力强，同朝廷存在着尖锐的矛盾。为了解决这个矛盾，贾谊在文中向汉文帝提出“众建诸侯而少其力”的办法，建议把原来的诸侯国再分成若干个小国，以削弱诸侯的力量。文章罗列了许多论据，论据充分、条理清晰，从正反两方面论证了这样做的必要性，很有说服力。

贾谊对同姓王问题的分析和理解，表现出他洞明天下大形势的远见卓识，而且也表现出他为国深忧远虑、不顾个人性命的胆识和勇气。历代忠君志士多是敢怒敢言，他们为了国家的前途和命运不惜牺牲自己的生命。贾谊就是其中之一，他不顾念一己安危，竭忠尽智，努力进谏，为了国家的长治久安而无所惧。这种为了国家命运奋不顾身地贡献自己生命的精神，无疑是我们中华民族宝贵的精神财富。

论贵粟疏

西汉 · 晁错

※ 原文

圣王在上而民不冻饥者，非能耕而食之，织而衣之也，为开其资财之道也。故尧、禹有九年之水，汤有七年之旱，而国无捐[1]瘠[2]者，以[3]畜[4]积多而备先具也。今海内为一，土地人民之众不避[5]禹、汤，加以亡天灾数年之水旱，而畜积未及者，何也？地有遗利，民有余力，生谷之土未尽垦，山泽之利未尽出也，游食之民未尽归农也。

民贫，则奸邪生。贫生于不足，不足生于不农，不农则不地著，不地著则离乡轻家，民如鸟兽，虽有高城深池，严法重刑，犹不能禁也。夫寒之于衣，不待轻暖；饥之于食，不待甘旨；饥寒至身，不顾廉耻。人情一日不再食则饥，终岁不制衣则寒。夫腹饥不得食，肤寒不得衣，虽慈母不能保其子，君安能以有其民哉？明主知其然也，故务民于农桑，薄赋敛，广畜积，以实仓廪，备水旱，故民可得而有也。

民者，在上所以牧之，趋利如水走下，四方无择也。夫珠玉金银，饥不可食，寒不可衣，然而众贵之者，以上用之故也。其为物轻微易藏，在于把握，可以周海内而无饥寒之患。此令臣轻背其主，而民易去其乡，盗贼有所劝，亡逃者得轻资也。粟米布帛生于地，长于时，聚于力，非可一日成也。数石之重，中人[6]弗胜[7]，不为奸邪所利，一日弗得而饥寒至。是故明君贵五谷而贱金玉。

今农夫五口之家，其服役者不下二人，其能耕者不过百亩，百亩之收不过百石。春耕，夏耘，秋获，冬藏，伐薪樵[8]，治官府[9]，给徭役[10]。春不得避风尘，夏不得避暑热，秋不得避阴雨，冬不得避寒冻，四时之间，无日休息。又私自送往迎来，吊死问疾，养孤长幼在其中。勤苦如此，尚复被水旱之灾，急征暴虐，赋敛不时，朝令而暮改。当具，有者半贾而卖，亡者取倍称之息。于是有卖田宅、鬻子孙以偿债者矣！而商贾大者积贮倍息，小者坐列贩卖，操其奇赢，日游都市，乘上之急，所卖必倍。故其男不耕耘，女不蚕织，衣必文采，食必粱肉，亡农夫之苦，有阡陌之得。因其富厚，交通王侯，力过吏势，以利相倾，千里游敖，冠盖相望，乘坚策肥，履丝曳缟。此商人所以兼并农人，农人所以流亡者也。今法律贱商人，商人已富贵矣；尊农夫，农夫已贫贱矣。故俗之所贵，主之所贱也；吏之所卑，法之所尊也。上下相反，好恶乖迕，而欲国富法立，不可得也。

方今之务，莫若使民务农而已矣。欲民务农，在于贵粟；贵粟之道，在于使民以粟为赏罚。今募天下入粟县官[11]，得以拜爵，得以除罪。如此，富人有爵，农民有钱，粟有所渫。夫能入粟以受爵，皆有余者也。取于有余，以供上用，则贫民之赋可损，所谓损有余，补不足，令出而民利者也。顺于民心，所补者三：一曰主用足，二曰民赋少，三曰劝农功。今令民有车骑马匹者，复卒三人。车骑者，天下武备也，故为复卒。神农之教曰："有石城十仞[12]，汤池百步，带甲百万，而无粟，弗能守也。"以是观之，粟者，王者大用[13]，政之本务。令民入粟受爵，至五大夫以上，乃复一人耳，此其与骑马之功相去远矣。爵者，上之所擅，出于口而无穷；粟者，民之所种，生于地而不乏。夫得高爵与免罪，人之所甚欲也。使天下人入粟于边，以受爵免罪，不过三岁，塞下之粟必多矣。

※ 注释

1 捐：抛弃，指流离失所。2 瘠：瘦弱，指饿瘦。3 以：因。4 畜：同"蓄"。5 不避：不让，不次于。6 中人：力量中等的人。7 胜：担负。8 伐薪樵：给官府砍木柴等燃料。薪樵：木柴。9 治官府：修理官府的房屋。10 给徭役：交公差。给：供给。11 县官：汉朝称皇帝为"县官"，这里指朝廷、政府。12 仞：古代以七尺或八尺为一仞。十仞，不是实数，形容很高。13 大用：最重大的资财。

※ 译文

圣明的帝王统治时，百姓不会受冻挨饿的原因，并不是帝王能够亲自种粮食给百姓吃，亲自织布给百姓穿，只不过替他们开辟了获得物质财富的路子。所以尧、禹时有过连续九年的水灾，商汤时有过七年的大旱，可是国内没有流离失所和面黄肌瘦的人，是因为积蓄很多而且赈灾的物资早就准备齐全了。现在全国统一了，土地广大，人口众多，不亚于汤禹时代，又没有连续数年之久的水旱灾荒，可是积蓄的物资没有汤禹时代充足，这是为什么呢？是因为土地没有充分利用，民众的潜力没有充分发挥，生长粮食的荒地没有完全开垦，山林湖泽的资源还没有全部开发，游手好闲的人还没有全部回乡务农。

百姓贫穷就会产生奸诈邪恶之心。贫穷是因为物资不充足，物资不充足是因为不务农，不务农就不会定居一个地方，不定居一个地方就会轻易离开家乡，百姓像飞禽走兽一样到处觅食，虽然有高高的城墙、深深的护城河，有严厉的法令、残酷的刑罚，还是不能禁止他们的。人受冻的时候，对于衣服的要求，不奢求质料轻暖的；饥饿的时候，对于食物的要求，不讲究甘口美味的；饥寒交迫时，就顾不得什么廉耻了。人通常是一天吃不上两餐饭就感到饥饿，冬天不做棉衣就会受冻。肚子饥饿却没有食物吃，身上寒冷而没有衣穿，即使是慈母也不能保佑她的儿女，君主又怎么能保佑他的百姓呢！英明的君主就懂得这番道理，所以努力督促百姓播种粮食，栽桑养蚕，减轻赋税，增加粮食的积蓄，来充实仓库，防备水旱天灾，所以就可以保有百姓了。

老百姓，在于帝王怎样治理。他们追逐利益就像水往低处流，不管东西南北。那些珍珠、宝玉、黄金、白银，饿了不能充饥，冷了不能保暖，可是大家珍惜看重它们，这是因为帝王需要它们的缘故。金银珠宝这些物品，重量轻、体积小，容易收藏，握在手中，可以走遍天下也不会有饥寒的顾虑。这就使得臣子轻易地背弃他的君主，使得百姓轻易地离开他们的家乡，使得盗贼受到鼓励，使得逃亡的人得到便于携带的财物。粟米布帛，从地里生出来，顺着节气长起来，聚集储藏要花费人力，这不是短时间内能够办到的。几石重的粮食，气力小的人搬不动，不会成为坏人贪求的东西，但一天没有这些东西就会挨饿受冻。因此，英明的君主看重五谷而看轻金玉。

如今五口人的农民家庭，每户给官家服役的不少于二人，每户能耕种的土地不到一百亩，一百亩土地的收入不超过一百石。他们春天耕种，夏天锄草，秋天收割，冬天储藏；还得砍柴，修理官府的房舍，应付各种官差。春天不能够躲避风尘，夏天不能够避开暑热，秋天不能够躲避阴雨，冬天不能够避开寒冷，一年四季没有一天休息，还有私人间的亲朋往来、吊唁死者、慰问病人、抚养孤老、养育幼儿，所需费用，都包括在耕种收入当中。农民勤劳辛苦到这般地步，还要遭受水旱灾害，急迫沉重的赋税，加上官府收税不按季节，早晨的命令到了傍晚又更改，处境更加困苦。当交纳赋税的时候，有农产品的人家，半价把产品卖掉换钱交税；没有农产品的人家，按加倍的利息借债来交税。这样一来，就有卖田卖屋，卖儿卖女来偿还债务的人了。但是，那些商人们，资金多的就囤积居奇，收取加倍的利息；资金少的就开设店铺，经营买卖，投机取巧。每天在集市里逛来逛去，乘着朝廷急需这些物品的时机，所卖的物品要加倍提价。所以这些人家里男的不耕种土地，女的不养蚕织布，穿的是绫罗绸缎，吃的是精米鲜肉。他们没有农民的辛苦，却能坐享田地里的收获。凭借着他们的雄厚财富，勾结王侯，势力超过了一般官吏。他们为争利互相排挤，奔走千里，来来往往，接连不断。他们乘着坚固的车子，赶着肥壮的马，脚穿着丝靴，身穿着绸袍。这就是商人之所以吞并农民，农民之所以四处流亡的原因啊。现在法律上轻视商人，但是商人已经富贵了；法律上尊重农民，但是农民已经贫贱了。因此，世俗所看重的，是君主所轻视的商人，官吏所瞧不起的，是法律上所尊重的农民。上下相反，好坏颠倒，想使国家富强、法令施行，是不可能办到的。

当前的任务，没有比使百姓努力从事农业生产更重要的了。要想使百姓努力从事农业生产，关键在于重视粮食；重视粮食的办法，在于让百姓以粮食作为赏罚的标准。现在号召全国人民纳粮给政府，可以受封爵位，可以免除罪罚，这样，富人有了爵位，农民有了钱，粮食得到流通。那些能够纳粮受爵的，都是有余粮的人。从有多余粮食的人手里取出来，供应官府的需要，那么贫苦农民的赋税就可以减少。这就是所讲的拿有余补不足，法令一出而百姓可以得到利益。它符合百姓的愿望，好处有三条：一是使君主财政费用充足，二是使百姓赋税减轻，三是鼓励了农业生产。按照现行的法令：百姓出了驾战车的马一匹的，就可以免除三个人的兵役。战马是国家的武器装备，所以可以用来免除兵役。神农氏的书上说："有高达十仞的石头城墙，宽达百步的沸水护城河，披甲的军队上百万，可是没有粮食，也不能守住。"由此看来，粮食，是帝王最重大的财物，是治理国家的根本条件。让百姓交纳粮食受封爵位，封一个五大夫以上的爵位，才免除一个人的兵役，这比出一匹战马受到的益处相差太远了。爵位是皇帝专有的，出于皇帝的口而没有限制，粮食是农民种出来的，出产在地里，没有穷尽。求得高的爵位和免除罪罚，是人们最大的欲望。叫全国人民把粮食献上，然后运到边境，用来受爵和免罪。这样不用三年，边塞地区的粮食就一定很充裕了。

※ 评析

本文是晁错于公元前 168 年向汉文帝上呈的一封奏书。这篇文章的内容是建议汉皇要重视粮食生产，要采取具体的措施以打击国内的割据势力，还为反击匈奴做充分的准备。文章具体论述了农业对国计民生的重要性，提出了劝农务本、奖励粮食生产及发展农业生产的具体办法。汉文帝接纳了他的意见，促进了生产的发展和经济的繁荣，为维护和加强西汉的封建统治提供了物质条件。

全文围绕中心论点，用反复对比的手法进行论证，从历史和现实的不同角度加以说明，说理透彻、条理清楚、逻辑严密、文笔犀利，于雄厚之中透出警示。

前出师表

三国蜀·诸葛亮

※ 原文

臣亮言：先帝创业未半，而中道崩殂[1]。今天下三分，益州疲弊，此诚危急存亡之秋[2]也！然侍卫之臣，不懈于内；忠志之士，忘身于外者，盖追先帝之殊遇，欲报之于陛下也。诚宜开张圣听，以光先帝遗德，恢弘志士之气；不宜妄自菲薄，引喻失义，以塞忠谏之路也。

宫中[3]、府中[4]，俱为一体，陟[5]罚臧[6]否[7]，不宜异同。若有作奸犯科及为忠善者，宜付有司，论其刑赏，以昭陛下平明之治；不宜偏私，使内外异法也。侍中、侍郎郭攸之、费祎、董允等，此皆良实，志虑忠纯，是以先帝简拔以遗陛下。愚以为宫中之事，事无大小，悉以咨之，然后施行，必能裨补阙漏，有所广益。将军向宠，性行淑均，晓畅军事，试用于昔日，先帝称之曰能，是以众议举宠以为督。愚以为营中之事，事无大小，悉以咨之，必能使行阵和睦，优劣得所。

亲贤臣，远小人，此先汉所以兴隆也；亲小人，远贤臣，此后汉所以倾颓也。先帝在时，每与臣论此事，未尝不叹息痛恨于桓、灵也！侍中、尚书、长史、参军，此悉贞亮死节之臣也，愿陛下亲之信之，则汉室之隆，可计日而待也。臣本布衣，躬耕于南阳，苟全性命于乱世，不求闻达于诸侯。先帝不以臣卑鄙，猥自枉屈，三顾臣于草庐之中，咨臣以当世之事。由是感激，遂许先帝以驱驰。后值倾覆，受任于败军之际，奉命于危难之间，尔来二十有一年矣！先帝知臣谨慎，故临崩寄臣以大事也。

受命以来，夙夜忧叹，恐托付不效，以伤先帝之明；故五月渡泸，深入不毛。今南方已定，兵甲已足，当奖帅三军，北定中原；庶竭驽钝，攘除奸凶，兴复汉室，还于旧都。此臣所以报先帝而忠陛下之职分也。至于斟酌损益[8]，进尽忠言，则攸之、祎、允之任也。

愿陛下托臣以讨贼兴复之效；不效，则治臣之罪，以告先帝之灵。若无兴德之言，则责攸之、祎、允之咎，以彰其慢。陛下亦宜自谋，以咨诹善道，察纳雅言，深追先帝遗诏，臣不胜受恩感激！今当远离，临表涕零，不知所云。

※ 注释

1 崩殂（cú）：天子死称崩，又称殂。2 秋：指紧要时刻。因为秋天是收获季节，农事繁忙，所以用秋天比喻紧要时刻。3 宫中：指皇帝的禁宫中的侍臣。4 府中：指丞相府所属官吏，也即政府中一般官吏。5 陟（zhì）：提升。6 臧（zāng）：善，引申为“表扬”、“奖励”。7 否（pǐ）：恶，引申为“批评”。8 斟酌损益：权衡得失，决定取舍。损：减少。益：增加。

※ 译文

臣诸葛亮上奏：先帝开创统一天下的大业还没完成一半，却在中途去世了。现在天下分成三国，我们益州地区人疲物乏，这确实到了危急存亡的紧要时刻了。然而侍卫陛下的大臣在内毫不懈怠；忠心耿耿的将士在外奋不顾身，这是大家追念先帝对他们的优待，想要在陛下身上来报答啊。陛下实在应该广泛听取意见，弘扬先帝留下来的美德，激励将士们的志气；不应该随意看轻自己而说出无理的话，从而堵塞忠臣进谏的道路。

不论宫中的侍臣和府中官吏，都是蜀汉之拔，没有亲疏之别，对他们的提拔、惩罚、表扬、批评不应该有所不同。如果有人作奸犯法，或有人忠诚善良，有了建树，都应该交给负责管理的部门，评定对他们的赏罚，以显示陛下公平而英明的法治；不应该有偏袒，使宫中、府中有不同的赏罚办法。侍中、侍郎郭攸之、费祎、董允等人，都是忠良笃实的人，善良诚实，忠诚专一，所以先帝把他们选拔出来辅佐陛下。我认为宫廷中的事务，不论大小，都应去跟他们商量，然后施行，就一定能补救缺点和疏忽之处，获取更大的成效。将军向宠，和善公正，通晓军事，从前任用过，先帝称赞他很能干，所以大家建议他做中部都督。我认为军营中的大小事情，都去征求他的意见，那一定能够使军队内部协调一致，不管才能大小的人都得到合理任用。

亲近贤臣，疏远小人，这就是西汉兴旺发达的原因；亲近小人，疏远贤臣，这是东汉覆亡衰败的原因。先帝健在时，每当跟我谈到这些事情，没有一次不对桓帝、灵帝的所作所为感到惋惜和痛心的。侍中郎攸之、尚书陈震、长史张裔、参军蒋琬，都是坚贞忠良能以身报国的大臣，希望陛下亲近、信任他们，那么汉朝王室的兴隆，就指日可待了。我本来是个平民，在南阳耕田种地，只想在乱世中苟且保全性命，不想做官扬名。先帝不嫌弃我见识浅陋、地位低微，反而不惜降低身份，委屈自己，三次到我的茅庐里拜访我，拿当时天下大事征询我的意见。我因此很感动并受到鼓舞，就答应为先帝奔走效劳。后来遭到军事失利，在战败之际我接受了重任，在危难的时刻奉命出使，从那时以来已经二十一年了。先帝知道我遇事谨慎，所以临终时把国家大事托付给我。

自我接受遗命以来，日夜忧虑，唯恐托付的事情不能办好，从而有损先帝的英明。所以我在五月渡过泸水，深入到草木不生的荒凉之地。现在南方已经平定，武器盔甲都已经备足，应当奖励并统率全军，北上平定中原。希望能竭尽我的平庸才能，铲除奸诈残的曹魏，复兴汉朝王室，回到原来的国都。这是臣下用来报答先帝，向陛下尽忠心的分内职责啊！至于对政事的斟酌处理，掌握分寸，提出忠直恳切的意见，那是郭攸之、费祎、董允等人的责任。

希望陛下把讨伐曹贼、复兴汉室的任务交付给我，如果不见成效，就治我的罪，以告先帝在天之灵。如果没有向您提出发扬德行的意见，就要责备郭攸之、费祎、董允等人的过错，揭露他们的怠慢。陛下自己也应多加考虑国家大事，征求正确的意见，审察采纳人们的建议，深切追念先帝的遗言。这样我对陛下的恩惠就感激不尽了。我现在就要远离陛下，对着这篇表文流泪哭泣，不知道说了些什么。

※ 评析

本文写于蜀汉后主刘禅建兴五年（公元 227 年），诸葛亮率诸军北定汉中，准备出师北伐，出发前，上此表给刘禅。表中详细陈述自己对蜀汉的忠诚和北取中原的坚定信心。主要意图还是在劝勉刘禅继承先帝的遗愿，保持蜀中政治的清明，要广开言路、听信忠言、任用贤良、励志振奋，使他致力于北伐大业，以免除后顾之忧。“亲贤臣，远小人”是本文的中心句，即使在现实也有十分重要的意义。

文章语言恳切周详，感情真挚，一片丹心，溢于言表。行文时叙中有议，议中有情。叙事周密，层次清楚，是章表中的突出代表作。

后出师表[1]

三国蜀·诸葛亮

※ 原文

先帝虑汉、贼不两立，王业不偏安，故托臣以讨贼也。以先帝之明，量臣之才，固知臣伐贼，才弱敌强也。然不伐贼，王业亦亡；惟坐而待亡，孰与伐之？是故托臣而弗疑也。

臣受命之日，寝不安席，食不甘味。思惟北征，宜先入南。故五月渡泸，深入不毛，并日而食。臣非不自惜也，顾王业不可偏安于蜀都，故冒危难，以奉先帝之遗意也，而议者谓为非计。今贼适疲于西，又务于东，兵法乘劳[2]，此进趋之时也。谨陈其事如左：

高帝明并日月，谋臣渊深，然涉险被创，危然后安。今陛下未及高帝，谋臣不如良、平，而欲以长策取胜，坐定天下。此臣之未解一也。

刘繇、王朗各据州郡，论安言计，动引圣人，群疑满腹，众难塞胸，今岁不战，明年不征，使孙策坐大，遂并江东。此臣之未解二也。

曹操智计，殊绝于人，其用兵也，仿佛孙、吴，然困于南阳，险于乌巢，危于祁连，偪于黎阳，几败北山，殆死潼关，然后伪定一时尔。况臣才弱，而欲以不危而定之，此臣之未解三也。

曹操五攻昌霸不下，四越巢湖不成，任用李服而李服图之，委任夏侯而夏侯败亡，先帝每称操为能，犹有此失，况臣驽下，何能必胜？此臣之未解四也。

自臣到汉中[3]，中间期年耳，然丧赵云、阳群、马玉、阎芝、丁立、白寿、刘郃、邓铜等及曲长、屯将七十余人，突将无前[4]；賨叟、青羌、散骑、武骑一千余人。此皆数十年之内所纠合四方之精锐，非一州之所有。若复数年，则损三分之二也，当何以图[5]敌？此臣之未解五也。

今民穷兵疲，而事不可息；事不可息，则住[6]与行[7]，劳费[8]正等[9]。而不及今图之，欲以一州之地与贼持久。此臣之未解六也。

夫难平[10]者，事也。昔先帝败军于楚，当此时，曹操拊手，谓天下已定。然后先帝东连吴越，西取巴蜀，举兵北征，夏侯授首，此操之失计，而汉事将成也。然后吴更违盟，关羽毁败，秭归蹉跌，曹丕称帝。凡事如是，难可逆料[11]。臣鞠躬尽力，死而后已。至于成败利钝，非臣之明所能逆睹也。

※ 注释

1《后出师表》：本文选自《三国志·诸葛亮传》裴松之注引《汉晋春秋》。在上《前出师表》之后的第二年，诸葛亮针对朝廷内部反对北伐曹魏的意见再次上表，以坚定刘禅的决心，这就是《后出师表》。本文在说明蜀汉和曹魏实力悬殊、敌强我弱的局势后，陈述了乘时伐魏的必要性和迫切性。2 乘劳：乘敌人疲劳的时候。3 自臣到汉中：诸葛亮于蜀建兴五年（公元227年）率军北驻汉中。4 突将无前：冲锋在前的勇将。5 图：攻打、讨伐。6 住：指坐等敌人的进攻。7 行：指主动出击敌人。8 劳费：指消耗的人力物力。9 等：相等，一样。10 平：衡量，这里是“预测”的意思。11 逆料：预料，事先预测。逆：事先。

※ 译文

先帝考虑到汉朝和魏贼不能并存，帝王的事业不能偏安于一隅之地，所以托付我去讨伐曹贼。凭着先帝的圣明，估量我的才能，本来知道我伐贼是力不胜敌的；但是不讨伐魏贼，汉朝的大业也要灭亡；与其坐以待毙，不如主动去讨伐魏贼。所以先帝就毫不犹豫地把伐贼的任务托付给我。

自从接受使命那日起，我寝食难安，考虑到要北征，应该先平定南方，所以五月间渡过泸水，深入草木不生的荒凉地区，两天才吃一天的饭。我并不是不爱惜自己，只是想到汉朝的大业不能偏安于益州这一角落，所以冒着危险去实现先帝的遗愿。但是，议论的人却说这是不正确的决策。如今曹贼在西边正打得疲惫不堪，又要在东方作战。兵法上说要乘敌人疲劳之时进攻，这正是讨伐魏贼的好时机。现在我把讨贼的事恭敬地陈述如下：

汉高祖的英明与日月同辉，他的谋臣都深谋远虑，但是他也是历尽艰险，受过创伤，经过了许多危险，然后才得到安定。现在陛下的圣明比不上汉高祖，出谋划策的臣子也不如张良、陈平，而您却想用长远的计策取得胜利，坐在这里等着天下的统一。这是我不理解的第一条。

刘繇、王朗各自占据着一个州郡，在那里空谈安危计策，动不动引用古代圣人的言论，疑心重重，畏首畏尾，今年不出兵，明年不打仗，孙策自然强大，于是并吞了江东。这是我不能理解的第二条。

曹操的智慧计谋超常出众，他用兵作战就像孙膑、吴起，但是他也曾在南阳被困，在乌巢遇险，在祁连遭难，在黎阳受逼，几乎败于北山，差点在潼关丧命，然后才取得了暂时的稳定。何况我才能低下，却想用十拿九稳的办法来平定天下。这是我不能理解的第三条。

曹操五次攻打昌霸不能取胜，四次渡过巢湖与孙权交战不利，任用李服而李服反而谋害他，委任夏侯渊镇守汉中而夏侯渊战败被杀。先帝常常称赞曹操能干，曹操还有这样的失败，何况我才能低下，哪里能够一定取胜？这是我不能理解的第四条。

从我出师到汉中来，至今只有一年的时间，但是已失去了赵云、阳群、马玉、阎芝、丁立、白寿、刘郃、邓铜等大将以及曲长、屯将七十多人，还有冲锋在前的勇士及赍叟、青羌的骑兵一千多人，这都是几十年间从四方招集来的精锐兵力，不是益州一州所能有的。如果再过几年，将要减少三分之二，到那个时候再凭什么去谋图伐敌呢？这是我不能理解的第五条。

现在百姓穷困，兵士疲累，而战事不能停息。战争不能停息，那么驻守和进攻，两者消耗的人力和物力是相等的。既然如此，却不及早攻打敌人，想凭一州之地，与魏贼长久相持。这是我不能理解的第六条。

难以预料的是事情的变化。从前先帝战败于长坂，曹操拍手称快，认为天下大局已定。可是后来先帝东面联合孙吴，西面攻取巴蜀，举兵北伐，夏侯渊被斩首，这是曹操的失算。而兴复汉朝王室的事业即将成功，但后来孙权违背了盟约，偷袭荆州，关羽被杀，先帝在秭归失误，曹丕灭汉自称皇帝。凡事都是这样，难以预料。我只有鞠躬尽瘁，死而后已。至于是成功还是失败，是顺利还是挫折，不是我所能预见的啊。

※ 评析

《后出师表》是《前出师表》的姊妹篇，写于建兴六年（公元228年）。由于《三国志》本传中没有记载，《文选》中也没有选录，所以有人认为此表是伪作。但也有人认为从体例来看，后表和前表并无差别。但是这些都不会影响到文章的文学地位。

《后出师表》是作于第一次北伐失败后，大臣对再次北征颇有异议，本文就是在这种情况下提出了六个“未解”、六个诘难，论据充分，正反论证，力驳群议，说明出师伐魏刻不容缓。从前后《出师表》的对比中，可知因侧重点不同，行文殊异。前表针对刘禅，多正面劝谏，语言周至恳切，迂徐委婉；后表针对“议者”，多反面驳难，语言慷慨激昂，条理分明。但两表始终贯穿着令人感佩的忠君爱国之情。其中“鞠躬尽力，死而后已”的名句，可谓是对诸葛亮一生的评价。

卷 七

臣密言：臣以险衅，夙遭闵凶。生孩六月，慈父见背。行年四岁，舅夺母志。祖母刘愍臣孤弱，躬亲抚养。臣少多疾病，九岁不行；零丁孤苦，至于成立。既无叔伯，终鲜兄弟；门衰祚薄，晚有儿息。

陈情表

西晋·李密

※ 原文

臣密言：臣以险衅[1]，夙[2]遭闵[3]凶[4]。生孩六月，慈父见背[5]。行年四岁，舅夺[6]母志[7]。祖母刘愍[8]臣孤弱，躬亲抚养。臣少多疾病，九岁不行；零丁孤苦，至于成立。既无叔伯，终鲜兄弟；门衰祚薄，晚有儿息。外无期功[9]强近之亲，内无应门五尺之童；茕茕孑立，形影相吊。而刘夙婴疾病，常在床蓐；臣侍汤药，未尝废离。

逮奉圣朝，沐浴[10]清化[11]。前太守臣逵，察臣孝廉；后刺史臣荣，举臣秀才。臣以供养无主，辞不赴命。诏书特下，拜臣郎中；寻蒙国恩，除臣洗马。猥以微贱，当侍东宫，非臣陨首所能上报。臣具以表闻，辞不就职。诏书切峻，责臣逋慢[12]。郡县逼迫，催臣上道；州司临门，急于星火。臣欲奉诏奔驰，则以刘病日笃；欲苟顺私情，则告诉不许。臣之进退，实为狼狈。

伏惟圣朝以孝治天下，凡在故老，犹蒙矜育，况臣孤苦，特为尤甚。且臣少事伪朝，历职郎署，本图宦达，不矜名节。今臣亡国贱俘，至微至陋，过蒙拔擢，岂敢盘桓[13]，有所希冀[14]？但以刘日薄西山，气息奄奄，人命危浅，朝不虑夕。臣无祖母，无以至今日；祖母无臣，无以终余年。母孙二人，更相为命；是以区区不能废远。

臣密今年四十有四，祖母刘今年九十有六，是臣尽节于陛下之日长，报刘之日短也。乌鸟私情，愿乞终养。臣之辛苦，非独蜀之人士及二州牧伯所见明知；皇天后土，实所共鉴。愿陛下矜愍愚诚，听臣微志；庶刘侥幸，卒保余年。臣生当陨首，死当结草[15]。臣不胜犬马怖惧之情，谨拜表以闻。

※ 注释

1 险衅：厄运和罪过。2 夙：早，指年幼时。3 闵：忧患。4 凶：凶险。5 见背：背我，弃我而去。6 夺：强行改变。7 母志：母亲守节抚孤的志愿。古代称妇女在丈夫死后不再嫁为“守志”。8 愍（mǐn）：通“悯”，怜悯。9 期（jī）功：古代丧服名。服丧一年为“期”，服丧九个月为“大功”，五个月为“小功”。10 沐浴：本指洗脸洗澡，这里比喻受到……的熏陶。11 清化：清明的政治教化。12 逋慢：回避怠慢。逋：逃。13 盘桓：徘徊，迟疑不决的样子。14 有所希冀：指有其他非分的希望。李密是蜀旧臣，现在因辞新职，怕被人指为标榜名节，所以反复说明。15 结草：春秋时，晋大夫魏颗的父亲魏武子临终遗嘱要将爱妾殉葬。魏颗没有照办，而是将她嫁了出去。后魏颗与秦将杜回交战，见一老人结草把杜回绊倒，因而将杜回擒获。夜间梦见老人，自称是魏武子爱妾的父亲，特来报恩。

※ 译文

臣李密启奏陛下：我因为命运坎坷，罪孽深重，所以幼年便遭不幸。生下来才六个月，父亲就逝世了；还不到四岁，舅舅就逼迫母亲改嫁。祖母刘氏，怜悯我没了父亲，身体又弱，因此亲自抚养我。我小时多病，到了九岁还不能走路。一个人孤孤单单，生活困苦，就这样一直到长大成人。我既没有叔叔伯伯，也没有哥哥弟弟。我的家门衰落，没有福分，到了晚年才有儿女。外面没有关系较亲近一点的亲戚，家里头也没有可以照管门户的僮仆，孤孤单单，形影相伴。而祖母刘氏多年疾病缠身，经常卧床不起。我侍奉汤药，从来没有间断和离开过。

等到当今事奉圣明的王朝，我承受着清明政治的教化，先前太守逵察举我为孝廉；后来刺史荣又推举我为秀才。我因为家中无人供养祖母，所以推辞了不去接受任命。陛下特地下了诏书，让我做郎中；不久又承蒙皇上恩典，授给我洗马的官职。我鄙陋微贱，却得到侍奉太子的殊荣，这是我死也难以报答皇上您的。我每次都把这些情况写在奏表上想让您知道，因此辞谢而不接受职务。如今诏书急切严厉，责怪我逃避怠慢；郡县的长官苦苦相逼，催我上路；州中的官员也亲自到我家中催促，情况非常急迫。我想接受诏命赶快赴任，可是祖母的病却一天比一天严重；我想留在家中照看，申诉了苦衷，但依然得不到允许。因此我的处境实在窘迫。我想，圣朝用孝道治理天下，凡属年老的人，尚且都受到怜悯和赡养，何况我孤独苦楚程度更为厉害呢！再说我年轻的时候在蜀汉做官，担任过尚书郎的职务，本来所谋求的也就是高官厚禄，而不是名誉和节操。如今我的国家败亡，自己也成了一个卑贱的俘虏，十分渺小，十分鄙陋，却承蒙过分的提拔，恩宠如此丰厚，我怎么敢徘徊观望，有什么非分的想法呢？只是因为祖母已到了风烛残年，就像是太阳快要接近西方的山岭一样，气息微弱，生命垂危，早晨醒来，不知道晚上是否还能活着。我如果没有祖母，那我就活不到今天，祖母要是没有我，也就不能度过剩下的岁月。祖孙二人，相依为命。所以我不能放弃对祖母的奉养而到远方去做官。

我今年四十四岁，祖母今年九十六岁。所以我向陛下尽忠的日子还多，但报答祖母养育之恩的日子却太短了。乌鸦尚且能够哺育它的父母，不忘养育之情，我也请求陛下能够让我为祖母刘氏养老送终。我的辛酸苦楚，不仅仅蜀地的人士和二州的长官知晓，而且天地神明也都看得清清楚楚。希望陛下能怜悯我的忠诚，准许我实现这个小小的心愿。或许祖母可以侥幸地平安寿终。我活着应当为陛下献出生命，死后也应当像结草老人那样在暗中报答陛下的恩惠，我怀着惶恐畏惧的心情，恭恭敬敬地上表奏报陛下。

※ 评析

这是李密向晋武帝司马炎上的一篇表文。文章详细申诉了自己不能出仕的原因在于要照顾年老多病的祖母。文中诉说了自己幼年的不幸，说明自己孤苦伶仃，全靠祖母辛辛苦苦一手抚养长大，因此要报答祖母的养育之恩就必须留在家里直到为老人送终。又说自己侍奉君王的日子还长，不必念于一时。这样既阐明了自己终养祖母、恪尽孝道的决心，又表达了对晋武帝的感激之情。

文章陈辞委婉恳切，感情浓烈深厚，说理周密透彻，语言新颖贴切、脍炙人口，难怪晋武帝读后也深受感动，不再为难他。

俗话说“百善孝为先”，我们无论在什么时候都不能忘记自己应尽的孝道。李密这篇情词恳切的文章，向我们展示了一位孝子的故事。他为了自己的祖母而向皇上进言，这需要一种多么大的勇气。

兰亭集序

东晋・王羲之

※ 原文

永和九年，岁在癸丑，暮春之初，会于会稽山阴之兰亭，修禊[1]事也。群贤毕至，少长咸集。此地有崇山峻岭，茂林修竹；又有清流激湍，映带左右。引以为流觞[2]曲水[3]，列坐其次[4]；虽无丝竹管弦之盛，一觞一咏[5]，亦足以畅叙幽情。是日也，天朗气清，惠风和畅。仰观宇宙之大，俯察品类[6]之盛；所以游目骋怀，足以极视听之娱，信可乐也。

夫人之相与，俯仰[7]一世。或取诸怀抱，晤言一室之内；或因寄所托，放浪形骸之外。虽取舍万殊，静躁不同，当其欣于所遇，暂得于己，快然自足，曾不知老之将至。及其所之既倦，情随事迁，感慨系之矣。向之所欣，俯仰之间，已为陈迹，犹不能不以[8]之兴怀[9]；况修短[10]随化[11]，终期于尽？古人云：“死生亦大矣。”岂不痛哉！

每览昔人兴感之由，若合一契，未尝不临文嗟悼，不能喻之于怀[12]。固知一死生为虚诞，齐彭殇为妄作。后之视今，亦犹今之视昔，悲夫！故列叙时人，录其所述。虽世殊事异，所以兴怀，其致一也。后之览者，亦将有感于斯文。

※ 注释

1 修禊（xì）：古代习俗每年阴历三月巳日，人们临水洗濯嬉游，以祛除不祥。2 流觞：把漆制的酒杯盛酒放到曲水上游，任其顺流而下，停在谁面前，谁就取而饮之。觞：酒杯。3 曲水：引水环曲为渠，用来放流酒杯。4 次：处所，地方，指曲水边。5 一觞一咏：一边饮酒一边咏诗。6 品类：指天地万物。7 俯仰：低头和抬头，比喻短暂的时间。这里有交往的意思。8 以：因，为。9 兴怀：生发感慨。10 修短：指人的寿命长短。11 化：造化，自然。12 喻之于怀：从心里理解明白。

※ 译文

永和九年，是癸丑年，暮春三月之初，我们聚会在会稽郡山阴县的兰亭，在水边嬉游欢宴，祛除不祥。许多有名人物都到了，老老少少聚集在一起。这个地方有高峻的山岭，有茂盛的树木和修长的竹子，还有清水急流，像带子般辉映环绕在兰亭两侧。我们引来用作流觞的曲水，大家在曲水旁依次就座，虽然没有弦乐和管乐演奏的繁盛场面，但饮一杯酒咏吟一首诗，也足以欢畅抒发内心深情。这一天，天气晴朗，空气清新，和风温暖舒适，抬头观看天地之广阔，低头审察万物之繁盛；这样放眼观看，舒展胸怀，尽情享受眼观和耳听的乐趣，真是心旷神怡啊！

人们相处一起，很快地就度过一生。有的抒发自己的思想抱负，在室内相聚畅谈；有的把思想感情寄托在自己爱好的事物上，不受约束，放纵无羁地生活。虽然人们的追求、情趣很不相同，但当他们遇到自己喜好的事物就高兴，得到暂时的满足。在感到高兴和满足时，竟然不知衰老到来。等到他们对所向往的事物已经厌倦，情绪随事物和环境的变迁而改变，感慨也随之而生了。曾经所喜好的事物，瞬时成为陈迹，还不能不因此激起心头万千感慨；何况人生长短全凭造化，最后终将走向死亡呢？古人说："生死也是人生一件大事啊！"难道不令人悲痛吗？

常见古人产生感慨，观察其原因，往往像契一样相合。面对古人的文章，我总是悲叹，自己心里不明白为什么会这样。现在看来，把死和生等同起来是虚妄荒诞的，把生命的长短等同起来也是胡说八道。人总有一死，后代的人看今天的人，就像今天的我们看古人，都是看不到的，真是可悲啊！所以一一记录当时兰亭集会者并抄录他们所作的诗赋。虽然时代不同，事过境迁，但对生死问题所发的感慨，其思想情趣则是一样的，后来的读者，也会从我这篇文章中引发出同样的感慨吧。

※ 评析

公元 353 年农历三月三日，王羲之同当时的名士谢安、孙绰等四十一人，在会稽山阴的兰亭聚会，与会者饮酒赋诗并抄录成集，本文是诗集的序言。这篇序言生动地记叙了聚会的盛况，聚会于山林的欢快，在山水中领悟了山林的真谛，抒发了个人的感慨，在一定程度上批判了“一死生”“齐寿殇”的虚无主义思想，但也透露出人生无常、人生易逝、终归于尽的消极情绪。本文体现了王羲之的散文风格，文笔清雅，朴实自然，这在骈文统治文坛的时代，是难能可贵的。这篇文章当时由王羲之以绝妙的行书书写，成为后人极为推崇的著名书法帖。

归去来兮辞

东晋·陶渊明

※ 原文

归去来兮！田园将芜胡不归？既自以心为形役，奚惆怅而独悲？悟已往之不谏，知来者之可追；实迷途其未远，觉今是而昨非。

舟摇摇以轻扬，风飘飘而吹衣。问征夫以前路，恨晨光之熹微。乃瞻衡宇，载欣载奔。僮仆欢迎，稚子候门。三径[1]就荒，松菊犹存。携幼入室，有酒盈樽。引壶觞以自酌，眄[2]庭柯[3]以怡颜，倚南窗以寄傲，审[4]容膝[5]之易安。园日涉[6]以成趣[7]，门虽设而常关。策[8]扶老[9]以流憩[10]，时矫[11]首而遐[12]观。云无心以出岫[13]，鸟倦飞而知还。景翳翳以将入，抚孤松而盘桓[14]。

归去来兮！请息交以绝游。世与我而相违，复驾言兮焉求？悦亲戚之情话，乐琴书以消忧。农人告余以春及，将有事于西畴。或命巾车，或棹孤舟。既窈窕以寻壑，亦崎岖而经丘。木欣欣以向荣，泉涓涓而始流。羡万物之得时，感吾生之行休。

已乎矣！寓形宇内复几时，曷不委心任去留？胡为遑遑[15]欲何之？富贵非吾愿，帝乡不可期。怀良辰以孤往，或植杖而耘[16]耔[17]，登东皋[18]以舒啸，临清流而赋诗。聊乘化以归尽，乐夫天命复奚疑！

※ 注释

1 三径：这里借用汉朝蒋诩的典故。据说蒋诩归隐后，在院中开出三条小路，只和两个知己往来。2 眄（miǎn）：闲散地观看。3 柯：树枝。4 审：深知。5 容膝：形容屋小只能容下双膝。6 涉：徒步过水。这里指行走游玩。7 成趣：走成了一条小路。趣：小路。8 策：持，拿着。9 扶老：指拐杖。10 流憩：到了哪里就到哪里休息。憩：休息。11 矫：举。12 遐：远。13 岫（xiù）：山有穴叫岫。14 盘桓：徘徊、流连。

15 遑遑：心神不定的样子。16 耘：除草。17 耔：培土。18 皋：水边高地。

※ 译文

回去吧，田园将要荒芜了，为什么还不回去！既然是由于生计所迫，违背本心而出来做官，为什么要一个人忧愁惆怅独自悲哀呢！我已经明白过去的一切都已无法挽回，但未来的事情还可以补救。其实我迷路还不太远，已经懂得如今才是对的而以往是错误的。

小船轻快地行驶，清风徐徐地吹拂着衣服。向行人询问前方的道路，遗憾早晨的亮光太微弱。终于看到了我的房子，高兴得跑了起来。仆人们出来欢迎我，小儿子在门边等候。我的院子已快要荒芜了，但松树和菊花依然存在。拉着孩子进入内室，只见酒樽中已装满了酒。拿起酒壶酒杯自斟自饮，看着庭院中碧绿的松枝，这使我心情非常愉快。倚在南面的窗子上寄托傲世的情怀，深知狭小的房屋容易使人安心。每天在园中走一走因而形成了一条小路，房门虽然安在那里但常常是关闭的。拄着拐杖走到哪里就到哪里休息，不时抬头远望。只见白云自然地从山岩间飘出，而飞累了的鸟儿也懂得返回山林休息。阳光暗淡下来，太阳就要下山了，我抚摸着孤松而独自徘徊。

回去吧，和世人断绝交游。我和这个世界合不来，我还驾车出来追求什么！和亲人深情地谈，内心感到高兴；喜欢弹琴和读书，是为了忘掉忧愁。农夫告诉我春天到了，我将要到西边的田里去耕作。有时驾车游玩，有时划船散心。有时随着曲折的溪水进入幽深的山谷，有时沿着高低不平的道路经过小山。只见花草树木充满旺盛的生机，长得非常茂盛；只见泉水细小而又清澈，刚刚从山中流出来。我羡慕自然界的各种事物都得到春天的滋润，感叹我的生命即将完结。

算了吧！一个人在世上又能活多久呢，为什么不按照自己的心意决定去留？为什么这样急急忙忙，还想要到哪里去？富贵并不是我所希望得到的，长生不死成为神仙也不可能。希望能有一个好日子一个人出去走走，或者把拐杖插在田边，给庄稼除除草、培培土。爬上东面的山冈，我仰天长啸；面对清澈的流水，我吟唱诗歌。姑且顺应自然的变化，以尽享天年吧，乐于上天命运的安排，又还有什么值得疑虑的呢！

※ 评析

这是一篇抒情小赋，陶渊明不满当时官场的污浊黑暗，不愿为五斗米折腰，于是弃官回乡，赋中描写了他回乡路上的舒畅心情，回乡见到亲人的喜悦以及对田园生活和山川景物的赞美和热爱，最后感慨人生短促，应该乐天安命，尽享山林之趣。

文章表达了一种逍遥自适、返璞归真的人生追求，洋溢着豁达开朗、乐观向上的情感基调。但同时也潜藏着怀才不遇、功名未遂的深沉苦闷与怨愤。

这篇小赋语言清新优美，音韵和谐悦耳，情感真挚浓烈，是一篇动人的抒情诗。

桃花源记

东晋·陶渊明

※ 原文

晋太元中，武陵人捕鱼为业。缘[1]溪行，忘路之远近。忽逢桃花林，夹岸数百步，中无杂树，芳草鲜美，落英缤纷。渔人甚异之，复前行，欲穷其林。林尽水源[2]，便得一山。山有小口，仿佛若有光，便舍船，从口入。

初极狭，才通人[3]；复行数十步，豁然开朗。土地平旷，屋舍俨然[4]。有良田、美池、桑竹之属，阡陌交通，鸡犬相闻。其中往来种作，男女衣着，悉如外人；黄发垂髫[5]，并怡然自乐。见渔人，乃大惊，问所从来，具[6]答之。便要[7]还家，设酒杀鸡作食。村中闻有此人，咸来问讯。自云先世避秦时乱，率妻子邑人来此绝境，不复出焉，遂与外人间隔。问今是何世，乃不知有汉，无论[8]魏、晋。此人一一为具言所闻，皆叹惋。余人各复延至其家，皆出酒食。停数日，辞去。此中人语云："不足为外人道也。"

既出，得其船，便扶[9]向[10]路，处处志之。及郡下，诣太守，说如此。太守即遣人随其往，寻向所志[11]，遂迷，不复得路。南阳刘子骥，高尚士也，闻之，欣然规往。未果，寻病终。后遂无问津者。

※ 注释

1 缘：沿。2 林尽水源：桃林的尽头就是溪水的源头。3 才通人：仅仅能容一个人行走。4 俨然：形容整齐。5 黄发垂髫（tiáo）：指黄白头发的老人与垂着头发的儿童。6 具：通"俱"。7 要：同"邀"。8 无论：更不用说。9 扶：沿着。10 向：以往。11 志：记，这里指做标记。

※ 译文

晋太元年间，武陵郡有一个以捕鱼为业的人。一天，他沿着一条小溪划船，也不知道走了多远。忽然见到一片桃花林，桃林在溪流两岸延伸了几百步远，中间没有别的树，芳草鲜美，到处都是落花。渔夫感到非常惊异，于是继续划船前进，想看一看林子的尽头到底有什么。桃林的尽处，也就是溪水的源头，在那里发现了一座山。山上有个小洞，好像有光线射出来。于是渔人把船停在岸边，从这个洞里走了进去。

开始，洞口非常狭窄，刚好能通过一个人。再往前走了几十步，豁然开朗。只见土地平整空旷，房屋整整齐齐。有肥沃的田地、美丽的池塘、桑树和竹子这一类东西。田间小道东西交错，鸡鸣狗叫的声音不时可以听见。这里头来往耕作的男男女女的衣着服饰，都和外面的人一模一样。老人和小孩，都非常快活，能自得其乐。其中有一个人看到了渔人，大吃了一惊。于是问渔人从哪里来，渔人详细地告诉了他。那人便邀渔人回家，摆了酒，杀了鸡款待他。村中听说来了这么一个人，都赶来向他问这问那。他们说，他们的祖先为了逃避秦时的战乱，率领妻子儿女和邻居来到这个与外界隔绝的地方，从此不再出去，因此和外界的人没有往来。他们问渔人当今是什么朝代，竟连汉朝都不知道，更不要说魏、晋了。渔人一一为他们讲了他的所见所闻，一个个都惊叹惋惜。剩下的人分别请了渔人到他们家去作客，用酒菜热情招待。过了几天，渔人便告辞回家。村中人们嘱咐他说："您在这儿的见闻不要告诉外面的人。"

渔人出了洞口，找到了他的船。于是沿着先前的来路回去，并到处留下了记号。到了武陵郡下，渔人拜见太守，向他陈述了自己的见闻。太守马上派人跟他一起去寻找原先做的记号，谁知迷了路，再也找不到那条路了。南阳人刘子骥，是一个品行极高的隐士，听说了这件事，很高兴地打算亲自去寻找桃花源，但没有实现，不久就病死了。以后就再也没有寻访桃花源的人了。

※ 评析

本文描绘了一个没有剥削、没有压迫、人人劳动、平等自由的理想社会。人们过着安定、和睦、自给自足的淳朴生活。虽然这只是作者的幻想，但这种理想深刻地反映了广大劳动人民渴望摆脱剥削压迫和频繁的战乱，追求幸福生活的强烈愿望，同时也是对当时黑暗现实的不满和否定。

文章运用小说笔法，进行了丰富的想象和大胆的虚构，情节曲折，描写逼真，结构完整；文字朴实流畅，具有极大的艺术魅力。

人人心中都需要有一个属于自己的"桃花源"，也许只要心存这么一个美好的幻想，就是很好的生活态度。我们无须去触摸到真正的桃花源，但在我们心情烦闷的时候，自己静静地想一想"桃花源"，那个纯净得一尘不染的地方，就可以扫去我们心中的阴霾，这就足够了。

五柳先生传

东晋·陶渊明

※ 原文

先生不知何许人也，亦不详其姓字。宅边有五柳树，因以为号焉。闲静少言，不慕荣利。好读书，不求甚解[1]。每有会意，便欣然忘食。性嗜酒，家贫，不能常得。亲旧知其如此，或置酒而招之。造[2]饮辄[3]尽，期在必醉，既醉而退，曾不吝情去留。环堵[4]萧然[5]，不蔽风日。短褐[6]穿[7]结[8]，箪瓢屡空，晏如[9]也。常著文章自娱，颇示己志。忘怀得失，以此自终。

赞[10]曰：黔娄[11]有言："不戚戚于贫贱，不汲汲[12]于富贵。"其言兹若人之俦乎？衔觞[13]赋诗，以乐其志，无怀氏之民欤？葛天氏[14]之民欤？

※ 注释

1 不求甚解：不追求深奥的理解。2 造：到。3 辄：每每。4 环堵：四面的墙壁。5 萧然：空空的样子。指穷困无物。6 短褐：粗布短衣。7 穿：破。8 结：打结，打补丁。9 晏如：安然自得的样子。10 赞：史传的一种评论文字的名称。本文是仿史传写的，所以用"赞"来对自己作评论。11 黔（qián）娄：春秋鲁国的清高名士。12 汲汲：形容竭力求取。13 衔觞：口含酒杯，指饮酒。觞是古时一种酒杯。14 葛天氏：与无怀氏都是传说中上古时代的氏族首领。据说在他们的时代，风俗淳厚朴实。

※ 译文

先生不知道是什么地方的人，也不知道他的姓字。他的屋边有五棵柳树，因此就自号五柳先生。他安闲好静，不喜欢多说话，不羡慕荣华富贵；喜欢读书，不追求深奥的理解。每当读到会心之处，就高兴得忘了吃饭。喜好喝酒，因为家里穷，不可能经常喝。亲戚朋友知道这种情况，有时便摆下酒席去请他。他一去就喝个痛快，一定要使自己醉倒。醉了就回去，一点也不留恋。他家里空空荡荡，非常破旧，不能避风雨。穿的粗布短衣到处都是破洞和补丁，箪和瓢常常是空着的，但他却安然自在。先生常常写文章自娱自乐，略微表达自己的志向。他忘却了世俗的得失，愿意用这种超然世外的态度过完一生。

赞论说：黔娄说过，不因为贫贱而忧伤，不贪图富贵而竭力求取。这就是说五柳先生这一类人吧。他饮酒作诗，使自己的内心得到快乐，他是无怀氏时代的人呢？

还是葛天氏时代的人呢？

※ 评析

这是陶渊明给自己作的一篇传文。传中写了自己少言、好读书、嗜酒、脱略形迹、安于贫贱、以文自娱七条个性特点。其中有的轻描淡写、一笔带过，但余味无穷；有的笔墨稍多、刻文精工、形象生动。

文章借用他人口吻抒写自我，别有风味。文字不多，但由于虚实相结，点面相合，再加上语言朴实厚重、斩钉截铁，因此使五柳先生的形象生动丰满，让人难以忘怀。

人生最宝贵的东西无外乎自得其乐，这样乐观的处世态度是我们每个人都向往的一种生活境界。有些人整天争名逐利，自己却很辛苦，何不放下太多的要求，像五柳先生一样生活呢？这样你会发现，没有那么多的金钱和名利，一样可以生活得很幸福。

北山移文

南朝齐・孔稚珪

※ 原文

钟山之英，草堂之灵，驰烟驿路，勒[1]移[2]山庭[3]。

夫以耿介拔俗之标，潇洒出尘之想，度白雪以方洁，干青云而直上，吾方知之矣。若其亭亭物表，皎皎霞外，芥千金而不盼，屣万乘其如脱。闻凤吹于洛浦[4]，值薪歌于延濑[5]，固亦有焉。岂期终始参差，苍黄反复，泪翟子之悲，恸朱公之哭。乍回迹以心染，或先贞而后黩，何其谬哉！呜呼，尚生不存，仲氏既往；山阿寂寥，千载谁赏？

世有周子，俊俗之士；既文既博，亦玄亦史。然而，学遁东鲁，习隐南郭；窃吹草堂[6]，滥巾北岳。诱我松桂，欺我云壑。虽假容[7]于江皋[8]，乃缨情于好爵。

其始至也，将欲排巢父、拉许由、傲百氏、蔑王侯。风情张日，霜气横秋。或叹幽人长往，或怨王孙不游。谈空空于释部，核玄玄于道流。务光何足比，涓子不能俦。

及其鸣驺入谷，鹤书赴陇；形驰魄散，志变神动。尔乃眉轩席次，袂耸筵上，焚芰制而裂荷衣，抗尘容而走俗状。风云凄其带愤，石泉咽而下怆。望林峦而有失，顾草木而如丧。

至其纽金章，绾墨绶，跨属城之雄，冠百里之首。张英风于海甸，驰妙誉于浙右。道帙长摈，法筵久埋。敲扑喧嚣犯其虑，牒诉倥偬装其怀。琴歌既断，酒赋无续。常绸缪于结课，每纷纶于折狱。笼张、赵于往图，架卓、鲁于前录。希踪三辅豪，驰声九州牧。使其高霞孤映，明月独举，青松落荫，白云谁侣？涧户摧绝无与归，石径荒凉徒延伫。至于还飙入幕，写雾出楹，蕙帐空兮夜鹤怨，山人去兮晓猿惊。昔闻投簪逸海岸，今见解兰缚尘缨。

于是，南岳献嘲，北陇腾笑，列壑争讥，攒峰竦诮。慨游子之我欺，悲无人以赴吊。故其林惭无尽，涧愧不歇，秋桂遣风，春萝罢月，骋西山之逸议，驰东皋之素谒。

今又促装下邑，浪栧上京。虽情投于魏阙，或假步于山扃。岂可使芳杜厚颜，薜荔蒙耻，碧岭再辱，丹崖重滓[9]。尘游躅于蕙路，污渌池以洗耳。宜扃[10]岫幌[11]，掩云关，敛轻雾，藏鸣湍，截来辕于谷口，杜妄辔于郊端。于是丛条瞋胆，叠颖怒魄。或飞柯以折轮，乍低枝而扫迹。请回俗士驾，为君谢逋客。

※ 注释

1 勒：刻。2 移：移文，与檄文相类的文体，用以晓谕。3 庭：指山前。4 闻凤吹于洛浦：相传周灵王太子晋，即王子乔，不愿继王位，常漫游于伊水与洛水之间，好吹笙，声如凤鸣。洛浦：洛水边。5 值薪歌于延濑：晋人孙登在延濑遇见一位砍柴人，问他："你就这样度过一生吗？"砍柴人说："我听说圣人没有什么企求，只是以道德为本，对于以砍柴为生，有什么值得奇怪而表示悲哀的呢？"于是听歌两章而去。6 窃吹草堂：借用南郭先生滥竽充数的典故，说明周子是伪装的隐士。7 假容：指假者的模样。8 江皋：江岸，这里借指隐士所居之处。9 重滓：重新蒙上污浊。10 扃：关闭。11 岫幌：山穴的帷幔。岫：山穴。幌：帷幔、窗帘。

※ 译文

钟山的山神，草堂的神灵，从大道上腾云驾雾地驰骋而来，在山前刻下这篇移文。

凭着耿直磊落、超尘脱俗的风度，怀着潇洒从容、与世俗不同的理想，品行可以与白雪比纯洁，可以与青云比高逸的人，我现在是了解他了。像那超然于世俗之外，品格高洁如云霞一般，把千金看作草芥而不予顾盼，把万乘之位视如草鞋而可随意脱去，在洛浦吹奏凤鸣般的音乐，在延濑唱樵歌的隐士，本来也是有的。可是，谁能料想到竟会有人前后不一、反复无常。真令人为墨翟的悲痛而流泪，为杨朱的哭泣而哀号。这种人虽然暂时隐居山林，但内心深深地被俗气所污染，或许开始还是纯洁的，可后来却变得污浊不堪，这是多么荒唐的事！唉，尚长不在人间，仲长统也已逝去。

山林寂寞冷落，千载以来，谁人赏识？

世间有位周先生，是个才智出众的人；能文博学，既懂玄学，又通史书。可是他仿效颜阖逃遁，学作南郭归隐；在草堂冒充隐士，在北山伪装清高。诱惑我的青松丹桂，欺骗我的云霞涧壑。他虽然在江边上装作隐士，内心却始终惦记着封官晋爵。

他刚来的时候，就像要超过巢父，抑服许由，藐视百家，轻蔑王侯。那风度清致，遮天蔽日；气概凛冽，胜过秋霜。时而慨叹隐士长去不归，时而埋怨王孙不来交游。高谈一切皆空的佛经，深究玄而又玄的道家学派。务光哪能同他相比，涓子更不能与他匹敌。

等到朝廷的使臣带着前呼后拥的随从来到山里，皇帝征召的诏书送到山中，他就得意忘形，神魂颠倒，志向变化，心旌动摇。于是在征召的筵席上眉飞色舞，举袖伸手，焚毁了衣裳，撕破了荷衣，露出尘世的面目，表现出世俗的举止。因此，北山的风云哀愁含恨，石上的清泉呜咽悲伤。遥望层林山峦，它们怅然若有所失；环顾花草树木，它们也似乎黯然神伤。

等到他佩着铜印，系着黑色绶带，掌管一郡中的大县，成了首屈一指的县令，英名炫耀于东海之滨，声誉远播于浙东。从此，永远摒弃了道家经典，长期尘封了佛法讲坊。鞭打、审讯的喧嚣扰乱着他的心思，繁多的公文诉状装满了他的胸怀。中断了抚琴吟唱，停止了饮酒赋诗。常常纠缠于应付考课杂事，每每忙碌于处理诉讼案件。想兼有往日张敞、赵广汉那样的政绩，超过旧时卓茂、鲁恭那样的功德。企图追随三辅贤豪的足迹，在天下官吏中传播自己的盛名。他使得云霞明月无人玩赏，青松白云无人相伴，岩穴崩塌无人回还，石径荒凉白白等候；以至于旋风吹入帐幕，云雾飘出堂前，香草帐幔空悬，夜间白鹤悲怨，山中隐士已去，早晨猿猴惊叫，以前只听说有人弃官逃到海边隐居，今天却见到有人解下隐士兰佩，戴上世俗的缨冠。

于是，引起南山嘲讽，北岭讥笑。沟沟谷谷争相讽刺，峰峰岭岭伸长脖子讥诮。既慨叹周先生欺侮了我，又感伤没人前来慰问。因此，林木羞惭不已，涧水愧悔不及，桂花在秋风中飘落，女萝在月光下摇映。彼此传播着伯夷叔齐的佳话，宣扬着东皋隐者的真情。

如今，周先生又在急整行装，赶赴京师。他虽然心向朝廷，却想借机再游北山。怎能让杜若厚颜相陪，薜荔遭受耻辱，碧岭再受羞耻，丹崖重遭玷污呢？他的脚会踩脏芬草小路上隐士的足迹，他洗手会玷污清澈的池水。应该关上山的窗帘，掩闭云霞封锁的山路，收起轻雾，藏起鸣泉，把他的车子挡在谷中，把他的马匹拦在山外。于是，簇簇枝条震怒，层层野草含愤，有的扬起树枝打断车轮，忽然又垂下枝桑扫去辙痕。请俗士的车驾赶快转回，我代表北山山神，谢绝你这个逃客。

※ 评析

这是一篇揭露假隐士面目的文章。“移文”是一种与檄文相似的文体，多用于晓喻或责备。作者假托“北山”山神之意，对那些利禄熏心的假隐士，讽刺得入木三分，表现了作者对这种人深恶痛绝的感情。文章从表彰真隐士开始，接着点出假隐士“周子”的名字，并将其在隐居时的“清高”和后来接奉诏书迫不及待地出仕相比较，把他隐居和出仕后判若两人的行为做了鲜明对比，揭露他的虚伪，描绘他的丑恶。

本文通篇用赋的形式写成。作者以丰富的想象力，通过拟人化的手法，把山林草木描绘得富于情感，有声有色。

谏太宗十思疏

唐·魏徵

※ 原文

臣闻：求木之长者，必固其根本；欲流之远者，必浚其泉源；思国之安者，必积其德义。源不深而望流之远，根不固而求木之长，德不厚而思国之安，臣虽下愚，知其不可，而况于明哲乎？人君当神器[1]之重，居域中之大[2]，不念居安思危，戒奢以俭，斯亦伐根以求木茂，塞源而欲流长也。

凡昔元首，承天景[3]命，善始者实繁，克终者盖寡。岂取之易，守之难乎？盖在殷忧[4]，必竭诚以待下；既得志，则纵情以傲物。竭诚，则吴越为一体；傲物，则骨肉为行路。虽董[5]之以严刑，振之以威怒，终苟免而不怀仁，貌恭而不心服。怨不在大，可畏惟人。载舟覆舟，所宜深慎。

诚能见可欲，则思知足以自戒；将有作[6]，则思知止以安人；念高危，则思谦冲[7]而自牧[8]；惧满盈，则思江海下百川；乐盘游，则思三驱以为度；忧懈怠，则思慎始而敬终；虑壅蔽，则思虚心以纳下；惧谗邪，则思正身以黜恶；恩所加，则思无因喜以谬赏；罚所及，则思无以怒而滥刑。总此十思，宏兹九德。简[9]能而任之，择善而从之，则智者尽其谋，勇者竭其力，仁者播其惠，信者效其忠。文武并用，垂拱而治[10]。何必劳神苦思，代百司之职役哉？

※ 注释

1 神器：指帝位。2 域中之大：天地间的重要位置。3 景：明、大。4 殷忧：

深重的忧患。殷：深。5 董：督责。6 作：指以事劳民伤财的建造事项。7 冲：谦和。8 牧：这里指修养。9 简：选择。10 垂拱而治：天子垂衣拱手，无为而治。

※ 译文

我听说要想使树木长得高大，一定要巩固它的根本；要想使水流得长远，一定要疏通它的源头；要想使国家得到安定，君王必须要多施恩德，多行仁义。源泉不深却希望水流能够长远，根本不巩固却希望树木长得高大，君主恩德不深厚却希望国家安定，我虽然十分愚蠢，都知道这是不可能的，更何况深明事理的聪明人呢！帝王担当统治天下的重任，占据天地间的大位，不在安定的时候想到危难，不戒除奢侈，力行节俭，这也就是砍断树根而想使树木枝繁叶茂，堵塞源泉而想使水流得长远啊。

所有过去的帝王，承受上天的使命，开始做得好的确实很多，但是能够坚持到底的却很少。难道夺取天下容易而守住天下就很难吗？原因在于，处于忧患深重时，一定要竭尽诚心来对待部下；夺取天下之后，就放纵情欲而傲视他人。竭尽诚心，即使像吴、越这样彼此敌视的国家也会团结一致；傲视他人，那么即使是亲人也会疏远得像过路人。即使用严刑来督责他们，用威势来吓唬他们，结果只能使人们苟且以求免于刑罚而不会怀念国君的恩德，表面上恭敬但内心并不服气。可怕的不是臣民怨恨的大小，可怕的是臣民。百姓像水一样，可以载船，也可以翻船。这是应当特别谨慎的。

作为人君如果真能够做到：见到想要的东西，就想到要知足，以便警诫自己；将要大兴土木，就想到要适可而止，以便使人民安定；考虑到地位高随时会有危险，就想到要谦虚，并加强自我修养；怕自己会骄傲自满，就想到要像江海一样居于下位，方能海纳百川；喜欢游乐，就想到国君每年最多只能打三次猎的规定；担心意志松懈，就想到始终都要谨慎；害怕受蒙蔽，就想到要虚心接受臣下的意见；担心听信谗言，就想到要端正自己，斥退小人；有所赏赐时，就想到不要因一时高兴而赏赐不当；施行刑罚时，就想到不要因为一时恼怒而滥用刑罚。要完全做到这十个"想到"，发扬九种美德，选择有才能的人而任用他们，听从好的意见而采纳它。那么，聪明的人就能竭尽他的智谋，勇敢的人就会竭尽他的气力，仁义的人就能传播他的美德，诚实的人就会贡献他的忠心。这样文武同时发挥作用，君主就可以垂衣拱手，不用操劳就能使天下太平、人民幸福美满了。何必要国君来劳神费力，代替百官的职事呢！

※ 评析

这是贞观十一年（公元 637 年）魏徵写给唐太宗李世民的一篇疏文。本文是针砭唐太宗登基后"纵情以傲物"之弊而作的，发出了"载舟覆舟，所宜深慎"的警告。太宗初年，鉴于隋亡的教训，励精图治，取得了一个国富民强、人民安居乐业的太平盛世，即史书所谓“贞观之治”。但后来，太宗逐渐骄奢淫逸，过分贪图享乐。于是魏徵写了这篇文章劝谏太宗。文中提醒太宗要“居安思危、戒奢以俭”，并十分具体地提出了十个要经常考虑的问题，指出国君应当如何正确处理眼前的各种事情。一片忠心，溢于言表。

文章用比喻开篇，既委婉迂徐，便于人主接受，又将抽象的道理化为生动的形象，加深印象。最后一段用排比手法列出“十思”的内容，有如警句格言，令人刻骨铭心。

“居安思危，戒奢以俭”在本文中出现，不仅仅是对唐太宗的直谏，也是值得现代人借鉴的一句铭言。它时时刻刻警示着我们，要知道自己的美好生活来之不易，要勤于节俭，这样才能制订出更长远的计划，让自己的生活更美好。

为徐敬业讨武檄

唐·骆宾王

※ 原文

伪临朝武氏者，性非和顺，地实寒微。昔充太宗下陈，曾以更衣入侍。洎[1]乎晚节，秽乱春宫。潜隐先帝之私[2]，阴图后房之嬖[3]。入门见嫉[4]，蛾眉[5]不肯让人；掩袖[6]工谗，狐媚偏能惑主。践元后于翚翟[7]，陷吾君于聚麀[8]。加以虺[9]蜴为心，豺狼成性。近狎邪僻，残害忠良。杀姊屠兄，弑君鸩[10]母。神人之所同嫉，天地之所不容。犹复包藏祸心，窥窃神器。君之爱子，幽之于别宫；贼之宗盟，委之以重任。呜呼！霍子孟之不作，朱虚侯之已亡。燕啄皇孙[11]，知汉祚之将尽；龙漦帝后[12]，识夏庭之遽衰。

敬业，皇唐旧臣，公侯冢子，奉先君之成业，荷本朝之厚恩。宋微子之兴悲，良有以也；袁君山之流涕，岂徒然哉！是用气愤风云，志安社稷。因天下之失望，顺宇内之推心。爰举义旗，以清妖孽。南连百越，北尽三河；铁骑成群，玉轴相接。海陵红粟，仓储之积靡穷；江浦黄旗，匡复之功何远！班声动而北风起，剑气冲而南斗平。喑呜则山岳崩颓，叱咤则风云变色。以此制敌，何敌不摧？以此图功，何功不克？

公等或居汉地，或叶[13]周亲；或膺[14]重寄于话言[15]，或受顾命[16]于宣室[17]。言犹在耳，忠岂忘心？一抔[18]之土未干，六尺之孤[19]何托？倘能转祸为福，送往[20]事居[21]，共立勤王[22]之勋，无废大君[23]之命，凡诸爵赏，同指山河。若其眷恋穷城，徘徊歧路，坐[24]昧[25]先几[26]之兆，必贻[27]后至之诛。请看今日之域中，竟是谁家之天下！

※ 注释

1 洎（jì）：及，到。2 私：爱。3 嬖：宠幸。4 入门见嫉：选进后宫的妃嫔，都遭到她的嫉妒。5 蛾眉：形容女子的美貌。6 掩袖：以袖掩面，故作娇态。7 翚（huī）翟：有彩色羽毛的野鸡。8 聚麀（yōu）：是指多头公鹿共有一母鹿。9 虺（huǐ）：毒蛇。10 鸩（zhèn）：鸟名，羽毛有毒，浸酒饮之即死。11 燕啄皇孙：西汉成帝时，赵飞燕入宫为皇后，自己无子而妒忌别人，暗害了许多皇子，使成帝无嗣。12 龙漦（chí）帝后：传说夏朝有二龙落于宫廷，留下涎沫，夏帝用木盒收藏之。到周宣王末年，涎沫流出，变成黑鼋，一个宫女遇上而怀孕，生下一女即褒姒。褒姒后为周幽王妃子，周幽王宠爱她，于是废申后及太子，申后的父亲引犬戎入侵，杀死幽王，灭亡西周。此以褒姒喻武则天。13 叶（xiē）：合于。14 膺：接受。15 话言：即爪牙之臣。16 顾命：皇帝临死的遗令。17 宣室：指受顾命的地方。18 抔：捧。19 六尺之孤：指中宗李显，当时已被废，软禁在房州。20 往：死者，指高宗。21 居：生者，指中宗。22 勤王：古代天子有难，臣下起兵救援，叫作勤王。23 大君：即天子，指高宗。24 坐：白白地，徒然。25 昧：看不清楚。26 几：同"机"。27 贻：招致。

※ 译文

窃据帝位的武氏，她本性不温和善良，出身贫寒低贱。她从前是唐太宗的才人，曾利用服侍皇帝的机会得到宠幸。等到年事稍长，又与太子关系暧昧，她隐瞒了自己和先帝的私情，用阴谋获得皇上的宠幸。她嫉妒后宫的所有佳丽，总想以自己的美貌压倒别人；她掩袖作态、卖弄姿色、谗毁他人、阴险毒辣、迷惑君主，谋得了皇后的地位，致使我们的君王乱了人伦。加上她心如蛇蝎、性如豺狼、亲近邪恶的小人、残害忠直善良的贤臣，杀害哥哥、姐姐，害死高宗、毒死亲母，使得人神所共恨，天地所不容。她还包藏祸心，想篡夺帝位。高宗心爱的儿子被她软禁起来，却对武氏宗族委以重任。哎！能扭转乾坤的霍光不在了，诛杀奸臣贼党的朱虚侯已经亡故了。赵飞燕残害皇子，预示着汉朝快完了；龙涎生为褒姒，标志着西周即将灭亡。

徐敬业是唐朝皇帝的老臣，是公侯的直系子孙。他奉行先帝留下的训示，承受着本朝的优厚恩典。宋微子见到殷墟荒凉而大兴悲叹，真有道理啊！桓君山痛哭流涕，难道是平白无故的感伤吗？因此正气可叫风云愤怒，壮志足使国家安定。趁着天下百姓对武氏的失望情绪，顺应海内民心的背向，举起义旗，决心铲除妖孽。南至百越，北达三河。战马成群结队，战车相连。海陵的红粟，粮仓的储积，无穷无尽；江浦一带，黄旗遍野，匡复天下的大功，指日可待！战马长嘶，似北风卷起；剑气冲天，与南斗相齐。怒气勃发，可使山岳崩摧；气愤号呼，能让风云变色。用这样的军队对付敌人，什么样的敌人不能消灭？用这样的军队建立功业，什么样的功业不能完成？

你们有的享有国家的封地，有的身为皇室的至亲，有的在外拥兵自重，有的在朝接受遗命。君王的话语还在耳边，怎能就忘恩负义？一抔坟土还未全干，六尺孤儿交托何人？倘若你们能转祸为福，送别去世的先帝，扶持继位的幼主，共同创建挽救王室的功业，不废弃先王的遗命，那么事成之后论功行赏，爵封王侯，一定像山河那样牢固。如果还留恋一座四面受围的孤城，犹豫观望，坐失起义的良机，那么一定会招致杀身之祸。请放眼看看吧，今天全国之内，究竟是谁家的天下！

※ 评析

此文作于唐弘道二年（公元684年）九月。当时，武则天掌握政权，正在积极准备建立大周王朝，统治集团内部新旧势力的斗争非常尖锐。徐敬业是唐朝开国功臣英国公李（本姓徐，有功，赐姓李）的长孙，曾任太仆少卿，眉州刺史，后因事谪柳州司马。这年七月，他以扬州为根据地，起兵反对武则天。自称匡复府上将、扬州大都督，以骆宾王为艺文令。这篇檄文就是骆宾王代写的。檄，军用文书。刘勰《文心雕龙·檄移》云："檄者，皦也。宣露于外，皦然明白也……必事昭而理辨，气盛而词断，此其要也。"本文以封建君臣之义为依据，前半篇斥责武则天的罪行，后半篇号召各方面起来响应。《新唐书》本传说，武则天初读此文，"但嬉笑。至'一抔之土未干，六尺之孤何托？'，矍然曰：'谁为之？'或以宾王对。后曰：'宰相安得失此人！'"可见他的文才，连敌对方也不得不折服。

滕王阁序

唐·王勃

※ 原文

豫昌故郡，洪都新府。星分翼轸，地接衡庐。襟三江而带五湖，控蛮荆而引瓯越。物华天宝，龙光射牛斗之墟；人杰地灵，徐孺下陈蕃之榻。雄州雾列，俊彩星驰。台隍枕夷夏之交，宾主尽东南之美。都督阎公之雅望，棨戟遥临；宇文新州之懿范，襜帷暂驻。十旬休暇，胜友如云；千里逢迎，高朋满座。腾蛟起凤，孟学士之词宗；紫电清霜，王将军之武库。家君作宰，路出名区；童子何知，躬逢胜饯。

时维九月，序属三秋。潦水尽而寒潭清，烟光凝而暮山紫。俨骖騑于上路，访风景于崇阿。临帝子之长洲，得仙人之旧馆。层峦耸翠，上出重霄；飞阁流丹，下临无地。鹤汀凫渚，穷岛屿之萦回；桂殿兰宫，列冈峦之体势。披绣闼，俯雕甍，山原旷其盈视，川泽盱其骇瞩。闾阎扑地，钟鸣鼎食之家；舸舰迷津，青雀黄龙之轴。虹销雨霁，彩彻云衢。落霞与孤鹜齐飞，秋水共长天一色。渔舟唱晚，响穷彭蠡之滨；雁阵惊寒，声断衡阳之浦。

遥吟俯畅[1]，逸兴遄飞。爽籁[2]发而清风生，纤歌凝而白云遏[3]。睢园绿竹，气凌彭泽之樽；邺水朱华，光照临川之笔。四美俱，二难并。穷睇眄[4]于中天，极娱游于暇日。

天高地迥，觉宇宙之无穷；兴尽悲来，识盈虚[5]之有数[6]。望长安于日下，指吴会于云间。地势极而南溟深，天柱高而北辰远。关山难越，谁悲失路之人？萍水相逢，尽是他乡之客。怀帝阍而不见，奉宣室以何年？

呜乎！时运不齐，命途多舛。冯唐易老，李广难封。屈贾谊于长沙，非无圣主；窜梁鸿于海曲，岂乏明时？所赖君子安贫，达人知命。老当益壮，宁移白首之心？穷且益坚，不坠青云之志。酌贪泉而觉爽，处涸辙以犹欢。北海虽赊[7]，扶摇[8]可接；东隅已逝，桑榆非晚。孟尝高洁，空怀报国之心；阮籍猖狂，岂效穷途之哭！

勃，三尺微命，一介书生。无路请缨，等终军之弱冠；有怀投笔，慕宗悫之长风。舍簪笏于百龄，奉晨昏[9]于万里[10]。非谢家之宝树[11]，接孟氏之芳邻。他日趋庭，叨陪鲤对；今晨捧袂，喜托龙门。杨意不逢，抚凌云而自惜；钟期既遇，奏流水以何惭？

呜呼！胜地不常，盛筵难再。兰亭已矣，梓泽丘墟。临别赠言，幸承恩于伟饯；登高作赋，是所望于群公。敢竭鄙诚，恭疏[12]短引[13]，一言均赋，四韵俱成[14]：

滕王高阁临江渚，佩玉鸣鸾罢歌舞。画栋朝飞南浦云，朱帘暮卷西山雨。闲云潭影日悠悠，物换星移几度秋。阁中帝子今何在？槛外长江空自流。

※ 注释

1 遥吟俯畅：一作“遥襟甫畅”，意即开阔的胸怀刚感到畅快。2 爽籁：参差不齐的排箫。3 白云遏：形容歌声的美妙。4 睇眄：意思都是斜视。这里指放眼上下，尽情观赏。5 盈虚：这里指兴衰、贵贱、穷通等变化。6 数：命运。7 赊：远。8 扶摇：旋风。9 奉晨昏：这里指侍奉父亲。古人早晚要向父母请安，故称。10 万里：指交趾。11 谢家之宝树：东晋谢安曾称其侄谢玄为“吾家之宝树”。意为贤能子弟。12 疏：分条陈述。这里指写作。13 引：引言，即序文。14 一言均赋，四韵俱成：即“均赋一言，俱成四韵”的倒装。意即与会的人，各分一言（字）为韵，以四韵（八句）成篇。

※ 译文

南昌是汉代豫章郡的古城，如今已成新设的洪州都府。它在天上属于翼、轸两星宿的分野，在地下连接着衡、庐两山的峰峦。前面连带着三江，周围环绕着五湖，西连荆楚，东接闽浙。物类有光华，天上有宝气，宝剑的光芒直射牛、斗两个星区；人中有俊杰，大地有灵气，陈蕃专为徐孺设下榻几。雄伟的州城，在烟雾中若隐若现；英俊的人才，像繁星一般异常活跃。城池坐落在夷夏交界的地方，主客都是东南地区的俊才。都督阎公，德高望重，远道来洪州坐镇；宇文州牧，品行高洁，赴任途中在此暂留。正逢十日休假的一天，杰出的友人像云一样汇聚于此；不远千里来聚集，高贵的宾客坐满席位。孟学士是文学大师，文笔能使蛟龙腾飞，凤凰起舞；王将军武略超群，兵器寒光闪闪，如电如霜。我父亲做交趾令，我由于省亲而路过这个闻名的地方，尚且年幼无知，竟有幸参加这个盛大的宴会。

时间正是九月，刚是秋天季节，雨后的积水已经消尽，寒潭清澈，烟雾弥漫，霞光灿烂，周围的重山在暮色中呈现紫色。整整齐齐驾着马车出游，在崇山峻岭中欣赏美景。来到昔日帝子到过的长洲，发现了仙人居住过的殿阁。这里山峦重叠，青翠的山峰高耸入云；高高的阁宇鲜红欲滴，下临深潭。仙鹤野鸭栖息的沙滩小洲，岛屿迂曲回绕，没有尽头；桂树兰木建造的宫殿，随着山势起伏而排列。推开彩绘的大门，俯视雕饰的屋脊，极目远眺，山峰平原尽收眼底；河流湖泊，浩瀚迷茫，令人惊骇。房屋遍地，这是享不尽荣华富贵的人家；船只塞满渡口，上面雕刻着青雀或黄龙的图案。彩虹消散、雨过天晴、阳光普照、满天霞云。空中的晚霞和孤寂的野鸟，仿佛一起飞行；清碧的秋水和蔚蓝的长空，好像融为一色。渔人划着小船，唱着欢歌满载而归，歌声在整个彭蠡湖上空回荡；雁儿在寒气中惊叫，向南飞翔，停落在衡阳的水边。

放声长吟，登高俯视，十分舒畅，兴致也十分高昂。排箫引来阵阵清风，歌声响起停住了浮云。个个都像当年梁孝王睢园中的嘉宾，酒量如海，豪气远远超过了彭泽县令陶渊明，又如当年邺下曹操父子和建安七子，文采风流，可以和谢灵运媲美。良辰美景，赏心乐事，自古难全，而如今却齐备，贤主、嘉宾，千载不遇，而如今却欢聚一堂。在阁上四处观望美景，在假日里尽情享受游览之乐。

天高地远，我觉察到了时空的无穷无尽；欢乐逝去，悲哀袭来，我明白了兴衰贵贱都由命中注定。在夕阳西下时，遥望都城长安；在云雾苍茫中，指点江浙。地势倾斜，到尽头是极深的南海，天柱高耸，北斗星非常遥远。吴山难以翻越，谁会为不得志的人悲伤？今天偶尔聚在一起的，全都是来自他乡的宾客，怀念京都却难以望见，到什么时候才能被君王召见呢？

唉，命运是那样的不好，前途多么坎坷！冯唐容易衰老，李广难得封侯。贾谊蒙受冤屈，被贬谪到长沙，并不是没有圣明的君主；梁鸿逃亡到海边，难道是当时的政治不清明？幸好君子能够安于贫困，通达的人能够知道自身的命运。年纪虽大，但志气应更加旺盛，怎能在白头时改变心愿？虽然穷困，但应更加坚强，不抛弃远大的志向。君子喝了贪泉的水也能清廉自得，鱼儿处在干涸的车辙中也要开心。北海虽然很远，但是乘着风也能到达，少年的美好时光虽已消逝，但暮年努力也不算太晚。孟尝是高洁之士，可他一辈子白白地怀着报效国家的热情；阮籍疯疯癫癫，我们怎能学他那种穷途的哭泣？

我地位卑微，只是一个书生。虽然和终军一样都是二十来岁，却无处可请缨杀敌，我也怀有投笔从戎之志，羡慕宗悫那种“乘长风破万里浪”的英雄气概。如今，我舍弃了一生的功名，不远万里前去朝夕侍奉我的父亲。我不是谢玄那样的俊才，却有幸和在座诸君会面。不久我将聆听父亲的教诲；今天能恭敬地拜见各位，高兴得如同登上龙门。如果碰不到杨得意那样的人，就只好抚摸着自己的文章而叹息。既然遇到了钟子期这样的知音，就是弹奏一曲流水，又有什么羞愧呢？

唉！名胜之地不能常游，盛大的宴会也难再碰上。兰亭宴集已成陈迹，金谷园也已变成废墟。侥幸在盛大的宴会上承受厚爱，临别时作这一篇序文，至于登高作赋，只有指望在座诸公。我只是冒昧地尽我微薄的诚意，作了短短的序言，在座诸位都按各自分到的韵字作诗，我已写成了四韵八句：

高高的滕王阁，耸立在大江边，佩玉叮当，车铃响起，歌舞已经结束。南浦的云霞，早晨时飞过雕梁画栋；西山的风雨起落，黄昏时珠帘卷起。闲静的白云，在清潭中留下倒影。日子就这样悠然而过，物转星移，谁知经过了多少春秋。当年建筑楼阁的滕王，如今到哪里去了呢？只有门外的江水，默默地向前奔流。

※ 评析

滕王阁为我国江南三大名楼之一，故址在今江西省南昌市赣江之畔。唐高祖李渊的第二十二子李元婴任洪州都督时所建，后元婴封为滕王，故称滕王阁。本文的题目原为《秋日登洪府滕王阁饯别序》，是《滕王阁诗》之序，但名声及影响远在诗作之上。

本文是宴会应酬之作。文中描绘了滕王阁四周景物和宴会盛况，皆为游乐之笔。然而笔锋一转，由壮而生悲，转而慨叹古今失志者之不幸，其主旨是抒发个人怀才不遇的悲凉，以及自惜自负之意。最后以感叹盛衰无常收笔。

这是一篇骈体文，辞藻华丽但不空洞，文雅而不艰深，属对工整而精巧，气势奔放而自然。其中清词佳句，至今流传，像“落霞与孤鹜齐飞，秋水共长天一色”“冯唐易老，李广难封”等，受到了历代人民的喜爱，不愧是一首“绝妙好辞”。

春夜宴桃李园序

唐・李白

※ 原文

夫天地者，万物之逆旅[1]；光阴者，百代之过客。而浮生[2]若梦，为欢几何？古人秉烛夜游[3]，良[4]有以[5]也。况阳春召我以烟景，大块[6]假[7]我以文章[8]。会桃李之芳园，序天伦之乐事。群季俊秀，皆为惠连。吾人咏歌，独惭康乐。幽赏未已，高谈转清。开琼筵以坐花，飞羽觞[9]而醉月。不有佳作，何伸雅怀？如诗不成，罚依金谷酒数[10]。

※ 注释

1 逆旅：旅馆，客舍。2 浮生：一种消极的人生观，以为世事无定，生命短促，好像浮萍生活在水面上一样。3 秉烛夜游：指人生短促，应及时行乐。4 良：确实。5 以：原因。6 大块：指大地，大自然。7 假：借。8 文章：指锦绣河山。9 飞羽觞：比喻杯盏交错，开怀痛饮。10 罚依金谷酒数：晋人石崇家有金谷园，经常宴客于园中，当筵赋诗，没有写成的就罚酒三杯。

※ 译文

天地是万物的客舍，时间是百代的过客。人生漂浮不定，好似梦幻一般，欢乐的日子又有多少呢？古代的人夜晚拿着蜡烛游玩，实在有道理啊！何况正逢温暖的春天，那烟雨迷蒙的美好景色在召唤我，大自然在我面前显示出一派锦绣风光。相会在桃李花开、香气馥郁的花园，畅谈兄弟们之间的乐事。诸位弟弟俊美才秀，都有谢惠连的风采。而我吟咏诗篇，自以为不能和谢灵运相比而感到惭愧。幽美的景色还没欣赏完，大家纵情的言谈开始变得清雅。坐在花丛中间，摆开丰盛的宴席，酒杯频频高举，在月光下开怀痛饮，醉又何妨？没有出色的作品，怎能抒发高雅的情怀？如果作诗不成，那就只好按照金谷园的先例，罚酒三杯。

※ 评析

这是李白的一篇骈体抒情小品。

在春意融融、桃李芬芳的花园中，与兄弟们饮酒赋诗，海阔天空地畅谈世事人生，尽情抒发和享受融融的亲情，这确实是一件赏心乐事，怎不令人兴致盎然，一饮千盏呢？因此，作者在发出“浮生若梦，人生几何”的感慨之后，又笔锋一转，写飞觞吟诗，表现人生之乐，从中可以看出欢欣喜悦是这篇小品的感情基调。

文章虽短，但脉络分明，层次井然。末尾以“如诗不成，罚依金谷酒数”作结，戛然而止，言有尽而意无穷，令人浮想联翩。通篇感情真挚强烈，语言清新俊逸，可谓“清水出芙蓉，天然去雕饰”。

陋室铭

唐·刘禹锡

※ 原文

山不在高，有仙则名。水不在深，有龙则灵。斯是陋室，惟吾德馨[1]。苔痕上阶绿，草色入帘青。谈笑有鸿儒[2]，往来无白丁[3]。可以调素琴，阅金经。无丝竹之乱耳，无案牍[4]之劳形[5]。南阳诸葛庐，西蜀子云亭。孔子云：“何陋之有？”

※ 注释

1 馨：能散布到远处去的芳香。2 鸿儒：大学者。鸿。大。3 白丁：无官职的平民。这里指缺乏文化的人。4 案牍：指官府的文书。5 形：身体。

※ 译文

山，不在于高，有神仙住着就会出名；水，不在于深，有蛟龙潜藏就会有灵气。这虽是一间简陋的房子，但我有着高尚的德行（就不觉得简陋了）。青苔爬满台阶，翠绿可嘉；芳草映入窗帘，青碧怡人。平时谈笑，有饱学之士；来往结交，无鄙陋之人。可以弹没有装饰的琴，可以研读佛经。没有管弦乐曲扰乱心境，没有官府文书劳神伤身。南阳有诸葛亮的茅庐，西蜀有扬雄的方亭。孔子说：“这有什么简陋的呢？”

※ 评析

铭体多为自警，此文却是自誉之作。文章写“陋室”，实写“何陋之有”，表现了诗人清高孤傲的性格特征。

这篇铭文生动地描写了陋室的美景、陋室主人的高雅闲散，充分显示了刘禹锡自负、自得而又知足常乐的乐天派风采。全文短小精悍、音韵铿锵、朗朗上口。开篇模拟，微露主旨；结尾引言，画龙点睛。

阿房宫赋

唐·杜牧

※ 原文

六王毕，四海一。蜀山兀，阿房出。覆压三百余里，隔离天日。骊山北构而西折，直走咸阳。二川溶溶，流入宫墙。五步一楼，十步一阁。廊腰缦回，檐牙高啄。各抱地势，钩心斗角[1]。盘盘焉，囷囷焉，蜂房水涡，矗不知其几千万落。长桥卧波，未云何龙[2]？复道[3]行空，不霁[4]何虹？高低冥迷，不知西东。歌台暖响，春光融融。舞殿冷袖，风雨凄凄。一日之内，一宫之间，而气候不齐。

妃嫔媵嫱，王子皇孙，辞楼下殿，辇来于秦。朝歌夜弦，为秦宫人。明星荧荧，开妆镜也；绿云[5]扰扰[6]，梳晓鬟也。渭流涨腻，弃脂水也；烟斜雾横，焚椒兰也；雷霆乍惊，宫车过也；辘辘远听，杳不知其所之也。一肌一容，尽态极妍。缦立远视，而望幸[7]焉，有不得见者，三十六年。

燕、赵之收藏，韩、魏之经营，齐、楚之精英，几世几年，剽掠其人，倚叠如山。一旦不能有，输来其间。鼎铛玉石，金块珠砾，弃掷逦迤。秦人视之，亦不甚惜。

嗟乎！一人之心，千万人之心也。秦爱纷奢，人亦念其家。奈何取之尽锱铢[8]，用之如泥沙！使负栋之柱，多于南亩之农夫；架梁之椽，多于机上之工女；钉头磷磷[9]，多于在庾[10]之粟粒；瓦缝参差，多于周身之帛缕；直栏横槛，多于九土之城郭；管弦呕哑，多于市人之言语。使天下之人，不敢言而敢怒。独夫之心，日益骄固。戍卒叫，函谷举。楚人一炬，可怜焦土。

呜呼！灭六国者，六国也，非秦也。族[11]秦者，秦也，非天下也。嗟夫！使六国各爱其人，则足以拒秦。使秦复爱六国之人，则递三世，可至万世而为君，谁得而族灭也？秦人不暇自哀，而后人哀之。后人哀之而不鉴之，亦使后人而复哀后人也！

※ 注释

1 钩心斗角：房屋和中心区相钩连即“钩心”。屋角对凑，状如相斗，故称“斗角”。2 未云何龙：古人认为云从龙，有龙必有云。3 复道：楼阁间架木构成的空中通道。4 霁（jì）：雨或雪后转晴。5 绿云：比喻妇女黑润而稠密的头发。6 扰扰：纷纷扬扬。7 幸：古代指天子到达某地，叫“幸”。妃、嫔受皇帝宠爱，叫“得幸”。8 锱铢：古代重量单位。二十四铢为一两，六铢为一锱。9 磷磷：水里的石头密集，这里是形容密集的样子。10 庾：露天谷仓。11 族：使……灭族。

※ 译文

六国灭亡，天下统一。蜀山的树木被砍伐一空，阿房宫得以建成。它覆盖了三百多里的地面，遮天蔽日。它从骊山北面开始修建再折向西面，一直到咸阳。渭水和樊川的水缓缓流动，一直流进宫内。五步一楼，十步一阁。走廊迂回曲折，屋檐高高耸起，如同鸟雀啄食，亭台楼阁随着地势起伏，向中心区靠拢，屋角相向，宛如互相争斗。宫室盘旋起伏，曲折环绕，既像蜂房，又似水涡，高高耸立在那里，不知道有几千万座。长桥横卧波面，天空无云，哪里会飞来“苍龙”？复道架设在空中，并非雨过天晴，怎么会出现“彩虹”？房屋高高低低，到处都是，让人眼花缭乱，分不出东南西北。台上歌声温柔，让人感到春天一样的温暖；舞殿上彩袖飘飞，仿佛是风雨交加，让人感到阵阵寒意。一天之内，一宫之间，气候各异。

六国的后宫佳丽、王子皇孙，离开自己的楼阁宫殿，乘坐华车来到秦国。早晨唱歌，夜晚弹琴，成了秦国宫人。明星闪闪，原来是打开了梳妆的镜子；黑云弥漫，原来是早晨梳理的头发；渭水上漂满了油腻，原来是倒掉的带有胭脂香粉的洗脸水；烟雾缭绕，原来是在焚烧香料；雷声突然响起，原来是宫车经过；车轮辘辘作响，声音越来越小，不知它最终到了哪里。佳丽们全身上下，都打扮得非常光鲜诱人，她们久久地站立着，目视远方，希望君王能够来临。有人就这样等了三十六年，也没见过始皇一面。

燕、赵、韩、魏、齐、楚收藏的金银珠宝，是他们几代人从他们的国民手中掠夺搜刮得来的，堆在库房里像山一样高。一旦不能继续占有，就被秦王运到阿房宫。秦王把宝鼎当作平底锅，把美玉当作顽石，把黄金当作土块，把珍珠当作沙砾，丢得到处都是，秦人对这些金银财宝并不怎么爱惜。

唉！一个人的意愿，也就是千万个人的意愿。秦王喜欢奢侈浪费，人们也顾念自己的家。为什么搜刮它们的时候一丝一毫都不放过，但用起来却像泥沙一样呢？使承受栋梁的柱子，比田野中的农民还多；架在梁上的椽条，比织机上工作的妇女还多；钉头密密麻麻，比仓中的粟米还多；瓦缝参差不齐，比身上帛布的丝缕还多；直的栏杆，横的门槛，比全国的城池还多；乐器演奏发声，比集市上的人声还要嘈杂。这就让全国的人，敢怒而不敢言，而众叛亲离的帝王内心，却日益骄横顽固。陈胜、吴广率先起义，函谷关被刘邦攻下，项羽一把火把阿房宫烧成一片灰烬。

唉！使六国灭亡的，是六国自己，并不是秦国。使秦朝灭亡的，是秦王朝自己，并不是天下人。唉！假使六国各自爱护自己的人民，那么就足以抵抗秦国；假使秦又爱护六国的人民，那么就可以传递三世甚至万世都做皇帝，谁能够消灭他们呢？秦人来不及痛惜自己的亡国，后人却替他们伤心；后人虽替他们哀伤，但没有吸取教训，这就会使更后来的人来哀叹他们啊！

※ 评析

阿房宫，秦始皇所建，故址在今陕西省西安市西南阿房村。据史载，阿房宫建制华丽，为古今所罕见。此文作于唐敬宗李湛宝历元年（公元 825 年）。敬宗荒淫失德，自即位以来，即广征声色，大兴土木，修建宫殿。文章借秦建阿房宫为题材，运用赋的传统手法，铺陈排比，极尽夸张形容之能事，而其用意是针对现实，提出历史教训，把统治者穷奢极欲的罪行和人民所遭受的残酷剥削、繁重徭役紧密联系起来，指出由于骄奢浪费，失去民心，最终将会国破家亡。

通篇以散文为赋，融叙事、抒情、议论为一体，想象丰富，比喻新颖，语言瑰丽，音韵和谐，不愧为千古传唱之名篇！

原　道

唐 · 韩愈

※ 原文

博爱之谓仁，行而宜之之谓义，由是[1]而之[2]焉之谓道[3]，足乎[4]己无待于外[5]之谓德。仁与义为定名，道与德为虚位。故道有君子小人，而德有凶有吉。老子之小仁义，非毁之也，其见者小也。坐井而观天，曰天小者，非天小也。彼以煦煦为仁，孑孑为义，其小之也则宜[6]。其所谓道，道其所道，非吾所谓道也；其所谓德，德其所德，非吾所谓德也。凡吾所谓道德云者，合[7]仁与义言之也，天下之公言[8]也。老子之所谓道德云者，去仁与义言之也，一人之私言也。

周道衰，孔子没，火于秦。黄、老于汉，佛于晋、魏、梁、隋之间。其言道德仁义者，不入于杨，则入于墨；不入于老，则入于佛。入于彼，必出于此。入者主之，出者奴之。入者附之，出者污之。噫，后之人其欲闻仁义道德之说，孰从而听之？老者曰："孔子，吾师之弟子也。"佛者曰："孔子，吾师之弟子也。"为孔子者，习闻其说，乐其诞而自小也，亦曰"吾师亦尝师之"云尔。不惟举之于其口，而又笔之于其书。噫，后之人虽欲闻仁义道德之说，其孰从而求之？

甚矣！人之好怪也。不求其端，不讯其末，惟怪之欲闻。古之为民者四，今之为民者六。古之教者处其一，今之教者处其三。农之家一，而食粟之家六；工之家一，而用器之家六；贾之家一，而资焉[9]之家六。奈之何民不穷且盗也？

古之时，人之害多矣。有圣人者立，然后教之以相生相养之道。为之君，为之师。驱其虫蛇禽兽而处之中土。寒然后为之衣，饥然后为之食。木处[10]而颠，土处[11]而病也，然后为之宫室。为之工以赡其器用，为之贾以通其有无，为之医药以济其夭死，为之葬埋、祭祀以长其恩爱，为之礼以次其先后，为之乐以宣其湮郁，为之政以率其怠倦，为之刑以锄其强梗。相欺也，为之符玺、斗斛、权衡以信之；相夺也，为之城郭、甲兵以守之。害至而为之备，患生而为之防。今其言曰："圣人不死，大盗不止。剖斗折衡，而民不争。"呜呼！其亦不思而已矣。如古之无圣人，人之类灭久矣。何也？无羽毛鳞介以居寒热也，无爪牙以争食也。

是故君者，出令者也；臣者，行君之令而致之民者也；民者，出粟米麻丝、作器皿、通货财，以事其上者也。君不出令，则失其所以为君；臣不行君之令而致之民，则失其所以为臣；民不出粟米麻丝、作器皿、通货财，以事其上，则诛。今其法曰："必弃而君臣，去而父子，禁而相生相养之道[12]。以求其所谓清净寂灭者。"呜呼！其亦幸而出于三代之后，不见黜于禹、汤、文、武、周公、孔子也；其亦不幸而不出于三代之前，不见正于禹、汤、文、武、周公、孔子也。

帝之与王，其号虽殊，其所以为圣一也。夏葛而冬裘，渴饮而饥食，其事虽殊，其所以为智一也。今其言曰："曷不为太古之无事？"是亦责冬之裘者曰："曷不为葛之之易也？"责饥之食者曰："曷不为饮之之易也。"传曰："古之欲明明德于天下者，先治其国；欲治其国者，先齐其家；欲齐其家者，先修其身；欲修其身者，先正其心；欲正其心者，先诚其意。"然则古之所谓正心而诚意者，将以有为也。今也欲治其心，而外天下国家，灭其天常，子焉而不父其父，臣焉而不君其君，民焉而不事其事。孔子之作《春秋》也，诸侯用夷礼，则夷之；进于中国，则中国之。经曰："夷狄之有君，不如诸夏之亡。"《诗》曰："戎狄是膺，荆舒是惩。"今也，举夷狄之法，而加之先王之教之上，几何其不胥而为夷也？

夫所谓先王之教者，何也？博爱之谓仁，行而宜之之谓义，由是而之焉之谓道，足乎己无待于外之谓德。其文，《诗》《书》《易》《春秋》；其法，礼、乐、刑、政；

其民，士、农、工、贾；其位，君臣、父子、师友、宾主、昆弟、夫妇；其服，麻丝；其居，宫室；其食，粟米、果蔬、鱼肉。其为道易明，而其为教易行也。是故以之为己，则顺而祥；以之为人，则爱而公；以之为心，则和而平；以之为天下国家，无所处而不当。是故生则得其情，死则尽其常[13]。郊[14]焉而天神假[15]，庙焉而人鬼飨。曰："斯道也，何道也？"曰："斯吾所谓道也，非向所谓老与佛之道也。尧以是传之舜，舜以是传之禹，禹以是传之汤，汤以是传之文、武、周公，文、武、周公传之孔子，孔子传之孟轲。轲之死，不得其传焉。荀与扬也，择焉而不精，语焉而不详。由周公而上，上而为君，故其事行。由周公而下，下而为臣，故其说长。"然则如之何而可也？曰："不塞不流，不止不行[16]。人其人，火其书，庐其居[17]，明先王之道以道之，鳏寡、孤独、废疾者有养也，其亦庶乎其可也。"

※ 注释

1 是：指上文所说的仁义。2 之：往，这里指进修。3 道：应该行走的路，应该遵循的道理。4 足乎：是说仁义发于内心，有足够的自我修养。5 外：外界的影响。6 "彼以煦煦为仁"三句：意谓老子不了解仁义的巨大意义，而停留在言辞颜色或生活小节上。7 合：包括。8 公言：公理。9 资焉：依靠商贾以取得生活物资。10 木处：树上架巢而居。11 土处：穴居野处。12 "必弃而君臣"三句：指僧人见君不下拜，所以说弃而君臣；弃世出家，所以说去而父子；不事生产劳动，所以说禁而相生相养之道。13 死则尽其常：意谓尽了君臣、父子之义，能够终其天年。常，即天常。14 郊：指祭天，古代祭天在南郊。15 假：通作"格"，感通，降临的意思。16 "不塞不流"二句：意谓老、佛之道不加塞止，则儒家的圣人之道不得流行。17 庐其居：意谓把僧尼、道士住的寺观庙宇改为民用的庐舍。

※ 译文

博爱叫作仁，行动适宜叫作义，从仁义出发去立身行事叫作道，自己的心中充满仁义而不依靠外在的力量叫作德。仁和义是有具体内容的定名，道和德是没有具体含义的虚指。所以道就有君子之道和小人之道的分别，德有凶德和吉德的不同。老子贬低仁义的意义，不是有意诋毁仁义，而是由于他所见狭小的缘故。这就像是坐在井中观天，说天很小，其实并不是天很小。老子把巧言令色看作仁，把细谨小节看作义，因而贬低仁义的意义，就不足为怪了。老子所讲的道，是把他对道的理解当作道，不是我讲的道；老子所讲的德，是把他对德的理解当作德，不是我讲的德。我所讲的道和德，都是包括仁与义，是天下的公理；老子所讲的道与德，都是抛开仁与义，是一己的私见。

自从周王朝权力衰微，孔子去世后，诗书史籍被秦烧毁，黄、老之学盛行于汉，佛教盛行于晋、魏、梁、隋之间。所以谈论道德仁义的人，不是信奉杨朱的学说，就是信奉墨翟的学说；不是信奉黄老学说，就是信奉佛教学说。推崇那一说，一定排斥这一说。推崇一说，就奉为宗主；排斥一说，就看作隶属。推崇一说，就极力吹捧它；排斥一说，就肆意诋毁它。唉！后世的人想了解仁义道德的学说，到底听从谁呢？崇尚老子学说的人说："孔子是我们先师的弟子。"信奉佛教的人说："孔子是我们佛祖的弟子。"推崇孔子学说的人，听惯了道、佛两家的说法，乐于接受这些荒诞的说法而轻视自己，也跟着说："我们的老师曾经向他们学习呢。"不但说在嘴上，而且写在书上。唉！后世的人虽然想了解仁义道德的学说，但他们从哪里去探求呢？

人们爱好怪诞之说太过分了！不推求事物的开端，不探究其发展情况和影响，只要是怪诞之说就想听。古时候的百姓只有四种，士、商、农、工；现在增为六种了，士、商、农、工、僧、道。古时候只有士主教化，居四民之一；现在士和僧、道并主教化，居六民之三。这样，一户农民，要供六户人家的口粮；一户工匠，要供六户人家的器具；一户商民，要供六户人家的生活物资；这样怎么能不使百姓穷困，被迫去做盗贼啊！

古时候，人民遇到的灾害很多。有圣人出来，教导人们共同生活和养育的道理、方法；为他们设立君主，为他们设立师长，替他们驱走虫、蛇、禽兽而定居在中原。冷了帮他们找穿的，饿了帮他们找吃的。住在树上容易掉下来，住在洞里容易生病，就帮他们建造房屋。教给人们工匠技术，来充分供应他们的生活用具；教导人们经商，来互通他们的有无；为人们寻找医药，来拯救他们的生命防止过早夭折；为人们制定葬埋祭祀的礼仪制度，来增长他们的恩爱感情；为人们规定礼节，来分别他们的尊卑长幼；为人们制作音乐，来宣泄他们的抑郁苦闷；为人们制定政令，来督促怠惰之人；为人们设立刑罚，来锄强扶弱。有欺骗别人的事，便为人们设置符节、印章、斗斛、权衡，来表明诚信；有侵略别人的事，便为人们筑城墙、制武器来防守。总之，祸害到来而圣人给他们先做了准备，患难发生而圣人给他们先做了预防。现在老子一派人的言论说："如果圣人不死，大盗窃国的事就不会停止；只有打碎了斗斛，折断了秤杆，百姓才不会争夺。"唉！说这种话的人也实在是没仔细想一想！如果古时候没有圣人，人类早已灭迹。为什么这样说呢？人类没有羽毛鳞甲来适应严寒酷热的环境，没有锐爪利牙来与禽兽争夺食物。

因此，君主是发布命令的；臣子是执行君王的命令而施行到百姓身上的；百姓是生产粟米麻丝、制作器皿、流通货物钱财来侍奉上面的统治者的。君主不发布命令，就失去了他做君王的职责；臣子不奉行君王的命令并施行到百姓身上，就失去了他做臣子的职责；百姓不生产粟米麻丝、制作器皿、流通货物钱财来侍奉上面的统治者，就应该受到责罚。现在的佛法说："必须废弃你的君臣礼节，断绝你的父子亲属关系，取消你的共同生活和养育的道理、方法。"以求得他们所谓的清净寂灭的境界。唉！这些荒诞的说法侥幸地出现在夏、商、周三代之后，没有被禹、汤、文、武、周公、孔子废黜掉；这些荒诞的教法，又不幸没有出现在夏、商、周三代之前，没有得到禹、汤、文、武、周公、孔子的纠正。

五帝和三王，他们的名字虽然不同，但有功德于民却是相同的。夏天穿粗麻布衣服，冬天穿皮袄，口渴了饮水，肚子饿了吃饭，这些事情虽然不同，但同样都是人类的智慧。现在老子一派人的言论说："为什么不像太古时代那样无为而治呢？"这也就好像指责冬天穿皮袄的人说："为什么不穿简便的麻布衣呢？"责备肚子饿了而吃饭的人说："为什么不喝水，那样不是更方便吗？"《礼记》说："古时候想宣扬大德于天下的人，先要治理他的国家；要治理他的国家，先要整肃他的家庭；要整肃他的家庭，先要修养他自身；要修养他自身，先要端正他的思想；想端正他的思想，先要他有诚意。"因此，古时候所谓端正思想而有诚意的人，是为了要有所作为（即治国平天下）。现在崇奉佛教、老子学说的人也想整治他们的思想，却把天下国家当作外物，违背人伦纲常，做儿子的不孝敬他的父亲，做臣子的不尊奉他的君主，做百姓的不履行他的义务。孔子写作《春秋》的时候，凡诸侯采用夷礼的，便把他看作夷人；采用中原地区礼节的，便把他看作中原地区的诸侯。《论语》说："夷狄虽然有君主，但没有礼义，还不如中原虽然偶尔无君，却礼义不废。"《诗经》说："要攻打西方北方的戎、狄，要惩罚南方的荆、舒。"现在却把夷狄的礼法，加在先王的教化之上，那么不是让大家都成为夷人吗？

所谓先王的教导是什么呢？博爱叫作仁，做事行动适宜叫作义，从仁义出发去立身行事叫作道，自己心中本来具有仁义而不依赖外在叫作德。先王之教的文字是《诗经》《尚书》《周易》《春秋》；治国的办法是礼节、音乐、刑法、政令；它教化的人民就是士、农、工、商；秩序伦理就是君臣、父子、师友、宾主、兄弟、夫妇；衣服是麻布和丝绸；住宅是房屋；食物就是粟米、果蔬、鱼肉。总之，先王之教的道理容易明了，教化容易施行。因此，用它来律己，就和顺而吉祥；用它来待人，就仁爱而公正；用它来涵养心性，就心平气和；用它来治理天下国家，就没有什么事情处理不恰当。因此，人活着就能够顺他的情意生活，人死时就可以享尽他的天年，祭天神就使天神感动，祭祖庙就使祖宗享用。有人会问："这个道是什么道呢？"我说："这正是我所说的道，不是前面说的老子和佛教的道。尧把这个道传给舜，舜把这个道传给禹，禹把这个道传给汤，汤把这个道传给文王、武王，周公，文王、武王、周公传给孔子，孔子传给孟轲，孟轲死后，此道就没有传下来。后来荀况和扬雄，虽然都有成就，但荀况的言论还欠简择、不精辟，扬雄阐述的道理还欠详尽。从周公上推，尧、舜、禹、汤、文、武在上做君王，所以他们的功德广泛施行；从周公下推，孔子、孟轲在下为臣民，所以他们的言论长久流传。”那么，面对这种情况怎么样推行我的道呢？我认为：“佛老之道不堵塞、不禁止，先王之道就不能流传，不能施行。必须迫使僧尼、道士还俗于民，烧毁传播佛老教义的书，把他们住的寺观庙宇改建为民舍，大力宣传先王之道来引导他们，使天下的鳏夫、寡妇、孤儿、孤老、残疾人，生活都有保障，这样也就差不多算可以了。”

※ 评析

原道，即探求道的本源，这本源就是篇中所说的儒家“仁义”之道，用以排斥佛老之说。此文系统地阐述了所谓“先王之教”，即封建的伦理、教化和等级制度，指出僧侣寄生阶层严重影响国计民生，对社会危机深刻的中唐有其现实意义。但文中轻视人民群众在历史上的作用，还表现了大汉族主义的思想，这是应该批判的。

此文是体现韩愈政治思想和写作特点的代表作之一。行文波澜曲折，句式错综复杂，气势磅礴，表现出韩式文章雄健宏伟、深浩流转的特色。

杂说一

唐·韩愈

※ 原文

龙嘘气成云，云固弗灵于龙也。然龙乘是气，茫洋穷乎玄间，薄[1]日月，伏光景[2]，感[3]震电，神变化[4]，水[5]下土[6]，汩[7]陵谷，云亦灵怪矣哉！

云，龙之所能使为灵也。若龙之灵，则非云之所能使为灵也。然龙弗得云，无以神其灵矣。失其所凭依，信不可欤！

异哉！其所凭依，乃其所自为也。《易》曰：“云从龙。”既曰龙，云从之矣！

※ 注释

1 薄：同“迫”，靠近。2 伏光景：指龙驾着云常常可以遮蔽日月的光亮。3 感：同“撼”，撼动。4 神变化：神奇变化。5 水：降雨。6 下土：大地。7 汩（gǔ）：水奔流的样子，这里指淹没。

※ 译文

龙吐出气来形成云，云不会比龙更灵异。然而龙乘着这云气，腾云驾雾地游遍天空，靠近日月，遮蔽它们的光辉，震撼雷电，变幻莫测，雨落到地上，淹没了山谷，云也是有灵性的啊！

云，是龙使得它灵异的，至于龙的灵异，就不是云能够赋予它的。但是，龙没有云，便不能显示它的灵异。失去它所凭借依靠的东西，实在是不行啊！

奇妙啊！龙所凭借依靠的东西却是它自己创造出来的。《易经》说："云是跟着龙的。"既然叫作龙，云自然会跟着它了。

※ 评析

本文论述了龙和云的相生相依关系："云从龙""龙乘是气"，两者不可分离；文章又从"云，龙之所能使为灵也。若龙之灵，则非云之所能使为灵也"比较了它们的地位孰轻孰重，论证了两者相生相依的关系。

此文中所说的云和龙不单单是简单地说明一项事物，而是有所指的。作者以龙比喻圣君；以云比喻贤臣；以龙能够使云变得灵异，比喻臣子要得到君主的重用才能表现他的贤明；以龙没有得到云也无法显示它的灵异，比喻君主没有贤臣的辅佐也不能表现他的圣智。

全篇用比喻，写得委婉曲折，寓意深长，耐人寻味。

杂说四

唐·韩愈

※ 原文

世有伯乐，然后有千里马[1]。千里马常有，而伯乐不常有。故虽有名马，只辱于奴隶人之手，骈死于槽枥之间[2]，不以千里称也[3]。马之千里者，一食或尽粟一石。食马者，不知其能千里而食也[4]。是马也，虽有千里之能，食不饱，力不足，才美不外见，且欲与常马等不可得，安求其能千里也？策之不以其道，食之不能尽其材[5]，鸣之而不能通其意，执策而临之曰："天下无马！"呜呼！其真无马邪？其真不知马也！

※ 注释

1 “世有伯乐”二句：谓有伯乐才能发现千里马。2 骈死于槽枥之间：谓和一般的马同死在马厩里。3 不以千里称也：不被人称为千里马。4 不知其能千里而食也：不当千里马去饲养它。食（sì）：通“饲”，喂养。5 材：本能，指千里马的食量。

※ 译文

世上先有善于相马的伯乐，然后千里马才能被发现。千里马是经常有的，但伯乐却不常有。所以，即使有日行千里的名马，也只能埋没在养马人的手里，和普通马一起死在马厩里，不能凭借日行千里的才能受到人们称赞。

日行千里的马，每一餐大约要吃一石粮食。养马的人不知道它能日行千里，不按千里马的食量去喂饱它。这匹马，即使有驰骋千里的才能，但由于没有吃饱，力气不足，才能和优点不能显露出来，甚至想要它达到普通马的水平都办不到，又怎么能要求它日行千里呢？

驾驭它不能掌握正确的方法，饲养它不能满足它的食量，听到它嘶鸣又不能理解它的意思，反而拿着马鞭指着它说：“天下没有千里马！”唉！难道真是没有千里马？大概是真的不认识千里马吧！

※ 评析

“世有伯乐，然后有千里马”这是妇孺皆知的真理，可见这篇文章对后世的影响。

本文借千里马不遇伯乐，来说明奇才异能之士多沉沦于下僚，大多不能施展自己的抱负而郁郁寡欢，慨叹封建统治者不知如何识别和任用人才。作者抒发怀才不遇的愤慨，同时也反映出了封建社会英雄豪杰知音难觅的普遍遭遇。

文章短小精悍，虽篇幅短小，字里行间充满着作者抑郁不得志的愤慨之情，感情淋漓尽致，动人心弦。

卷八

古之学者必有师。师者，所以传道、受业、解惑也。人非生而知之者，孰能无惑？惑而不从师，其为惑也，终不解矣。生乎吾前，其闻道也，固先乎吾，吾从而师之；生乎吾后，其闻道也，亦先乎吾，吾从而师之。

师说

唐·韩愈

※ 原文

古之学者必有师。师者，所以传道受业解惑也。人非生而知之者，孰能无惑？惑而不从师，其为惑也，终不解矣。生乎吾前，其闻道也，固先乎吾，吾从而师之；生乎吾后，其闻道也，亦先乎吾，吾从而师之。吾师道也，夫庸知[1]其年之先后生于吾乎？是故无[2]贵无贱，无长无少，道之所存，师之所存也。

嗟乎！师道[3]之不传也久矣，欲人之无惑也难矣。古之圣人，其出人也远矣，犹且从师而问焉；今之众人，其下圣人也亦远矣，而耻学于师。是故圣益圣，愚益愚，圣人之所以为圣，愚人之所以为愚，其皆出于此乎？

爱其子，择师而教之；于其身也，则耻师焉，惑矣！彼童子之师，授之书而习其句读者也，非吾所谓传其道、解其惑者也。句读之不知，惑之不解，或师[4]焉，或不[5]焉，小学而大遗，吾未见其明也。

巫医、乐师、百工之人，不耻相师；士大夫之族，曰师、曰弟子云者，则群聚而笑之。问之，则曰："彼与彼年相若也，道相似也。"位卑则足羞，官盛则近谀[6]。呜呼！师道之不复，可知矣。巫医、乐师、百工之人，君子不齿，今其智乃反不能及，其可怪也欤！

圣人无常师，孔子师郯子、苌弘、师襄、老聃。郯子之徒，其贤不及孔子。孔子曰："三人行，则必有我师。"是故弟子不必不如师，师不必贤于弟子，闻道有先后，术业有专攻，如是而已。

李氏子蟠，年十七，好古文，六艺经传[7]皆通习之；不拘于时，学于余。余嘉其能行古道，作《师说》以贻之。

※ 注释

1 庸知：岂知。2 无：无论。3 师道：从师学道的风尚，从师求学的道理。4 或师：指不知句读而从师学习。5 或不：指惑之不解则不从师学习。6 "位卑则足羞"二句：意谓以位卑于己的人为师，则有失身份，感到耻辱；以大官为师，则又有近于谄谀的嫌疑。7 六艺经传：六经的经文和传文。六艺：六经，就是《诗》《书》《礼》《乐》《易》《春秋》。经：六经的正文。传：解释经的著作。

※ 译文

古代求学的人一定要有老师。老师，是传授道理、教授学业、解答疑难的人。人不是一生下来就有知识、懂道理的，谁能没有疑难呢？有疑难而不从师学习，他的疑难就永远不能解决了。出生在我前面的，他懂得“道”自然比我早，我跟着他学习；出生在我后面的，如果他懂得“道”也比我早，我也跟着他学习。我是学“道”呀，难道管他比我先出生还是后出生吗？因此，不论地位高低，不论年龄大小，“道”在哪里，老师就在哪里。

唉！从师学道的风尚已经失传很久了，想要人没有疑难问题也太难了。古时候的圣人，远远超过一般人，尚且向老师请教；现在的普通人，远远低于圣人，但却耻于向老师学习。因此，圣人就更加圣明，愚人就更加愚昧。圣人之所以成为圣人，愚人之所以成为愚人的原因，大概就是由于这一点吧。

爱自己的孩子，就选择老师来教他，而他自己却耻于向老师学习，这太糊涂了。那些孩子们的老师，只是拿着书本教孩子学会其中的句读，并不是我所说的传授道理、解答疑难的老师。句读不理解的，疑难不能解答的，前者还请教老师，后者都不请教老师了。小的方面学了而大的方面却遗弃了，我看不出这是明智的。

巫医、乐师及各种工匠，他们不以互相学习为耻辱，而士大夫这类人，如果有人说起“老师”“学生”等，那么大家就会聚在一起加以嘲笑。问他们为什么嘲笑，就说：“他和他年龄差不多，懂得的道理也差不多。”称地位低的人为老师就感到羞耻；称官职高的人为老师就近于谄谀。唉！从师学道的风尚不能恢复，由此可知了！巫医、乐师和各种工匠，是君子瞧不起的人，现在君子的见识反而不如他们，这真是奇怪啊！

圣人没有固定的老师，孔子曾经向郯子、苌弘、师襄、老聃请教。郯子这些人，他们的学识道德比不上孔子。孔子说：“三个人走在一起，一定有可以做我的老师的人。”因此，学生不一定不如老师，老师也不一定比学生高明，懂得“道”有先有后，学问也各有专长，不过如此罢了。

李家有个孩子名叫蟠，今年十七岁，爱好古文，六经的经文传文全都学习了，不受时俗的束缚，在我这里求学。我赞赏他能实行古人的从师之道，就写了这篇《师说》赠给他。

※ 评析

孔子说：“三人行，必有我师。”这种尊师重道的说法是中国几千年来遗留下来的传统美德，本文就是从理论上阐明老师的作用和从师的重要性。文章开篇就提出“师者，所以传道受业解惑也”的观点，本文从这一观点出发，通过古今于师态度之不同作对比，以“巫医、乐师、百工之人”与“士大夫之族”于师态度之不同做对比，从而批评了当时士大夫阶层耻于相师的不良社会风气。作者在文中提出“道之所存，师之所存”“弟子不必不如师，师不必贤于弟子”等观点，在今天仍不失其积极意义。由于作者的阶级局限，文中不免透露出轻视“巫医、乐师、百工”的思想。

全文立意高远，错综复杂，反复引证，笔势纵横，意味无穷。

进学解

唐·韩愈

※ 原文

国子先生晨入太学，招诸生立馆下，诲之曰：“业精于勤，荒于嬉；行成于思，毁于随。方今圣贤相逢，治具毕张。拔去凶邪，登崇俊良。占小善者率以录，名一艺者无不庸。爬罗剔抉，刮垢磨光。盖有幸而获选，孰云多而不扬？诸生业患不能精，无患有司之不明。行患不能成，无患有司之不公。”

言未既，有笑于列者曰：“先生欺余哉！弟子事[1]先生，于兹[2]有年[3]矣。先生口不绝吟于六艺之文，手不停披于百家之编。纪事者必提其要，纂言者必钩其玄。贪多务得，细大不捐。焚膏油以继晷[4]，恒兀兀以穷年：先生之业，可谓勤矣。觗排[5]异端，攘斥佛老；补苴[6]罅[7]漏，张皇幽眇；寻[8]坠绪[9]之茫茫，独旁[10]搜而远绍[11]；障[12]百川而东之[13]，回狂澜[14]于既倒[15]：先生之于儒，可谓劳矣。沉浸醲郁[16]，含英咀华[17]。作为文章，其书满家。上规[18]姚[19]姒[20]，浑浑无涯；周《诰》殷《盘》，佶屈聱牙；《春秋》谨严，《左氏》浮夸；《易》奇而法，《诗》正而葩；下逮《庄》《骚》，太史所录；子云、相如，同工异曲。先生之于文，可谓闳[21]其中[22]而肆[23]其外[24]矣！少始知学，勇于敢为；长通于方，左右具宜。先生之于为人，可谓成矣。然而公不见信于人，私不见助于友。跋前踬后，动辄得咎。暂为御史，遂窜南夷。三年博士，冗不见治。命与仇谋，取败几时！冬暖而儿号寒，年丰而妻啼饥。头童齿豁，竟死何裨？不知虑此，反教人为！”

先生曰：“吁，子来前！夫大木为宗[25]，细木为桷[26]，欂栌[27]、侏儒[28]，椳[29]、闑[30]、扂[31]、楔[32]，各得其宜，施以成室者，匠氏之工也。玉札、丹砂，赤箭、青芝，牛溲、马勃，败鼓之皮，俱收并蓄，待用无遗者，医师之良也。登明选公，杂进巧拙，纡余为妍，卓荦[33]为杰，校短量长，惟器是适者，宰相之方也。昔者孟轲好辩，孔道以明，辙环天下，卒老于行。荀卿守正，大论是宏，逃谗于楚，废死兰陵。是二儒者，吐辞为经，举足为法，绝类离伦，优入圣域，其遇于世何如也？今先生学虽勤而不由其统，言虽多而不要其中，文虽奇而不济于用，行虽修而不显于众。犹且月费俸钱、岁靡[34]廪粟[35]，子不知耕，妇不知织，乘马从徒，安坐而食，踵常途之役役，窥陈编以盗窃；然而圣主不加诛，宰臣不见斥，非其幸欤！动而得谤，名亦随之，投闲置散，乃分之宜。若夫商财贿之有亡，计班资之崇庳[36]，忘己量之所称，指前人之瑕疵，是所谓诘匠氏之不以杙[37]为楹，而訾[38]医师以昌阳引年，欲进其豨苓[39]也。”

※ 注释

1 事：侍奉。旧时代学生跟老师学习，这种关系称“事”。2 兹：此，今。3 有年：多年。4 晷（guǐ）：日影。5 觝（dǐ）排：排斥。6 补苴（jū）：弥补。7 罅（xià）：裂缝，漏洞。8 寻：理出。9 坠绪：指已衰落不振的儒学。10 旁：广泛。11 绍：继承。12 障：防堵。13 东之：使百川向东流。14 狂澜：狂涛，比喻异端。15 既倒：已经倾倒。16 醲郁：指内容醇厚馥郁的作品。17 含英咀华：指对文章的精华，细细咀嚼体味。18 规：取法。19 姚：虞舜的姓。20 姒：夏禹的姓。21 闳：大。22 中：文章内容。23 肆：恣肆。24 外：文章形式。25 杗（máng）：屋梁。26 桷（jué）：屋椽。27 欂栌（bó lú）：斗拱。28 侏儒：梁上椽。29 椳（wēi）：门臼，用来承门枢。30 闑（niè）：门中央所竖短木。31 扂（diàn）：门栓。32 楔（xiē）：门两旁所竖的长木柱。33 卓荦（luò）：指突出，不凡。34 靡：耗费。35 廪（lǐn）粟：米仓的米。36 崇庳（bēi）：高低。37 杙（yì）：小木桩。38 訾（zī）：诋毁，指责。39 豨苓：又名猪苓，利尿药，久服损肾。

※ 译文

国子先生一大早就走进太学，召集全部学生站在学馆下，教导他们说：“学业靠勤奋而进步，因贪玩而荒废；德行靠深思熟虑而有所成就，因随俗苟且而毁败。当今贤臣圣主相聚在一起，国家法度政令能贯彻执行。铲除凶险奸邪的坏人，选拔德才兼备的好人，具有一点优点的人都已录用，有一技之长的人没有不被提拔使用的。国家搜罗人才，剔除不好的，选择优秀的，让这些人克服缺点，做出成绩。可能有无才而侥幸得到提拔的，但哪有能力强而不被举用呢？你们怕的应是自己学业不能进步，不要担心主管官吏不明察；怕的应是自己德行不能有所成就，不必担心主管官吏的不公正。”

话还没有说完，有一个学生就在队伍中嘲笑说：“先生欺骗我们！我跟先生学习，已经有几年的时间了。先生嘴里不停地吟诵六经的文章，手中不停地翻阅诸子百家的著作。对史籍一类的著作必提出书中要点，对理论性的著作，必探索其中精深的义理。广泛学习而又务求有所收获，知识不管大小都不会舍弃，点灯熬油，夜以继日，常常终年苦学不倦。先生对于学业，可称勤奋了。先生抵制儒家之外的学说，排斥佛教和道家。补充儒学的缺漏不足，阐发其精致的义理。寻求失传了的儒学，独自广泛搜求，远承孔孟；指导异端邪说就像防堵大小河流泛滥，引它们东流入海，挽救儒家学说就像把已经倾泻的狂涛挽转过来。先生对于儒家，可称有劳苦功高了。您沉浸在内容醇厚的儒家典籍之中，玩味其中的精华，写起文章来，满屋子都是参考书。向上学习虞书、夏书的深远无穷，周书、殷书的曲折艰深，《春秋》的一字不苟，《左传》的铺张华美，《周易》的变化无穷而又有规律，《诗经》的内容纯正、辞藻华丽。向下学习《庄子》《离骚》，司马迁的《史记》，扬雄、司马相如的辞赋，好像同样美妙动听的不同乐曲。先生对于写文章，可说内容精深博大，文辞波澜壮阔了。您少年时刚懂得学习，就勇于实践，长大后通晓为人行事的道理，事事都处理适当。先生对于为人处世，可称成熟完备了。但是，却不被人信任，也得不到朋友的帮助，处境困顿，动不动就获罪惹祸。只短暂地做了御史，便被贬谪到南方边远地区；三年当博士，却担任闲散职务，表现不出您的政治才能。命运跟您的仇敌相勾结，使您屡遭挫败。即使在温暖的冬天，儿子也叫冷；在丰收年成，妻子也挨饿哭泣。头秃齿落，到死有什么好处呢？不知道去考虑这里的原因，反而教别人去跟着做。”

先生说：“哎！你到前面来。你要知道，大木头做屋梁，小木头作椽子。斗拱、梁上椽、门臼、门中短木、门闩、门楔，每一种木都得到合理使用，来建成房屋，这是木匠的技术。地榆、朱砂、天麻、龙芝、车前草、马屁菌、破败的鼓皮，兼收并蓄，备齐待用而没有一样被遗漏，这是医师的高明技术。选拔人才，公正无私，好的和差的一起量才录用。以屈曲稳重、不露锋芒的为可嘉，以超凡出众的为英杰。比较优劣长短，务必做到人尽其才，这是宰相的治国之术。从前孟轲喜欢辩论，孔子的学说才得以传播，他周游列国，终于在周游中过完一辈子；荀况遵守正道，发扬光大了博大精深的儒学，为逃避别人的诋毁跑到楚国，后来被废为平民，死在兰陵。这两位先儒，言论成为经典，行为树为榜样，远远超过一般人，绰有余裕地进入圣人的行列。他们在当时社会上遭遇怎么样呢？现在先生我学习虽勤奋而不遵循儒学的纲领，言论虽多而不切合儒学的主旨。文章虽出众而无益于用，举止虽有修养而不比众人显著。尚且月月耗费俸钱，年年浪费国库的粮食；儿子不知耕种，妻子不知纺织。出门时骑着马带着服侍的随从，安稳地享受一切。我不过是追随世俗之道而劳苦奔走，看看古书东抄西摘而没有创见。虽然如此，皇帝都不予惩罚，宰相也不予斥责，这难道不是先生我的幸运吗？虽然一举一动都被毁谤，但名声也跟着来了。把我放在闲散的位置上，这是理所当然的。如果计较俸禄的多少，较量官位的高低，忘记了自己的能力同什么职位相称，却去指责当权者的过失，这就好比责备木匠不用小木桩做柱子，批评医师不该用菖蒲使病人延年益寿，而要他用对延年益寿不起作用的豨苓一样。”

※ 评析

唐宪宗元和七年（公元812年），韩愈再度降为国子学博士，大材小用，韩愈不能不感到愤懑，后作此文以自喻来抒发心中的不满情绪。但是韩愈没有从正面写自己的不满情绪，而是通过设问设答、反话正说的形式，道出了自己长期不受重用、反遭贬斥的不满情绪，也暗寓着对当时执政者不以德才取人、用人不公不明的讽刺。这篇文章的高明之处在于无一愤懑不平之语，实际上处处含怨怼愤激之情。同时文章还指出了增进学、行的方法在于“勤”与“思”，并且“业精于勤，荒于嬉；行成于思，毁于随。”这句名言对于激励今天的世人仍有着显著的意义。

文章属于辞赋，押韵、排比和对偶句的运用，使文章音调和谐，语句整齐流畅，增强了艺术感染力。

圬者王承福传

唐·韩愈

※ 原文

圬[1]之为技，贱且劳者也。有业之，其色若自得者。听其言，约[2]而尽[3]。问之，王其姓，承福其名，世为京兆长安农夫。天宝之乱，发人为兵，持弓矢十三年，有官勋，弃之来归。丧其土田，手镘[4]衣食[5]。余三十年，舍于市之主人，而归其屋食[6]之当[7]焉。视时屋食之贵贱，而上下其圬之佣以偿之。有余，则以与道路之废疾饿者焉。

又曰：粟，稼而生者也。若布与帛，必蚕绩而后成者也。其他所以养生之具，皆待人力而后完也。吾皆赖之。然人不可遍[8]为，宜乎各致[9]其能以相生也。故君者，理我所以生者也，而百官者，承君之化者也。任有大小，惟其所能，若器皿焉。食焉而怠其事，必有天殃。故吾不敢一日舍镘以嬉。夫镘易能，可力焉。又诚有功，取其直。虽劳无愧，吾心安焉。夫力易强而有功也，心难强而有智也。用力者使于人，用心者使人，亦其宜也。吾特择其易为而无愧者取焉。

嘻！吾操镘以入富贵之家有年矣。有一至者焉，又往过之，则为墟矣。有再至、三至者焉，而往过之，则为墟矣。问之其邻，或曰：噫！刑戮也。或曰：身既死而其子孙不能有也。或曰：死而归之官也。吾以是观之，非所谓食焉怠其事而得天殃者邪？非强心以智而不足，不择其才之称[10]否而冒[11]之者邪？非多行可愧、知其不可而强为之者邪？将[12]富贵难守、薄功而厚飨[13]之者邪？抑丰悴有时[14]、一去一来而不可常者邪？吾之心悯焉，是故择其力之可能者行焉。乐富贵而悲贫贱，我岂异于人哉？

又曰：功大者，其所以自奉也博。妻与子，皆养于我者也，吾能薄而功小，不有之可也。又吾所谓劳力者，若立吾家而力不足，则心又劳也。一身而二任焉，虽圣者不可为也。

愈始闻而惑之，又从而思之，盖贤者也，盖所谓独善其身者也。然吾有讥焉，谓其自为也过多，其为人也过少。其学杨朱之道者邪？杨之道，不肯拔我一毛而利天下。而夫人以有家为劳心，不肯一动其心以畜其妻子，其肯劳其心以为人乎哉？虽然，其贤于世之患不得之而患失之者[15]，以济[16]其生之欲、贪邪而亡[17]道、以丧其身者，其亦远矣！又其言有可以警余者，故余为之传，而自鉴焉。

※ 注释

1 圬（wū）：粉刷墙壁。2 约：简约，简单扼要。3 尽：详尽，这里可引申为透彻。4 镘（màn）：抹墙用的抹子。俗称泥刀。5 衣食：作动词，维持生活。6 屋食：房租和伙食费。7 当：相当的价值。8 遍：全部。9 致：尽。10 称：相当，相配。11 冒：假冒，这里是勉强充任，滥竽充数的意思。12 将：还是。13 飨：指享受。14 丰悴有时：即富贵贫贱有定数。15 患不得之而患失之：指一些贪求富贵的人，当他没有得到富贵时，心中只怕得不到；当他得到富贵后，又怕失掉富贵。语出《论语》。16 济：满足。17 亡：同“无”。

※ 译文

粉刷墙壁这种手艺，是卑贱而且劳苦的。有一个以这作为职业的人，却好像自得其乐。听他讲的话，言词简明，意思却很透彻。我问他姓名，知道他姓王，名叫承福。他家世代都是京兆长安的农民。天宝年间爆发“安史之乱”时，抽调百姓当兵，他也被征入伍，手持弓箭当了十三年兵，有官府授给的勋级。但他却放弃官职回到家乡，他家的田地已经没有了，就拿起泥刀维持生活，到如今已经三十多年了。他寄居在街上的屋主家里，并付给他们一定的房租、伙食费。根据当时房租、伙食费的高低，来增减他粉刷墙壁的工价，归还给主人。有余钱，就拿去给流落在道路上的残废、贫病、饥饿的人。

他又说："粮食，是人们种植才长出来的。像布匹丝绸，一定要养蚕、纺织才能制成。其他用来维持生活的物品，都是靠人们劳动然后才能完成，这些东西我要赖以为生。但是，一个人不可能样样亲手去做，应该各自尽其能，相互协作来求得生存。所以国君的责任是治理我们，教导我们怎样生活，而各种官吏的责任则是辅佐国君来教化百姓。责任有大有小，只是各尽所能，就像器皿的大小虽然不一，但是各有各的用途。如果光吃饭不做事，一定会有天降的灾祸。所以我一天也不敢丢下泥刀去游玩嬉戏。粉刷墙壁是比较容易掌握的技能，可以努力做好，又确实有成效，还能取得应有的报酬，虽然劳累却问心无愧，因此我心里十分坦然。力气容易用劲使出来并取得成效，脑力就难以勉强使它聪明了。这样，干体力活的人被人役使，用脑力的人役使人，也是理所当然的。我只是选择那种容易做而又问心无愧的活来取得报酬呢！

"唉！我拿着泥刀到富贵人家干活有好多年了。有的人家只到过一次，再经过那里时，当年的房屋就成为废墟了。有到过两次、三次的，后来经过那里时，也变为废墟了。向他们的邻居打听，有的说：'被判死罪杀掉了。'有的说：'主人已经死了，他们的子孙不能守住遗产。'也有的说：'主人死后财产归公了。'由此看来，不正是光吃饭不做事遭到了天降的灾祸吗？不正是勉强自己去干才智达不到的事，不选择与他的才能相称的事却要充数居高位的结果吗？不正是做了很多亏心事，明知不能做而硬要去做的结果吗？也可能是富贵难以保住，少贡献却多享受造成的结果吧？也许是富贵贫贱都有一定时运，一来一去，不能经常保有吧？我的心很怜悯这些人，所以选择力所能及的事情去做，喜爱富贵而嫌弃贫贱，我难道与别人不同吗？"

他还说："功劳大的人，他的物资多，妻子和儿女都由自己来养活。我能力小，功劳少，没有妻子儿女也可以。再则我是个做体力活的人，如果成家而能力不足以养活妻子儿女，就又要劳心了。一个人要担负劳力、劳心双重任务，即使是圣人也不能做到啊！"

我刚听到他的话感到迷惑不解，接着又想了想，这大概是位贤明的人，大概就是人们所说的"独善其身"的人吧。但是，我对他也要批评一下，他为自己想得太多，为别人想得太少，该是个学杨朱哲学的人吧？杨朱的哲学是不肯拔掉自己一根毫毛去造福于天下的。这个王承福把有家当当作劳心费力的事，竟不肯动一点脑筋去养活妻子儿女，他还肯动脑筋来为别人吗？即使这样，他比世上那些患得患失，只求满足自己的生活欲望，贪婪邪恶，没有道德以至丢掉性命的人，还是好多了。而且，他的话有些是可使我警醒的，所以我给他写了这篇传记，作为自己的鉴戒。

※ 评析

本文是韩愈为一个泥工王承福写的传记，有简要的生平叙述和作者的评议，其主旨是表达作者的人生观。文章强调了人生在世，应该自食其力，问心无愧地生活，不能干力所不能及的事情，不能贪图非分的享受，表现了作者的“穷则独善其身，达则兼济天下”的处世态度。文中肯定了凭劳动自食其力的人，批判了怠惰其事、才低位高的当权者。这在当时是难能可贵的。

但文中宣扬了“用力者使于人，用心者使人”的错误观点，这是一种潜意识里的剥削和压迫，是不足取的。文章论说有理有据，夹叙夹议，错落有致。最后以自鉴作结尾，实际是规劝世人，意极含蓄。

送李愿归盘谷序

唐·韩愈

※ 原文

太行之阳有盘谷。盘谷之间，泉甘而土肥，草木丛茂，居民鲜少。或曰：谓其环两山之间，故曰盘。或曰：是谷也，宅幽而势阻，隐者之所盘旋。友人李愿居之。

愿之言曰：“人之称大丈夫者，我知之矣。利泽施于人，名声昭于时。坐于庙朝，进退百官，而佐天子出令。其在外，则树旗旄[1]，罗弓矢，武夫前呵，从者塞途，供给之人，各执其物，夹道而疾驰。喜有赏、怒有刑，才俊满前，道古今而誉盛德，入耳而不烦。曲眉丰颊，清声而便体，秀外而惠中、飘轻裾，翳长袖，粉白黛绿者，列屋而闲居。妒宠而负恃[2]，争妍[3]而取怜[4]。大丈夫之遇知于天子、用力于当世者之所为也。吾非恶此而逃之，是有命焉，不可幸而致也。

“穷居而野处，升高而望远。坐茂树以终日，濯清泉以自洁。采于山，美[5]可茹[6]；钓于水，鲜可食。起居无时，惟适之安。与其有誉于前，孰若无毁于其后；与其有乐于身，孰若无忧于其心。车服不维，刀锯不加，理乱[7]不知，黜陟[8]不闻。大丈夫不遇于时者之所为也，我则行之。

“伺候于公卿之门，奔走于形势之途，足将进而趑趄[9]，口将言而嗫嚅[10]。处污秽而不羞，触刑辟而诛戮。侥幸于万一，老死而后止者，其于为人贤不肖何如也？”

昌黎韩愈，闻其言而壮之。与之酒，而为之歌曰：“盘之中，维子之宫；盘之土，可以稼；盘之泉，可濯可沿；盘之阻，谁争子所？窈[11]而深，廓[12]其[13]有容[14]；缭而曲，如往而复。嗟盘之乐兮，乐且无央[15]。虎豹远迹兮，蛟龙遁藏；鬼神守护兮，呵禁不祥。饮且食兮寿而康，无不足兮奚所望？膏吾车兮秣吾马，从子于盘兮，终吾生以徜徉。”

※ 注释

1 旗旄（máo）：古代大臣出使或大将出征，皇帝赐旗，旗上系旄牛尾或鸟羽，作为有指挥权的标志。2 负恃：自以有恃仗，意即自恃美貌。3 妍：美丽。4 取怜：得到爱怜。5 美：味美。6 茹：食、吃。7 理乱：治和乱。唐人避高宗李治的名号，凡是用“治”的地方，都改写为“理”。8 黜（chù）陟（zhì）：贬黜、升迁。9 趑趄（zī jū）：迟疑不前的样子。10 嗫嚅（niè rú）：想说又吞吞吐吐不敢说的样子。11 窈：幽静。12 廓：空阔。13 其：助词，无意义。14 有容：可以容纳许多东西。15 无央：没有完尽，无穷无尽。

※ 译文

太行山的南面有一个盘谷。盘谷中间，泉水甘美，土地肥沃，草木茂盛，居民稀少。有人说，因为它环绕在两山之间，所以叫盘谷。有人说，这个山谷，地方幽静而山势险要，是隐士盘桓往来的地方。我的朋友李愿住在那里。

李愿说：“那些被称为大丈夫的人，我是知道的。他们把利益恩惠施给别人，名望声誉显赫于当世。他们坐在朝廷之上，决定百官的进退升降，辅佐皇帝发号施令。他们在外面，便树立旗帜，排列着弓箭，武士在前面吆喝开道，随从人员挤满了道路；服侍的仆役，各拿着东西，排列在道路的两旁迅速地奔走。他们高兴了就有奖赏，发怒了就有刑罚。许多才学出众的人在他们面前，说古道今，称颂他们的美好品德，听在耳朵里并不感到满足。那些眉毛弯曲，脸颊丰腴，声音清亮，体态轻盈，外貌秀美，资质聪慧的美人；穿着轻软的衣服，拖着长长的衣袖，脸上擦满白粉，眉毛画得黛黑的姬妾，住在一间间房子里闲着没事，嫉妒别人得宠，总以为自己是天姿国色，互相比赛打扮，希望得到怜爱。这些就是得到皇帝赏识信任，在当时拥有很大权势的大丈夫的所作所为。我不是讨厌这些人才逃避它；那是命运注定，不能侥幸得到呀。

“住在穷乡僻壤，登上高山眺望远景；逍遥地坐在茂密的树荫下过日子，用清冽的泉水把自己洗得干干净净。山里采的野菜，甜美可口；水里钓的鱼虾，味鲜可吃。起居没有一定时间，只求舒适安逸。与其先受人称赞，不如以后没人毁谤；与其享受形体上的快乐，不如精神上没有忧虑。功名利禄不会束缚我，残酷的刑罚不会触及我；政事的好坏不理会，官职的升降不关心。这是没有遇上时机的大丈夫的所作所为，我就要这样做。

“守在贵族大官的门口，等待接见；在有权势的人家，来往奔走。脚将要跨进人家的大门又不敢进去，口将要说话又不敢说出。处在卑下被污辱的地位却不觉得羞耻，触犯了刑律就被杀死。这种为了侥幸得到一个机会，直到老死才肯罢休的人，他们的为人到底是好还是不好呢？”

韩愈听了他的话非常赞赏。敬了他一杯酒，并为他写了一首歌：“盘谷的中间，是你的宫室。盘谷的土地，可以耕种。盘谷的泉水，可以洗浴，可以沿着散步。盘谷的险阻，谁来和你争夺。盘谷寂静幽深，空阔得能包容万物。盘谷回环曲折，行人好像向前走，但不知不觉又绕回。啊，盘谷中的快乐无穷无尽。虎豹跑得远远的啊，蛟龙也逃开躲藏。鬼神守护着啊，呵斥禁止各种不祥之物。喝着盘谷的水吃着盘谷的食物啊，延年益寿又安康。没有什么不满足的啊，还有什么更高的欲望？准备好我的车啊，喂饱我的马，跟你去盘谷隐居啊，且让我这一生也逍遥游玩。”

※ 评析

本文作于唐德宗贞元十七年（公元801年），作者34岁。当时，韩愈失官之后来到京师求官，遭到一些挫折，心情郁闷，满腹牢骚。于是，他便在这篇送朋友归隐的诗中，赞美了隐士的清高和自由。文章借李愿之口写出了三种人：第一种是仕途得意之人，是天子的宠臣，效力于当世者；第二种人是闲居之人，远离政治，是自己愿意成为的角色；第三种是伺候于公卿之门，为利禄而终日忙碌，作者对这种人有“其为人贤不肖”的评价。文章讽刺了权贵的志得意满和穷奢极欲，嘲笑了趋炎附势者的阿谀逢迎和投机钻营，同时还表现出了作者不得意的愤懑之情。文中对这三种人的刻画，惟妙惟肖，对照鲜明。语言流畅，音调和谐，文中夹杂了许多对偶句，看得出保留了六朝骈文的遗迹。

做闲云野鹤是人生一大幸事，可是又有几人能放下功名利禄去过这种神仙般的生活呢？孰不知，生活得快乐幸福，这才是最重要的。

祭十二郎文

唐·韩愈

※ 原文

年、月、日，季父愈闻汝丧之七日，乃能衔哀致诚，使建中远具时羞之奠，告汝十二郎之灵：

呜呼！吾少孤，及长，不省所怙，惟兄嫂是依。中年，兄殁南方，吾与汝俱幼，从嫂归葬河阳。既又与汝就食江南[1]，零丁孤苦，未尝一日相离也。吾上有三兄，皆不幸早世。承先人后者，在孙惟汝，在子惟吾。两世一身，形单影只。嫂尝抚汝指吾而言曰："韩氏两世，惟此而已！"汝时尤小，当不复记忆；吾时虽能记忆，亦未知其言之悲也！

吾年十九，始来京城。其后四年，而归视汝。又四年，吾往河阳省坟墓，遇汝从嫂丧来葬。又二年，吾佐董丞相于汴州，汝来省吾，止一岁，请归取其孥。明年，丞相薨[2]，吾去汴州，汝不果来。是年，吾佐戎徐州，使取汝者始行，吾又罢去，汝又不果来。吾念汝从于东，东亦客也，不可以久；图久远者，莫如西归，将成家而致汝。呜呼！孰谓汝遽去吾而殁乎？吾与汝俱少年，以为虽暂相别，终当久与相处。故舍汝而旅食京师，以求斗斛之禄。诚知其如此，虽万乘之公相，吾不以一日辍[3]汝而就[4]也！

去年，孟东野往，吾书与汝曰："吾年未四十，而视茫茫，而发苍苍，而齿牙动摇。念诸父与诸兄，皆康强而早世，如吾之衰者，其能久存乎？吾不可去，汝不肯来，恐旦暮死，而汝抱无涯之戚也。"孰谓少者殁而长者存，强者夭而病者全乎？

呜呼！其信然邪？其梦邪？其传之非其真邪？信也，吾兄之盛德而夭其嗣乎？汝之纯明而不克[5]蒙[6]其泽乎？少者、强者而夭殁，长者、衰者而存全乎？未可以为信也！梦也，传之非其真也，东野之书，耿兰之报，何为而在吾侧也？呜呼！其信然矣！吾兄之盛德而夭其嗣矣，汝之纯明宜业其家者，不克蒙其泽矣。所谓天者诚难测，而神者诚难明矣！所谓理者不可推，而寿者不可知矣！

虽然，吾自今年来，苍苍者或化而为白矣，动摇者，或脱而落矣，毛血[7]日益衰，志气[8]日益微，几何不从汝而死也。死而有知，其几何离？其无知，悲不几时，而不悲者无穷期矣。

汝之子始十岁，吾之子始五岁，少而强者不可保，如此孩提者，又可冀其成立邪？呜呼哀哉！呜呼哀哉！

汝去年书云："比得软脚病，往往而剧。"吾曰："是疾也，江南之人，常常有之。"未始以为忧也。呜呼，其竟以此而殒其生乎？抑别有疾而致斯乎？

汝之书，六月十七日也；东野云：汝殁以六月二日；耿兰之报无月日。盖东野之使者不知问家人以月日；如耿兰之报，不知当言月日。东野与吾书，乃问使者，使者妄称以应之耳？其然乎？其不然乎？

今吾使建中祭汝，吊汝之孤与汝之乳母。彼有食可守以待终丧，则待终丧而取以来；如不能守以终丧，则遂取以来。其余奴婢，并令守汝丧。吾力能改葬，终葬汝于先人之兆，然后惟其所愿。

呜呼！汝病吾不知时，汝殁吾不知日，生不能相养以共居，殁不能抚汝以尽哀，敛不凭其棺，窆不临其穴。吾行负神明，而使汝夭。不孝不慈，而不得与汝相养以生，相守以死。一在天之涯，一在地之角，生而影不与吾形相依，死而魂不与吾梦相接。吾实为之，其又何尤！“彼苍者天”，“曷其有极”！自今已往，吾其无意于人世[9]矣！当求数顷[10]之田于伊、颍[11]之上，以待余年。教吾子与汝子，幸其成；长吾女与汝女，待其嫁：如此而已。

呜呼！言有穷而情不可终，汝其知也邪？其不知也邪？呜呼哀哉！尚飨[12]！

※ 注释

1 就食江南：去江南谋生。2 薨（hōng）：古时诸侯和二品以上大官死亡称薨。3 辍：中止，离开。4 就：趋从，接受。5 克：能够。6 蒙：承受。7 毛血：指体质。8 志气：指精神。9 人世：人世间事，意指做官。10 顷：一百亩为一顷。11 伊、颍：伊水和颍水，这里指韩愈的家乡。12 尚飨：也作“尚享”，旧时祭文常用作结尾。尚：庶几，希望。飨：用酒食款待人，泛指请人享受。

※ 译文

某年某月某日，叔父韩愈听到你去世的消息的第七天，才能够怀着悲痛来表达真诚的心意，派了建中在远方备办时鲜食品作为祭品，在你十二郎的灵前倾诉衷情：

唉！我从小就失去了父亲，到长大成人，不知道依靠谁，全赖大哥大嫂的抚养。大哥正当中年的时候，在南方去世，我和你都还小，跟着大嫂回到河阳安葬大哥，接着又和你一起去江南谋生，孤苦伶仃，从来不曾分开过一天。我上面有三个哥哥，都不幸死得早，继承先人的后代，孙一辈只有你，儿一辈只有我，两代人都是一个，好不孤单！大嫂曾经抚摸着你又指着我说：“韩氏两代，只有这两个了！”你那时还很小，一定不记得了；我当时虽然能够记住，也不懂得嫂嫂话中包含的悲伤之情啊！

我十九岁那年，才来到京城，过了四年，我回家去看你。又过了四年，我去河阳扫墓，碰到你归葬嫂嫂回来。又过了两年，我在汴州辅佐董丞相，你来探望我，只住了一年，你要求回家去接妻子。第二年，董丞相逝世，我离开汴州，结果你没有来。这一年，我在徐州节度使手下辅佐军事工作，派去迎接你的人才动身，我又罢官辞职，结果你又没有来。我想你跟我东来徐州，徐州也是异乡客地，不可以长久停留；为长远打算，不如西归河阳家乡，把家安置好再去接你来。唉，谁料到你突然离开我而去世了呢！我和你当时都还很年轻，以为虽然暂时分别，最后一定会长久住在一起，所以我离开你而旅居到京师谋生，以求得一点点俸禄；如果知道会是现在这样的情形，就是拥有车马万乘的公卿宰相，我也不会离开你一天而去上任啊！

去年，孟东野去江南，我写信给你："我年纪不满四十，已经视力模糊，头发花白，牙齿松动。想起伯叔和两位哥哥，都身体强壮却过早地去世，像我这样衰弱的人，能够活得长久吗？我不能离开这里，你又不肯来这里，恐怕有一天死了，使你抱着无限的忧伤啊！"谁知道年轻的你死了而年长的我活着，身强的你短命，而体弱的我倒还保全了。

唉！难道是真的如此？还是做梦？还是传来的消息不真？如果是真的，我哥哥具有美好的德行而他的儿子却夭亡了吗？你那样纯正贤明却不能够承受我哥哥的福泽吗？年轻身强的早死而年长体弱的却活下来？不能认为这是真的啊？如果是梦，传来的消息不真，那么，孟东野的信、耿兰的报表，为什么却在我的身边呢？唉！这是真的如此啊！我哥哥具有美好的德行而他的儿子却过早地死去了！你是纯正贤明可以继承家业的人，却不能够承受我哥哥的福泽啊！这就是所谓的老天爷真难猜测，神灵真难明白了！这就是所谓的事理不能够推求，年寿也不能预先知道了！

虽然这样，我自从今年以来，花白的头发已经变为全白了，松动的牙齿已经脱落，体质一天天地衰弱，精神一天天地萎靡，没有多久时间也可能跟你一道死啊！人死后如果有知觉，眼下的分离就没有多少时间了；人死后如果没有知觉，这悲伤也不会有多久了，不悲伤倒是无穷无尽的。

你的儿子才十岁，我的儿子才五岁，年轻身强的人尚且不能保全活下来，像这样的幼小孩童，又可以期望他们成长自立吗？唉，可悲可痛啊！唉，可悲可痛啊！

你去年的信中说："近来得了腿脚无力的病，时常发作很厉害。"我说："这个病，江南的人经常有。"就没有替你担忧。唉！难道竟是因为这个病夺去了你的生命么？还是另外有别的病才到这个地步？

你的信，是六月十七日写的。孟东野说，你去世是六月二日；耿兰的报告没有月和日。那是因为东野的使者不知道向家人问你去世的月日；耿兰的报告，不知道应当讲明月日。东野为了给我写信，才问使者，使者就随便讲个月日回答他，是这样的吗？或者不是？

现在我派建中来祭你，安慰你的儿子和你的乳母，他们有钱粮可以守到丧期完毕，那就等到丧期完毕我再接他们来；如果不能守到丧期完毕，那就现在接来。其余的仆人婢女，都要他们守你的丧。我有能力给你改葬，总归要把你葬在祖先的墓地，这样做了以后，才算了却我的心愿。

唉！你得病我不知道是什么时候，你去世我不知道是什么日子；你活着的时候我们不能住在一起互相照顾，你死了我不能抚摸着你的尸体哭泣哀悼；你入殓时我不能在棺材旁守灵，你安葬时我不能亲自送你到墓穴。我的所作所为对不起神明，使你短命而死。我对父兄不孝，对侄儿不慈，不能和你生活在一起互相照顾，守在一起直到老死。一个在天边，一个在地角。你活着的时候，不能和我形影相依；你死了，灵魂不在我梦中显现。这实在都是我造成的，能够怨谁呢？苍天啊，这悲痛难道有尽头吗！从今以后，我没有心思再去做官了，应当在伊水、颍河一带置办几顷田地，来消磨剩下的日子，教育我的儿子和你的儿子，期望他们长大成材；抚养我的女儿和你的女儿，等到把她们嫁出去。就这样罢了！

唉！话有说完的时候而哀痛之情没办法终止。你知道呢？还是不知道呢？唉，可悲可痛啊！你来享用这些祭品吧！

※ 评析

此文是韩愈在侄子十二郎死后做的一篇祭文。文章写韩愈和侄子十二郎从小生活在一起的点滴生活，年龄相差不大，感情深厚，所以他得到十二郎骤然去世的消息之后，非常悲痛，含泪写下这篇祭文，文中字字是血，句句含泪，表达了他和侄儿间深厚的感情。祭文细致地叙述了韩愈和十二郎幼年时患难与共，长大后生离死别的情形，诉说了韩愈在十二郎死后的极度悲伤和打算。

古代的祭文一般是用整齐的四言韵语或骈文来写的，这篇祭文却打破常套，纯用散文来写，所以不受束缚，感情真挚，语不惊人，却能打动人心，被称为祭文中的“千年绝调”。

祭鳄鱼文

唐·韩愈

※ 原文

维年月日，潮州刺史韩愈，使军事衙推[1]秦济，以羊一、猪一，投恶溪[2]之潭水，以与鳄鱼食，而告之曰：

昔先王既有天下，列山泽，网绳擉[3]刃，以除虫蛇恶物为民害者，驱而出之四海之外[4]。及后王德薄，不能远有，则江、汉之间，尚皆弃之，以与蛮夷、楚越，况潮，岭、海之间，去京师万里哉？鳄鱼之涵淹卵育于此，亦固其所。

今天子嗣唐位，神圣慈武。四海之外，六合之内，皆抚而有之。况禹迹所揜[5]，扬州之近地，刺史、县令之所治，出贡赋以供天地、宗庙、百神之祀之壤者哉？鳄鱼其不可与刺史杂处此土也！

刺史受天子命，守此土，治此民，而鳄鱼睅然[6]不安溪潭，据处食民畜、熊、豕、鹿、獐，以肥其身，以种其子孙；与刺史亢拒[7]，争为长雄。刺史虽驽弱，亦安肯为鳄鱼低首下心，伈伈[8]睍睍[9]，为民吏羞，以偷活于此邪？且承天子命以来为吏，固其势不得不与鳄鱼辩。

鳄鱼有知，其听刺史言：潮之州，大海在其南。鲸鹏之大，虾蟹之细，无不容归，以生以食，鳄鱼朝发而夕至也。今与鳄鱼约：尽三日，其率丑类[10]南徙于海，以避天子之命吏！三日不能，至五日；五日不能，至七日；七日不能，是终不肯徙也；是不有刺史听从其言也；不然，则是鳄鱼冥顽不灵，刺史虽有言，不闻不知也。夫傲天子之命吏，不听其言，不徙以避之，与冥顽不灵而为民物害者，皆可杀。刺史则选材技吏民，操强弓毒矢，以与鳄鱼从事，必尽杀乃止。其无悔！

※ 注释

1 军事衙推：刺史的属官。2 恶溪：即潮安县境内的韩江。3 擉（chuō）：同“戳”，刺。4 四海之外：古人认为中国四面都是海，因称异域为四海之外。5 揜：通“掩”。6 睅（hàn）然。同“悍然”。勇猛，无所畏惧的样子。7 亢拒：通“抗拒”。8 伈（xǐn）伈：恐惧的样子。9 睍（xiàn）睍：不敢正视的样子。10 丑类：众类，指大小鳄鱼。

※ 译文

某年某月某日，潮州刺史韩愈派遣军事衙推秦济，把一只羊、一只猪，投进韩江的深水中，给鳄鱼吃，同时劝诫它们说：

从前三王五帝统治了天下后，焚烧山野里的草木，结绳为网，使用锋利的刀枪，去掉危害民间的虫蛇恶物，把它们赶到四海以外的地方。到了东周以后的君主，德行浅薄，不能统治远处的地方，就是长江和汉水流域的土地，尚且抛弃给了蛮、夷、楚、越，何况潮州在五岭和大海的中间，距离京师万里呢？鳄鱼在这里潜伏、繁殖，也本来是自然的。

现在的天子继承唐朝的帝位，神圣仁慈而又英武。四海之外、宇宙以内的地方，都属唐朝统治。何况潮州是大禹的足迹所到过的，与古代的扬州相邻，是刺史、县令所治理的区域，是进呈贡物，缴纳捐税，以供天子对天地、祖宗和各种神明祭祀的地方呢！鳄鱼是不能跟刺史同住在这个地方的。

刺史受了天子的命令，镇守这块土地，管理这里的百姓，而鳄鱼胆敢不安分守己，潜伏在溪底，盘踞在栖息之处，吃掉老百姓的牲口和熊、猪、鹿、獐一类野物，来养肥自己的身体，繁殖自己的子孙；和刺史抗拒，要争个上风，刺史即使无能懦弱，又怎肯对鳄鱼低头屈服，胆小怕事，给治理人民的官吏们丢脸，在这里苟且偷生！而且我奉皇上命令来这里做官，因此不能不和鳄鱼说清道理。

鳄鱼如果知道，且听刺史的话：潮州这地方，大海在它的南面，大到鲸鱼和大鹏，小到虾子和螃蟹，没有哪一种不可以在大海里安居乐业，在那里生存，在那里吃喝；鳄鱼早上从恶溪动身，晚上就可以到那里。现在，我和鳄鱼约定：三天之内，希望你带领你的同伴向南边迁移到大海去，避开皇上派来治理百姓的官吏；三天不行，就五天；五天不行，就七天；如果七天不行，那就是永远不肯迁移。那是你不把刺史放在眼里，不听从我的话；要不然，就是鳄鱼愚蠢顽劣，不可教化，所以刺史虽然说了这么一番话，你仍然等于没听到，不理会。要知道，藐视皇上派遣的官吏，不听他的话，不迁移出去避开他，以及愚蠢顽劣、不可教化，成为人民大害的，都可以杀掉。那么，刺史就要挑选武艺高强的差役和健壮民丁，拿了强弓毒箭，跟鳄鱼进行战斗，必定要完全杀尽方才罢休。希望你那时不要后悔！

※ 评析

据《新唐书·韩愈传》说，韩愈初到潮州，知道恶溪有鳄鱼为患，便写这篇祭文劝诫它，结果恶溪的水西迁六十里，潮州永无鳄鱼为患了。这自然是故弄玄虚的传说，但本文确实表现了韩愈为民除害的思想。

文章也意指一些势力庞大的地方封建官僚，仗着自己远离宫廷而作威作福，韩愈以神话的形式透露出要为封建统治者肃清余孽的决心。此文说理充分，跌宕多姿，富于抑扬变化。

柳子厚墓志铭

唐·韩愈

※ 原文

子厚讳宗元。七世祖庆，为拓跋魏侍中，封济阴公。曾伯祖奭，为唐宰相，与褚遂良、韩瑗，俱得罪武后，死高宗朝。皇考[1]讳镇[2]，以事母弃太常博士，求为县令江南。其后以不能媚权贵，失御史，权贵人死，乃复拜侍御史。号为刚直，所与游，皆当世名人。

子厚少精敏，无不通达，逮其父时，虽少年，已自成人。能取进士第，崭然见头角，众谓柳氏有子矣。其后以博学宏词，授集贤殿正字。俊杰廉悍，议论证据今古，出入经史百子，踔厉风发，率常屈其座人，名声大振，一时皆慕与之交。诸公要人，争欲令出我门下，交口荐誉[3]之。

贞元十九年，由蓝田尉拜监察御史。顺宗即位，拜礼部员外郎。遇用事者得罪，例出为刺史。未至，又例贬州司马。居闲，益自刻苦，务记览，为词章，泛滥停蓄[4]，为深博无涯涘，而自肆于山水间。

元和中，尝例召至京师，又偕出为刺史，而子厚得柳州。既至，叹曰："是岂不足为政邪？"因其土俗，为设教禁，州人顺赖。其俗以男女质钱，约不时赎，子本[5]相侔[6]，则没为奴婢。子厚与设方计[7]，悉令赎归。其尤贫力不能者，令书其佣，足相当，则使归其质。观察使下其法于他州，比一岁，免而归者且千人。衡、湘以南，为进士者，皆以子厚为师。其经承子厚口讲指画为文词者，悉有法度可观。

其召至京师而复为刺史也，中山刘梦得禹锡，亦在遣中，当诣播州。子厚泣曰："播州，非人所居，而梦得亲在堂，吾不忍梦得之穷，无辞以白其大人，且万无母子俱往理。"请于朝，将拜疏，愿以柳易播，虽重得罪，死不恨。遇有以梦得事白上者，梦得于是改刺连州。呜呼！士穷乃见节义。今夫平居里巷相慕悦，酒食游戏相征逐，诩诩[8]强笑语以相取下[9]，握手出肺肝相示，指天日涕泣，誓生死不相背负，真若可信；一旦临小利害，仅如毛发比，反眼若不相识；落陷阱，不一引手救，反挤之又下石焉者，皆是也。此宜禽兽夷狄所不忍为，而其人自视以为得计，闻子厚之风，亦可以少愧矣。

子厚前时少年，勇于为人，不自贵重顾藉[10]，谓功业可立就，故坐[11]废退[12]。既退，又无相知有气力得位者推挽，故卒死于穷裔。材不为世用，道不行于时也。使子厚在台省时，自持其身，已能如司马、刺史时，亦自不斥。斥时有人力能举之，且必复用不穷。然子厚斥不久，穷不极，虽有出于人，其文学辞章，必不能自力以致必传于后如今，无疑也。虽使子厚得所愿，为将相于一时，以彼易此，孰得孰失，必有能辨之者。

子厚以元和十四年十一月八日卒，年四十七。以十五年七月十日，归葬万年先人墓侧。子厚有子男二人：长曰周六，始四岁；季曰周七，子厚卒，乃生。女子二人，皆幼。其得归葬也，费皆出观察使河东裴君行立。行立有节概，重然诺，与子厚结交，子厚亦为之尽，竟赖其力。葬子厚于万年之墓者，舅弟卢遵。遵，涿人，性谨慎，学问不厌，自子厚之斥，遵从而家焉，逮其死不去。既往葬子厚，又将经纪[13]其家，庶几有始终者。

铭曰：是惟子厚之室，既固既安，以利其嗣人。

※ 注释

1 皇考：死去的父亲。2 镇：柳镇，曾被命为太常博士，他辞谢，愿为宣城（今属安徽省）令。这时他的母亲已死，“以事母弃太常博士”不确。3 交口荐誉：众口一词予以推荐，赞誉。4 泛滥停蓄：形容学问文章的广博和深厚。5 子本：利息和本钱。6 相侔：相等。7 与设方计：替债务人设法。8 诩诩：能说会道，取悦别人。9 以相取下：互相谦虚，表示尊重。10 不自贵重顾藉：不尊重、爱惜自己，结交不应结交的人，指柳宗元参加王叔文集团，韩愈认为这是柳宗元的失误。11 坐：获罪。12 废退，指远谪边地，不用于朝廷。13 经纪：经营，料理。

※ 译文

柳子厚，名宗元。他的第七世祖柳庆，做过北魏王朝的侍中，封为济阴公。曾伯祖柳奭，做过唐朝的宰相，和褚遂良、韩瑗都得罪了武则天，在高宗时候被杀。父亲名柳镇，因为要侍奉母亲，辞掉太常博士，要求到江南道做县令。后来升到殿中侍御史，因为不愿巴结有权势的贵人，被免除了御史官职。那位贵人死了，才又担任侍御史，被人们称赞刚强而正直，因此和他来往的都是当代有名的人物。

子厚年轻时就精明聪敏，没有什么不通晓。当他父亲还在世的时候，虽然年轻，却已自立成人，能够取得进士及第，才能表现得很突出。大家说柳氏有好儿子了。后来因为考中博学宏词科，授予集贤殿正字的官职。他才能出众而且锋芒毕露，所发议论，能用现在的事和古时的事作证据，广泛而深入地引用经史百子的著作，议论时刚劲有力，意气风发，经常使同座的人折服，因此名声大振，一时人们都很仰慕，愿意和他交友。当政的人都争着使他成为自己的门下士，互相推荐赞誉他。

贞元十九年，他由蓝田尉提升为监察御史。顺宗继承皇位，被任为礼部员外郎，碰到当权的王叔文等得罪了宪宗皇帝，被贬逐，子厚也照例被放出朝廷去做刺史；还没有到任，又照例贬为永州司马。处在闲散的虚职上，更加刻苦学习，特别注意背诵和阅读。写起文章来，文笔既汪洋恣肆，又雄厚精练，学问广博深厚。同时在山水之中任意游览，排遣自己心中的郁闷。

元和年间，曾经照例被召回到国都长安，又和原先一道被贬的人到偏远的州郡担任刺史，子厚被派到柳州。到了那里，他叹道：“这里难道不值得我施展政治才能吗？”于是按照当地的习惯，对人民进行教化，颁布禁令，柳州的人都服从他，信任他。那里的习惯，穷人们借债，常常用儿女去抵押，预先约好，如果不按时赎回，到了利息和本钱相等时，就没收抵押的儿女做奴仆和婢女。子厚给穷人们想办法，全部叫他们把儿女赎回去。那些特别贫困实在没有能力赎回的，子厚就叫他们把自己所劳动的工资数目记下来，等到这数目完全和债款本利相等了，就命令债主放回抵押的儿女。观察使把这种办法推行到其他的州，到了一年，被免除奴隶身份而回到自己家里的人将近一千个。衡山和湘水以南应考进士科的人，都拜子厚做老师，那些曾经受到子厚亲自指点写文章的人，文章都写得合乎规范，值得欣赏。

当他被召回京师再被贬出来做刺史的时候，中山人刘禹锡也在派出者之列，他应当去播州。子厚流着泪说："播州不是中原人可以住的地方，而梦得还有老母在堂，我不忍看着梦得困难，没有理由把去播州的事告诉他的老母亲，并且万万没有母子同往播州的道理。"所以要向朝廷请求，上书皇帝，愿意把柳州换播州，即使因此再加一重罪，死了也不怨恨。正碰上有人把刘禹锡的困难向皇上说明，刘禹锡因此改做连州刺史。唉！士人遇上穷困才能表现出节操。现今平时同住在里巷中，互相仰慕要好，吃喝玩乐、你来我往，很密切，虚伪地奉承对方，装模作样地说笑，互相亲热尊重，握着手像要挖出肺肝给人看，指天对日哭泣，发誓生死都不背离变心，那诚恳的样子，像真可以相信；但一旦遇到小小的利害，即使小得仅像毛发一样，就翻着眼睛像不认识；对方落入陷阱，不仅不肯伸手去救，反而挤他下去再投块石头的人，到处都是。这样的事情，连禽兽和野蛮人都不忍做，而那种人却自以为得计。听了子厚的高风亮节，也可以稍稍知道惭愧了吧。

子厚从前年轻时，做人敢作敢为，不懂得爱惜自己，以为可以很快建功立业，因此受到牵连而被贬谪。既遭贬谪，又无知心朋友、担任重要官职的人推荐提携，所以终于死在边远的地方，才能不被当世使用，主张不能在当时推行。假使子厚在御史台和尚书省时，知道怎样对待自己，能够像后来当州司马和刺史那样，也自然不会遭到贬斥；被贬斥之后，如果有人能够极力保举他，也一定可以再起用而不至于穷困。然而如果子厚被贬斥的时间不长，困穷不到极点，即使有某方面可以超过别人，但他在文学创作方面，一定无法取得这样大的成就，文章留传于后世，这是无疑的。即使子厚达到自己的目的，在有限的一段时间里做了将相，拿那功名事业来换这文传后世，哪是得，哪是失，这一定有人能够辨明的。

子厚在元和十四年十一月八日逝世，享年四十七岁。在元和十五年七月十日，把灵柩运回去，安葬在万年县祖墓旁。子厚有两个儿子：大的叫周六，才六岁；小的叫周七，子厚逝世以后才出生。两个女儿，都很小。他的灵柩能运回去安葬，一切费用都是观察使河东裴行立先生负担的。他行立有气节，答应人家的话就一定做到，跟子厚交情很深；子厚也很替他尽力，结果得到了行立的帮助。安葬子厚到万年县墓地上的，是他舅父的儿子卢遵。卢遵是涿县人，生性谨慎，好学不倦。从子厚被贬那天起，卢遵就带了自己一家跟着一起住，直到他死了也不离开。他已经去万年县安葬了子厚，还要代替子厚经营管理家务，这也可算是一个有始有终的人。

铭文道："这是子厚的墓穴，既坚固、又安稳，以利于他的后代。"

※ 评析

本文是韩愈为柳宗元写的一篇墓志铭，他们的感情极深，所以在写这篇文章时感情极其真挚自然。在本文中，作者概述了柳宗元的生平事迹，着重论述了他政治和文学两方面的成就以及他的高风亮节。作者和柳宗元共同致力于古文运动，都有很高的成就，本文特别歌颂了他笃于友谊，从而感叹世俗友情之薄。但由于两人政治见解不同，柳宗元参加王叔文集团的革新运动，因而遭到反动势力的打击、迫害；韩愈不理解，反而批评他“勇于为人，不自贵重顾藉”，这是不恰当的。

本文语言简练，句法灵活多变，具有强烈的艺术感染力。

卷九

永州之野产异蛇，黑质而白章。触草木，尽死；以啮人，无御之者。然得而腊之以为饵，可以已大风、挛踠、瘘疠，去死肌，杀三虫。其始，太医以王命聚之，岁赋其二；募有能捕之者，当其租入。永之人争奔走焉。

捕蛇者说

唐·柳宗元

※ 原文

永州之野产异蛇，黑质而白章。触草木，尽死；以啮人，无御之者。然得而腊[1]之以为饵[2]，可以已大风、挛踠、瘘疠，去死肌，杀三虫。其始，太医以王命聚之，岁赋其二；募有能捕之者，当其租入。永之人争奔走焉。

有蒋氏者，专其利三世矣。问之，则曰："吾祖死于是，吾父死于是，今吾嗣为之十二年，几[3]死者数[4]矣。"言之貌若甚戚者。余悲之，且曰："若毒之乎？余将告于莅事者[5]，更若役，复若赋，则如何？"蒋氏大戚，汪然出涕曰："君将哀而生之乎？则吾斯役之不幸，未若复吾赋不幸之甚也！向吾不为斯役，则久已病矣。自吾氏三世居是乡，积于今六十岁矣。而乡邻之生日蹙，殚其地之出，竭其庐之入，号呼而转徙，饥渴而顿踣[6]。触风雨，犯寒暑，呼嘘毒疠[7]，往往而死者相藉[8]也。曩[9]与吾祖居者，今其室十无一焉；与吾父居者，今其室十无二三焉。与吾居十二年者，今其室十无四五焉。非死即徙尔，而吾以捕蛇独存。

悍吏之来吾乡，叫嚣乎东西，隳突[10]乎南北，哗然而骇者，虽鸡狗不得宁焉。吾恂恂[11]而起，视其缶[12]，而吾蛇尚存，则弛然[13]而卧。谨食之，时而献焉。退而甘食其土之有，以尽吾齿。盖一岁之犯死者二焉，其余则熙熙而乐，岂若吾乡邻之旦旦有是哉！今虽死乎此，比吾乡邻之死，则已后矣，又安敢毒邪？"

余闻而愈悲。孔子曰："苛政猛于虎也！"吾尝疑乎是，今以蒋氏观之，犹信。呜呼！孰知赋敛之毒有甚是蛇者乎！故为之说，以俟夫观人风者得焉。

※ 注释

1 腊：干肉。这里作动词。2 饵：食物。这里指药物。3 几：几乎，差一点。4 数：多次。5 莅事者：管这事的官吏。莅：临，管理。6 顿踣（bó）：困顿僵仆。7 毒疠：毒气。疠，疫气。8 藉：迭。9 曩：从前。10 隳（huī）突：破坏奔突，极言骚扰。11 恂恂：担心的样子。12 缶：大肚小口的瓦罐。13 弛然：安心的样子。

※ 译文

永州的山野中出产一种特异的蛇，黑的底色，上面有许多白色的斑纹。这种蛇碰到草木，草木都要死亡；如被这种蛇咬伤，那就无药可治，非死不可。但把它抓住晒干做成药品，却可以治好麻风病、手足弯曲不直的毛病，还可以治好脖子肿、恶疮，除掉坏死的肌肉，杀死身体内的寄生虫。开始的时候，太医按照皇帝的命令去收集这种毒蛇，每年征收两次。招募那些有能力捕到这种蛇的人，充当他们的赋税。永州的人争先恐后地去捉这种蛇。

有一个姓蒋的人，他们家专门享受这种捕蛇抵税的好处已经有三代了。我问他，他就说："我祖父被这种蛇咬死，我父亲也被这种蛇咬死，如今我继承捕蛇这种职业已经有十二年了，有好几次都差点没命了。"说着，脸上显示出忧郁的神色。我为他感到悲哀，就说："你讨厌做这事吗？我告诉管这事的官员，更换你的差使，恢复你的赋税，怎么样？"姓蒋的听后，非常忧伤，眼泪汪汪地哭着说："您想可怜我，让我活下去吗？可是我做这种活的不幸，还不至于像恢复我赋税的不幸那么严重。如果我不做这活的话，那我早就困苦不堪了。自从我们家三代住在这儿，到如今已经有六十年了，而乡邻们的生活一天比一天窘迫。耗尽了他们田中生产出的东西，花完了家中的收入，哭号着四处迁徙，饥渴倒地而死。人们受到狂风暴雨、严寒酷暑的摧残，呼吸着毒气，常常可见到死者的尸体互相叠压。从前和我祖父住在一起的人，如今是十家没有一家存在了；和我父亲住在一起的人，如今是十家没有二三家存在了；和我同住十二年的人，如今是十家没有四五家存在了。那些人家不是死了就是搬走了，但我却因为捕蛇而侥幸单独活了下来。

凶暴的官吏来到我们乡里，到处吆喝叫骂，冲撞骚扰，因受惊骇而呼喊的，不仅是百姓，连鸡狗都不得安宁。我提心吊胆地爬起来，看看那个装蛇的罐子，如果蛇还在那里面，那我就可以放心地去睡觉。我小心谨慎地喂养它，到时候了就献上去。回来之后就可以香甜地吃着自己田里收获的东西，来度过我的余年。一年之中冒生命危险的时候只有两次，其余的日子就可以快快乐乐地度过了，怎么会像我的乡邻一样，天天都面临死亡的威胁呢？如今我就是被蛇咬死，也死在我乡邻的后面了，又怎么敢憎恨这个职业呢？"

我听后更加悲伤。孔子说："暴政比老虎还凶猛。"我曾经怀疑过这句话。今天从蒋氏的遭遇来看，还是真实可信的。唉！谁能想到赋敛的毒害比这种蛇更厉害呢？因此我写下这篇文章，等待那些考察民情的官员对这有所了解。

※ 评析

本文是一篇说文体的文章，作者以捕蛇者的口吻批评了中唐赋税之重。文章运用叙事手法，先写永州异蛇的剧毒，令人毛骨悚然，然后写捕蛇者蒋氏祖、父都死于这种蛇，以之为佐证。但蒋氏仍有心以捕蛇为业，不愿恢复赋税，原因何在？接着便详细叙述原因，最后做出结论：赋敛之毒甚于异蛇。文章写得抑扬起伏，生动曲折，最后以孔子的“苛政猛于虎”作为结束，表达了作者对统治阶级横征暴敛的极端不满和对劳动人民的深切同情。

文章结构波澜起伏，流转自如；语言骈散相间，错落有致，字里行间表达了作者的忧民之意。

种树郭橐驼传

唐·柳宗元

※ 原文

郭橐驼[1]，不知始何名。病偻，隆然伏行，有类橐驼者，故乡人号之“驼”。驼闻之曰：“甚善，名我固当。”因舍其名，亦自谓“橐驼”云。

其乡曰丰乐乡，在长安西。驼业种树，凡长安豪家富人为观游及卖果者，皆争迎取养。视驼所种树，或迁徙，无不活；且硕茂，蚤实以蕃。他植者，虽窥伺效慕，莫能如也。

有问之，对曰：“橐驼非能使木寿且孳[2]也，能顺木之天[3]，以致其性[4]焉尔。凡植木之性，其本欲舒，其培欲平，其土欲故，其筑欲密。既然已，勿动勿虑，去不复顾。其莳也若子，其置也若弃，则其天者全，而其性得矣。故吾不害其长而已，非有能硕茂之也。不抑耗其实而已，非有能蚤而蕃之也。他植者则不然：根拳[5]而土易[6]，其培之也，若不过焉则不及。苟有能反是者，则又爱之太殷，忧之太勤，旦视而暮抚，已去而复顾；甚者爪其肤以验其生枯，摇其本以观其疏密，而木之性日以离矣。虽曰爱之，其实害之；虽曰忧之，其实仇之。故不我若也。吾又何能为哉！”

问者曰：“以子之道，移之官理，可乎？”驼曰：“我知种树而已，官理，非吾业也。然吾居乡，见长人者[7]，好烦其令，若甚怜焉，而卒以祸。旦暮吏来而呼曰：‘官命促尔耕，勖[8]尔植，督尔获，蚤缫[9]而绪，蚤织而缕，字[10]而幼孩，遂[11]而鸡豚[12]！’鸣鼓而聚之，击木[13]而召之。吾小人辍飧饔以劳吏者，且不得暇，又何以蕃吾生安吾性邪？故病且怠。若是，则与吾业者，其亦有类乎？”

问者嘻曰：“不亦善夫！吾问养树，得养人术。”传其事，以为官戒也。

※ 注释

1 橐（tuó）驼：骆驼。这里指驼背。2 孳（zī）：繁殖。3 天：这里指树木生长的自然规律。4 致其性：充分发展它的本性。5 根拳：根部弯曲。6 土易：泥土更换。7 长人者：指官吏。8 勖（xù）：勉励。9 缫（sāo）：煮茧丝。10 字：养育。11 遂：成长。12 豚（tún）：小猪。13 木：这里指梆子。

※ 译文

郭橐驼，不知他起初叫什么名字。由于得了佝偻病，脊背弯曲成为驼背，走路时背部高高隆起，脸朝地面，有些像骆驼，因此乡里的人给他起了个外号叫“驼”。郭橐驼听到后说：“很好！用这个外号叫我的确很恰当。”因此他干脆舍弃本名不用，也把自己叫作橐驼。

他所在的那个乡叫丰乐乡，在长安的西面。郭橐驼以种树为职业，凡是长安城中富贵人家想建造观赏游玩的园林，或者是卖果品的人，都争着把他接到家中供养。郭橐驼所种的树，或者是移栽的树，没有不成活的，而且长得高大茂盛，结果又早又多。其他那些种树的人虽然在暗中观察仿效，却没有一个能比得上他。

有人问他种树的秘诀，他回答说：“我并不能使树木活得久而且繁殖得多，只不过能顺着树木的天性，使它的本性能够得到充分的发展罢了。凡是种植树木，它的规律是：树根要舒展，土要培平，用原来的土，砸密实。种好之后，不要再动它或为它担心，可以离开不管了。种的时候，要像爱护自己的孩子一样，种好之后，不再管它就像扔掉一样。那么树木的天性就能保全，因而能按自身的规律生长。所以说，我只是不妨害它自由生长罢了，并没有什么能使它高大挺拔、枝繁叶茂的妙法；只不过是不抑制和损耗它的果实罢了，并没有什么能使它结果又早又多的诀窍。别的种树的人都不这样，种树的时候，树根是弯曲的，泥土是新换的；培土时，不是太紧就是太松。即使有不这样做的人，却又过分地关心它的生长，过多地忧虑它不能成活，早晨去看看，晚上去摸摸，已经离开了却又回来再看；有的人甚至抠破树皮来检验它的死活，摇动树根来看培的土是松还是紧，这样一来，树木的天性就一天天地被破坏了。虽说是爱它，其实是害它；虽说是为它担忧，其实是仇视它。因此他们比不上我，其实我又有什么特殊的本领呢？”

问的人说：“把你种树的方法应用到做官治理百姓方面去，可以吗？”郭橐驼说：“我只知道种树罢了，当官治理百姓，并不是我的事。但我住在这个乡里，看到那些当官的，喜欢颁布繁多的政令，好像是非常爱怜百姓，但最终却给百姓带来了灾祸。一天到晚，只见衙役来了就喊：‘长官命令你们早点耕田，勉励你们种植，督促你们收获，早些煮茧抽丝，早些纺纱织布，要抚育你们的小孩，喂养你们的鸡和猪。’又是擂鼓召集他们，又是敲梆子传呼他们。我们这些百姓即使放下碗筷不吃饭，专来招待这些官吏，也还是忙不过来，又哪有时间使我们生产兴旺，生活安定呢？所以我们非常困苦疲乏。像这样，那么当官治理百姓和我栽种树木是不是也有相同之处呢？”

发问的人赞叹说：“不也很好吗！我问种树的方法，居然懂得了当官治理百姓的道理。”于是把这件事记下来作为官吏们的鉴戒。

※ 评析

本文是一篇纪传体的讽喻性散文。文章通过日常生活中的小事折射出了为官治理之道。文章从种树说起，记述了郭橐驼种树的经验：不要过分干涉它们的成长，这样树才能自由生长。借此讽刺了当时的弊政，阐明了为官之道应当减少烦琐的政令，不能颁布众多的法令，让老百姓休养生息，否则，“虽曰爱之”而“卒以祸”。

文章写种树，采用了对比的手法，用“他植者”蹩脚的种树方法衬托出郭橐驼种树之技的高明，并象征了两种不同的为官之道，生动形象、耐人寻味。文章主人公郭橐驼之言，富有个性，十分切合身份，语言朴素而道理极深，值得我们细细体味。

岳阳楼记

北宋·范仲淹

※ 原文

庆历四年春，滕子京谪守巴陵郡。越明年，政通人和，百废具兴，乃重修岳阳楼，增其旧制[1]，刻唐贤、今人诗赋于其上，属[2]予作文以记之。

予观夫巴陵胜状，在洞庭一湖。衔[3]远山[4]，吞长江，浩浩汤汤[5]，横无际涯；朝晖夕阴，气象万千。此则岳阳楼之大观也，前人之述备矣。然则北通巫峡，南极潇湘，迁客骚人，多会于此。览物之情，得无异乎？

若夫霪雨霏霏，连月不开，阴风怒号，浊浪排空；日星隐耀，山岳潜形；商旅不行，樯倾楫摧[6]；薄暮冥冥，虎啸猿啼。登斯楼也，则有去国[7]怀乡，忧谗畏讥，满目萧然，感极而悲者矣。

至若春和景明，波澜不惊；上下天光[8]，一碧万顷；沙鸥翔集，锦鳞游泳；岸芷汀兰，郁郁青青。而或长烟一空，皓月千里；浮光跃金[9]，静影沉璧[10]；渔歌互答，此乐何极！登斯楼也，则有心旷神怡，宠辱偕忘，把酒临风，其喜洋洋者矣。

嗟夫！予尝求古仁人之心，或异二者之为，何哉？不以物喜，不以己悲[11]。居庙堂之高，则忧其民；处江湖之远，则忧其君。是进亦忧，退亦忧，然则何时而乐耶？其必曰："先天下之忧而忧，后天下之乐而乐"乎！噫！微斯人，吾谁与归[12]！

※ 注释

1 增其旧制：扩大原来的规模。2 属（zhǔ）：同"嘱"，嘱托。3 衔：包含。4 远山：指洞庭湖中的君山。5 浩浩汤（shāng）汤：水势盛大的样子。6 墙倾楫摧：指船只毁坏。樯：桅杆。楫：船桨。7 去国：离开国都。8 上下天光：明净的天空倒映在水里，天水融为一色。"上"指天，"下"指水。9 浮光跃金：月映水上如金光闪耀。10 沉璧：指水中月影。11 "不以物喜"二句：指思想感情不因为环境的好坏和个人的得失而或喜或悲。12 谁与归：即"与谁归"。归，归向，同道。

※ 译文

庆历四年春天，滕子京被贬到巴陵郡做太守。到第二年，巴陵郡的政务顺利，百姓安乐，一切废弛的事都兴办起来了。于是他就重新修建了岳阳楼，扩大它原来的规模，把唐朝名人和现代人的诗赋刻在楼上，嘱托我写一篇文章记述这件事。

我看那巴陵的美景，全在洞庭湖上。它包含着远方的山，接纳了长江的水，浩浩荡荡，无边无际。早晨的阳光，傍晚的月色，景色千变万化。这就是岳阳楼上看到的壮丽景色，前人已经描述得很详细了。但是，它北通到巫峡，南边一直到潇湘，降职远调的官吏和来到这里的文人，看到景物之后产生的心情，难道没有不同吗？

像那连绵不断的雨密密地下着，接连几个月不天晴；寒风怒号，浑浊的浪头腾空而起；太阳和星星隐没了光辉，山峰也看不见了。商人和旅客不能赶路，船上的桅杆倒了，桨也断了。一到傍晚，天色昏暗起来，虎在怒吼，猿猴在哀啼。这时候登上这座楼，就会想起远离的国都，怀念家乡，害怕别人诽谤自己、嘲笑自己，只觉得满眼是凄凉的景象，感慨不已，忍不住悲伤起来。

至于到了春风和煦，阳光明媚的时候，风平浪静，湖光天色相映，碧绿无边；沙鸥有时飞翔，有时停聚，美丽的鱼儿游来游去，岸边的香芷洲上的兰花，香气扑鼻，草木长得非常茂盛。有时候大片烟雾完全消散，明亮的月色照耀着千里湖面；有时水波荡漾，金光闪闪；有时水面不起一丝波纹，静静的月影像沉在水里的一块玉璧。渔歌这边唱，那边和，这种乐趣哪里有尽头！这时登上这座楼，就会心胸开朗，精神愉快，荣誉和耻辱都忘记了，端起酒杯面对和风，喜气洋洋。

唉！我曾经探求过古代道德高尚的人的思想感情，或许和上面两种心情不同。为什么呢？他们不因为顺利的境遇就高兴，不因为自己失意就悲伤。他们如果在朝廷上做官，就为老百姓操心；如果在偏远的民间，就替皇帝忧虑。这样在朝廷也忧虑，在民间也忧虑，那么什么时候才快乐呢？他们一定会说："要在天下人忧虑之前就忧虑，在天下人享乐之后才享乐。"唉！如果没有这种人，我将和谁一道呢？

※ 评析

本文是一篇千古传诵的名篇，是作者在庆历六年（公元 1046 年）被贬知邓州时写的。岳阳楼在今湖南省岳阳市，自唐建成以来，就负有盛名，为历代才士登临之所。本文出色地描写了岳阳楼上所能见到的景物，抒发了作者"先天下之忧而忧，后天下之乐而乐"的生活理想，表现出作者积极有为的抱负与忧国忧民的思想，大大超出一般"迁客骚人"的思想境界。文体骈散兼用，以骈语写景，以散文议论，又多用四字句，偶亦用韵，使文章朗朗上口。

文中的"先天下之忧而忧，后天下之乐而乐"是千古名句，一直为后世人所传颂，影响了一批又一批的有志之士，为了祖国的大业而英勇奋斗，正因为有了他们的热情和努力，才不断促进社会的真正进步。

纵囚论

北宋 · 欧阳修

※ 原文

信义行于君子，而刑戮施于小人。刑入于死者，乃罪大恶极，此又小人之尤甚者也。宁以义死，不苟幸生，而视死如归，此又君子之尤难者也。

方唐太宗之六年，录[1]大辟[2]囚三百余人，纵使还家，约其自归以就死。是以君子之难能[3]，期小人之尤者以必能也。其囚及期，而卒自归无后者，是君子之所难，而小人之所易也。此岂近于人情哉？

或曰：罪大恶极，诚小人矣。及施恩德以临之，可使变而为君子。盖恩德入人之深，而移人之速，有如是者矣。曰：太宗之为此，所以求此名也。然安知夫纵之去也，不意其必来以冀免[4]，所以纵之乎？又安知夫被纵而去也，不意其自归而必获免，所以复来乎？夫意其必来而纵之，是上贼[5]下之情也；意其必免而复来，是下贼上之心也。吾见上下交相贼以成此名也，乌有所谓施恩德与夫知信义者哉？不然，太宗施德于天下，于兹六年矣，不能使小人不为极恶大罪，而一日之恩，能使视死如归，而存信义，此又不通之论也。

然则何为而可？曰：纵而来归，杀之无赦；而又纵之，而又来，则可知为恩德之致尔。然此必无之事也。若夫纵而来归而赦之，可偶一为之尔。若屡为之，则杀人者皆不死，是可为天下之常法乎？不可为常者，其圣人之法乎？是以尧、舜、三王[6]之治，必本于人情；不立异以为高，不逆情[7]以干誉[8]。

※ 注释

1 录：选取。2 大辟：先秦时代死刑的通称。辟，刑。3 难能：不容易做到的。4 冀免：希望赦免。5 贼：揣摩，揣度。6 尧、舜、三王：古代的圣明君主。三王：指夏禹、商汤、周文王。7 逆情：违背人情。8 干誉：求取名誉。

※ 译文

对君子要讲信义，对小人要施用刑罚。判为死罪的，是罪恶到了极点的人，这又是小人中最坏的了。宁愿为了信义而死，不愿苟且偷生，这又是君子特别难做到的。

在唐太宗贞观六年的时候，选取判了死罪的囚犯三百多人，释放了让他们回家，并约定时间叫他们自己回来接受死刑。这是连君子都难以做到的事，却希望最坏的小人一定去做到。那些囚犯到了期限，终于自动回来，没有一个迟到的人。这是君子都难以做到的事，小人却轻易地做到了。这难道是近于人情的吗？

有人说："罪大恶极，确实是小人，但是等到对他施加恩德，就能使他变成君子。因为恩德深入人心，很快改变了他们的品质，所以出现了像这样的事情。"我要说："唐太宗所以这样做，正是要求得这样的好名声。但是释放这些死囚时，又怎么会想到囚犯回来是为了赦免，而是觉得他们一定会自己回来的呢？又怎么知道那被放回家的囚犯，不是料想到他们自动回来一定会得到赦免，才自动回来的呢？料想到他们一定会回来而放他们出去，是上面的揣摩下面的心情；料想到一定会被赦免而回来，这是下面的揣摩上面的心思。我只看到上面下面互相揣摩来得到这种好名声，哪里有什么布施恩德和懂得信义呢？如果说不是这样的话，那么唐太宗向天下布施恩德，到这时已经有六年了，还不能使小人不做罪大恶极的事；然而一天的恩德，却能使他们视死如归保存信义，这又是讲不通的道理。"

既然这样，那么怎样做才行呢？我说："释放了而能自动回来，杀掉他们而不赦免，然后再释放一批，如果他们又回来了，就可以知道是布施恩德造成的。然而这是一定不会有的事啊。至于释放了能够自动回来再加以赦免的事，只能偶尔做做罢了。如果屡次这样做，那么杀人犯都不会死了，这能够作为天下长久的法律吗？不能作为长久的法律，难道是圣人的法律吗？所以，尧、舜和大禹、商汤、文王他们治理天下，一定根据人情，不标新立异来显示高尚，不违背人情来求取名誉。”

※ 评析

这是一篇关于唐太宗“纵囚”的史论。据载：唐太宗于贞观六年十二月“亲录囚徒归死罪者二百九十人于家，令明年秋末就刑。其后，应期毕至，诏悉原之”。这件事一直被封建史家称道，欧阳修却有不同的看法。他主张法治，不主张人治，认为纵囚不近人情，不可作为“常法”，甚至一针见血地指出唐太宗此举在于沽名钓誉。文章步步分析，层层辩驳，纵收自如。

但是欧阳修以为唐太宗这样做只是为了名誉而没有实质性的意义，其实这只是欧阳修一种偏执的说法。唐太宗实行仁政取得了显著的效果是人皆共知的，即使他在这方面没有想出更好的办法，但至少在当时也起到了一定的作用。所以看问题要全面分析，太偏激的思想容易造成错误。

卷十

环滁皆山也。其西南诸峰，林壑尤美。望之蔚然而深秀者，琅琊也。山行六七里，渐闻水声潺潺，而泻出于两峰之间者，酿泉也。峰回路转，有亭翼然临于泉上者，醉翁亭也。作亭者谁？山之僧智仙也。名之者谁？太守自谓也。

醉翁亭记

北宋·欧阳修

※ 原文

环[1]滁[2]皆山也。其西南诸峰，林壑尤美。望之蔚然而深秀者，琅琊也。山行六七里，渐闻水声潺潺，而泻出于两峰之间者，酿泉也。峰回路转[3]，有亭翼然[4]临于泉上者，醉翁亭也。作亭者谁？山之僧智仙也。名之者谁？太守自谓也。太守与客来饮于此，饮少辄醉，而年又最高，故自号曰“醉翁”也。醉翁之意不在酒，在乎山水之间也。山水之乐，得之心而寓之酒也。

若夫日出而林霏开，云归而岩穴暝，晦明变化[5]者，山间之朝暮也。野芳发而幽香，佳木秀而繁阴，风霜高洁，水落而石出者，山间之四时也。朝而往，暮而归，四时之景不同，而乐亦无穷也。

至于负者歌于途，行者休于树，前者呼，后者应，伛偻[6]提携[7]，往来而不绝者，滁人游也。临溪而渔，溪深而鱼肥；酿泉为酒，泉香而酒洌[8]。山肴野蔌，杂然而前陈者，太守宴也。宴酣之乐，非丝非竹，射者中，弈者胜，觥筹交错，起坐而喧哗者，众宾欢也。苍颜白发，颓乎其间者，太守醉也。

已而夕阳在山，人影散乱，太守归而宾客从也。树林阴翳[9]，鸣声上下，游人去而禽鸟乐也。然而禽鸟知山林之乐，而不知人之乐；人知从太守游而乐，而不知太守之乐其乐也。醉能同其乐，醒能述以文者，太守也。太守谓谁？庐陵欧阳修也。

※ 注释

1 环：环绕。2 滁：滁州。3 峰回路转：山势回环，路也跟着转弯。回，转弯。4 翼然：指亭子四角翘起，像鸟展翅的样子。5 晦明变化：或暗或明，变化不一。6 伛偻（yǔ lǚ）：弯腰驼背的样子，指老年人。7 提携：拉着手领着走，指小孩。8 洌：极清。9 阴翳（yì）：树荫遮蔽着。

※ 译文

环绕着滁州城的都是山。它西南方的几座山峰，树林和山谷尤其优美。望过去树木茂盛、幽深秀丽的，是琅琊山。在山上走了六七里，渐渐地听到潺潺的流水声，水从两座山峰之间奔泻出来的，这是酿泉。山势回环，路也跟着转弯，有座亭子四角翘起、像鸟儿张开翅膀一样，坐落在酿泉边上，就是醉翁亭。造亭子的是谁？是这山里的和尚智仙。给亭子取这个名字的是谁？是太守用自己的别号来称呼它。太守和客人们到这里来宴饮，喝一点点酒就醉了，而年纪又最大，所以自称醉翁。醉翁的心思不在于喝酒，而在于游山玩水。游山玩水的快乐，内心领略了，又通过喝酒来寄托这种快乐。

早晨太阳出来，树林里的雾气散开；傍晚烟云聚拢，山石洞穴又阴暗起来。这样由明变暗，由暗变明的情形，就是山中的早晨和傍晚。野花开放，发出清幽的香气；树木枝繁叶茂，形成一片浓密的绿荫；天高气爽，霜色洁白；山谷里水落下去，石头露出来，这就是山中一年四季的景象。早上去，傍晚回，四季的风景不同，游玩的乐趣也无穷无尽。

至于背着东西的人在路上唱着歌，走路的人在树下休息，前面的人大声呼唤，后面的人随声答应。驼着背的老人和被牵着的小孩，来来往往、络绎不绝，这是滁州的人在山里游玩。到溪里捕鱼，溪水很深，鱼很肥；用酿泉的水酿酒，泉水香甜，酒色清纯；野味野菜，纷纷摆在桌前，这是太守在举行宴会。宴会喝酒的乐趣，不在于动听的音乐；投壶的人投中了，下棋的人下赢了，就罚输的喝酒，于是酒杯酒筹交互错杂；一时坐着，一时站起，大声喧闹。这是太守的宾客在尽情地欢乐啊！苍老的容颜、雪白的头发，醉醺醺地坐在他们中间，这是太守喝醉了。

后来傍晚的太阳落在西山上，人影散乱，这是太守回府，客人们跟着他。浓密的树荫遮盖着，上上下下的鸟叫声响成一片，这是游人离去了，鸟儿在尽情欢唱。但是鸟儿只知道山林里的快乐，却不知道游人的快乐；游人只知道跟着太守游玩很快乐，却不知道太守因为看到他们快乐而感到很快乐。喝醉了能和大家一起快乐，酒醉以后能够用文章记下这些快乐情形的，是太守。太守是谁？是庐陵的欧阳修啊！

※ 评析

本文是作者被贬为滁州知州时写的。文章通过对优美的自然环境、和谐的社会风气的描写，表达了作者“与民同乐”的政治理想，从侧面表现了自己在滁州的政绩，同时，也反映了他遭贬谪后纵情山水，借以排遣愁闷的思想。

文章文采飞扬，写景抒情莫不酣畅淋漓。二十一个“也”使文章有一气呵成之感，音韵铿锵，美不胜收。欧阳修作文，最喜精思细改。本文首句本来是用几个分句写滁州四面有哪些山，反复修改后，定为五字：“环滁皆山也。”

作者虽遭贬谪，但能在纵情山水中找到快乐，这就是人生一大幸事。由此我们可以看出，人在这个世界上生存并非只有做官是最好的选择，只要以一种乐观的心态去对待生活，那么生活就处处都充满喜悦和希望。

秋声赋

北宋·欧阳修

※ 原文

欧阳子方夜读书，闻有声自西南来者，悚然而听之，曰："异哉！初淅沥以萧飒，忽奔腾而砰湃；如波涛夜惊，风雨骤至。其触于物也，鏦鏦铮铮[1]，金铁皆鸣；又如赴敌之兵，衔枚[2]疾走，不闻号令，但闻人马之行声。"

予谓童子："此何声也？汝出视之。"童子曰："星月皎洁，明河[3]在天。四无人声，声在树间。"

予曰："噫嘻，悲哉！此秋声也，胡为乎来哉？盖夫秋之为状也，其色惨淡，烟霏云敛；其容清明，天高日晶；其气栗冽，砭[4]人肌骨；其意萧条，山川寂寥。故其为声也，凄凄切切，呼号奋发。丰草绿缛而争茂，佳木葱笼而可悦。草拂之而色变，木遭之而叶脱。其所以摧败零落者，乃一气[5]之余烈。

"夫秋，刑官也[6]，于时为阴[7]；又兵象也，于行为金。是谓'天地之义气'，常以肃杀而为心。天之于物，春生秋实。故其在乐也，商声主西方之音，夷则为七月之律。商，伤也，物既老而悲伤；夷，戮也，物过盛而当杀。

"嗟乎，草木无情，有时飘零。人为动物，惟物之灵。百忧感其心，万事劳其形。有动乎中，必摇其精。而况思其力之所不及，忧其智之所不能！宜其渥然丹者[8]为槁木[9]，黟然[10]黑者为星星[11]。奈何以非金石之质，欲与草木而争荣？念谁为之戕贼[12]，亦何恨乎秋声！"

童子莫对，垂头而睡，但闻四壁虫声唧唧，如助予之叹息。

※ 注释

1 鏦（cōng）鏦铮（zhēng）铮：金属撞击声。2 衔枚：古代行军时，常令士兵口里横衔一根像筷子的小棍，使他们不能讲话，保持部队肃静，以免被敌人发觉。衔：含。3 明河：明亮的天河，也称银河。4 砭：古代用来治病的石针。这里是针刺的意思。5 一气：指秋气。6 夫秋，刑官也：周朝设官，以天地四季命名（称为六卿）。掌管刑法、狱讼的为秋官。7 于时为阴：古人以阴阳配四季，春夏为阳，秋冬为阴。8 渥（wò）然丹者：指红润的容貌，这里指年轻人。9 槁木：枯木，这里指衰老。10 黟（yī）然：黑色的样子。11 星星：点点白色。12 戕（qiāng）贼：残害。

※ 译文

我正在夜里读书，听到有一种声音从西南方传来，我吃惊地细听，说："奇怪啊。起初是淅沥的雨声夹杂着飒飒的风声，忽然奔腾澎湃起来，好像波涛在夜里猛然冲来，风雨突然袭来。它撞到物体上，发出鏦鏦铮铮的声音，好像金属撞击；又像开赴战场的士兵，口里衔枚急速前进，听不到号令，只听到人马行走的脚步声。"

我对书童说："这是什么声音啊？你出去看看。"书童回答说："星光月色，明亮皎洁，银河高挂在天上，四周都没有人声，声音是从树林里发出来的。"

我说："唉！悲伤啊！这就是秋天的声音。它为什么来呢？那是秋天的情景：它的颜色凄惨暗淡，烟云聚集；它的容貌清静明亮，天空高远，阳光灿烂；它的气候寒冷，刺入肌骨；它的意境萧条，山河寂寞寥落。所以它发出的声音，凄凄切切，呼喊号叫，尽力地发泄。春夏的时候，绿草繁茂，欣欣向荣，美丽的树木青翠茂盛，非常可爱。可是，青草一碰到这秋声，颜色就变了，绿树一碰到它叶子就落了。它们之所以摧败零落，是因为秋气的余威啊！

"秋天，是掌管刑罚的法官，在时令上属于阴；它又是征伐的季节，在五行上属于金；这叫作天地的严凝之气，常常把肃杀作为意志。天对于万物，让它们春天生长，秋天结实。所以，在音乐方面，商声是秋天的音，主管西方。夷则是七月的律。商，就是伤，万物已经衰老，就悲伤；夷，就是杀，万物太茂盛了就该衰亡。

"唉！草木是没有情感的东西，尚且到了秋天就要飘零；人是动物，而且是动物中最有灵性的。百般忧虑动摇他的心绪，万件事情劳累他的形体。心中躁动不安，一定会损伤他的精神，更何况常常要考虑他的力量做不到的事，担心他的智慧办不成的事，这当然会使他红润的面貌变得衰老，乌黑的头发变得白发斑斑。为什么要拿自己并不是金石般坚牢的身体，去和草木争荣呢？应该想想是谁折磨自己的，又何必怨恨这凄凉的秋声！"

书童不回答我，低着头睡了。只听到墙壁四周虫子唧唧地叫着，就像在陪着我叹息。

※ 评析

本文是散文赋中的名篇。作者运用多种比喻，把无形的秋声写得有形有色，形象生动，跃然纸上，反映了作者历经宦海沉浮后产生了清心寡欲的思想，让人们不要"思其力之所不及，忧其智之不能"，但也并不缺少悲秋恨秋之感。文章以散句为主，参以骈偶，加上自然宛转的韵语，很有一种音乐美。

本文中表达的清心寡欲的心境是值得我们学习的。在这个嘈杂的世界里，人们承受着太多的压力，这就要我们自己去排解，那么如何才能让自己生活得舒适而且幸福呢？那就要用一颗平静的心去对待生活，而不要刻意去追求什么，这样生活才能处处充满喜悦。

泷冈阡表

北宋·欧阳修

※ 原文

呜呼！惟我皇考[1]崇公，卜吉[2]于泷冈之六十年，其子修始克[3]表于其阡。非敢缓也，盖有待也。

修不幸，生四岁而孤。太夫人[4]守节自誓，居穷，自力于衣食，以长以教，俾至于成人。太夫人告之曰："汝父为吏，廉而好施与，喜宾客。其俸禄虽薄，常不使有余，曰：'毋以是为我累。'故其亡也，无一瓦之覆、一垄之植以庇而为生[5]，吾何恃而能自守耶？吾于汝父，知其一二，以有待于汝也。自吾为汝家妇，不及事吾姑，然知汝父之能养也。汝孤而幼，吾不能知汝之必有立，然知汝父之必将有后也。吾之始归也，汝父免于母丧[6]方逾年。岁时祭祀，则必涕泣曰：'祭而丰，不如养之薄也。'间御酒食，则又涕泣曰：'昔常不足，而今有余，其何及[7]也！'吾始一二见之，以为新免于丧适然[8]耳。既而其后常然，至其终身未尝不然。吾虽不及事姑，而以此知汝父之能养也。汝父为吏，尝夜烛治官书，屡废而叹。吾问之，则曰：'此死狱也，我求其生不得尔。'吾曰：'生可求乎？'曰：'求其生而不得，则死者与我皆无恨也。矧求而有得耶？以其有得，则知不求而死者有恨也。夫常求其生，犹失之死，而世常求其死也。'回顾乳者抱汝而立于旁，因指而叹曰：'术者谓我岁行在戌将死，使其言然，吾不及见儿之立也，后当以我语告之。'其平居教他子弟，常用此语，吾耳熟焉，故能详也。其施于外事，吾不能知。其居于家，无所矜饰，而所为如此，是真发于中者邪！呜呼！其心厚于仁者耶！此吾知汝父之必将有后也。汝其勉之。夫养不必丰，要于孝；利虽不得博于物[9]，要其心之厚于仁。吾不能教汝，此汝父之志也。"修泣而志之，不敢忘。

先公少孤力学，咸平三年进士及第，为道州判官，泗、绵二州推官，又为泰州判官，享年五十有九，葬沙溪之泷冈。太夫人姓郑氏，考讳德仪，世为江南名族。太夫人恭俭仁爱而有礼，初封福昌县太君，进封乐安、安康、彭城三郡太君。自其家少微时，治其家以俭约，其后常不使过之。曰："吾儿不能苟合于世，俭薄所以居患难也。"

其后修贬夷陵，太夫人言笑自若，曰："汝家故贫贱也，吾处之有素矣。汝能安之，吾亦安矣。"

自先公之亡二十年，修始得禄而养。又十有二年，列官于朝，始得赠封其亲。又十年，修为龙图阁直学士、尚书吏部郎中，留守南京。太夫人以疾终于官舍，享年七十有二。又八年，修以非才入副枢密，遂参政事[10]。又七年而罢[11]。自登二府[12]，天子推恩[13]，褒其三世。盖自嘉祐以来，逢国大庆，必加宠锡。皇曾祖府君，累赠金紫光禄大夫、太师、中书令。曾祖妣，累封楚国太夫人。皇祖府君，累赠金紫光禄大夫、太师、中书令兼尚书令。祖妣，累封吴国太夫人。皇考崇公，累赠金紫光禄大夫、太师、中书令兼尚书令。皇妣，累封越国太夫人。今上初郊，皇考赐爵为崇国公，太夫人进号魏国。

于是小子修泣而言曰："呜呼！为善无不报，而迟速有时，此理之常也。惟我祖考，积善成德，宜享其隆。虽不克有于其躬，而赐爵受封，显荣褒大，实有三朝之锡命。是足以表见于后世，而庇赖其子孙矣。"乃列其世谱，具刻于碑。既又载我皇考崇公之遗训，太夫人之所以教而有待于修者，并揭于阡。俾知夫小子修之德薄能鲜，遭时窃位；而幸全大节，不辱其先者，其来有自。

熙宁三年，岁次庚戌，四月辛酉朔，十有五日乙亥；男推诚、保德、崇仁、诩戴功臣，观文殿学士，特进，行兵部尚书，知青州军州事，兼管内劝农使，充京东路安抚使，上柱国，乐安郡开国公，食邑[14]四千三百户，食实封[15]一千二百户，修表。

※ 注释

1 皇考：对亡父的尊称。2 卜吉：占卜吉地。3 克：能够。4 太夫人：指欧阳修的母亲郑氏。古时列侯之妻称夫人，列侯死，子称其母为"太夫人"。5 "无一瓦之覆"二句：谓没有片瓦可资覆盖（指没有自己的房屋），没有一块田地可以耕种。6 免于母丧：母亲死后，守丧期满。7 何及：指来不及以酒食事亲。8 适然：偶然这样。和下文"常然""未尝不然"相对应。9 博于物：普及于人。10 参政事：做参知政事，即副宰相。11 又七年而罢：欧阳修在宋英宗治平四年（公元1067年）被罢免参知政事。12 二府：宋代枢密主管军事，中书省主管政事，同为最高国务机关，并称"二府"。13 推恩：施与恩惠。14 食邑：亦称"采邑"或"封地"。指以征收封地的租税作食禄。15 食实封：谓实封的食邑。

※ 译文

唉！我的先父崇国公，在泷冈占卜吉地安葬六十年了，他的儿子欧阳修才能够在墓道上立碑。这并不是我敢拖延，而是因为有所等待。

我不幸，生下来四岁时父亲就去世了。母亲自己发誓守节，家境贫寒，自己操持生活，抚养、教育我，使我长大成人。母亲告诉我说："你父亲做官，清廉自守却喜欢周济别人，又喜欢结交朋友。他的俸禄虽然微薄，却常常不让它有一点剩余。他说：'不要让它成为我的负担。'所以他去世后，没有房屋可以居住，没有一块田地可以耕种，不能赖以生存。我靠什么能够自己守节呢？我对你父亲，略微知道一二，因而对你有所期待。自从我做了你家的媳妇，没有来得及赶上侍奉我的婆母，但我知道你父亲是能孝养父母的。你没了父亲，年纪又小，我不能断定你一定会有所成就，但是知道你父亲一定后继有人。我刚嫁过来的时候，你父亲服母丧期满刚过一年。每当逢年过节祭祀的时候，他一定流着泪说：'祭祀时祭品再多，也比不上活着时微薄的供养啊。'偶然有点好酒好饭菜，就又流泪说：'以前常常缺少，现在却有剩余了，可是怎么来得及供养父母呢？'我开始看一两次，认为他是新近免除服丧，偶然这样罢了。后来却经常这样，直到他去世，没有一次不是这样的。我虽然没赶上侍奉婆母，但从这里我知道你父亲一定能孝敬奉养父母的。你父亲做官，曾经在夜里点灯批阅案卷，多次停下来叹息。我问他，他说：'这判死罪的案子，我想救活他却做不到。'我说：'该判死罪的还能想法救么？'他说：'想救活却做不到，那么死者和我都没有遗憾了；何况想救活有时还做得到呢？因为可以救活，而知道凡是没有替他想办法而被处死的，就会有遗恨。经常想救活死囚，还免不了错杀；世上却还有人总是想把人处死呢！'他回头看到奶娘抱着你站在旁边，就指着你叹息说：'算命的人说我碰到戌年就会死了，如果他的话说对了，那我就看不到这孩子成人了，以后你应该把我的话告诉他。'他平时教育其他晚辈，也常用这些话，我听熟了，所以记得很清楚。他在外面做的事，我不能知道；他住在家里，我却知道是没有一点做作的。这些话是真正发自内心深处的！唉！他的心是很重视仁德的！这就是我知道你父亲后继有人的原因。你一定要用这些勉励自己啊！供养父母不一定要衣食丰厚，重要的是孝顺；利人的事虽然不能遍及每个人，重要的是心里要重视仁义。我不能教导你，这是你父亲的期望啊。"我哭着记住了这些话，不敢忘记。

先父小时候便失去了父亲，努力读书。咸平三年中了进士，做过道州的判官，泗州、绵州的推官，又做过泰州的判官，终年五十九岁，葬在沙溪的泷冈。我母亲姓郑，她的父亲名德仪，世代都是江南有名的大族。我母亲恭敬节俭、仁厚慈爱，待人很有礼节，开始被封为福昌县太君，后来晋封为乐安、安康、彭城三郡太君。从我们家里贫穷时起，她管理家务就注意节俭，后来总是不让超过这个限度，说："我的儿子不会苟且迎合世人，俭朴节约是为了准备将来过患难日子。"后来我被贬官做夷陵的知县，母亲谈笑自如，说："你家原来就很穷，我过这种日子已经过惯了。你能安心过，我也能安心过了。"

先父去世二十年后，我才得到俸禄供养母亲。又过了十二年，我到朝廷做官，才能使先人得到封赠。再过了十年，我做了龙图阁直学士、尚书吏部郎中，留守南京。母亲因病在官舍里去世，终年七十二岁。再过了八年，我虽然无才，却进了枢密院当副使，接着当了参知政事。又过了七年罢了官。自从我进了枢密院和中书省，天子施与恩德，褒扬了曾祖、祖、父母三代。从嘉祐年间以来，每逢国家大典，一定加以恩宠赏赐。先曾祖父，累封金紫光禄大夫、太师、中书令；先曾祖母，累封楚国太夫人；先祖父，累封金紫光禄大夫、太师、中书令兼尚书令；先祖母，累封吴国太夫人；先父崇公，累赠金紫光禄大夫、太师、中书令兼尚书令；先母，累封越国太夫人。当今皇上第一次祭天，赠封先父为崇国公，先母加封为魏国太夫人。

于是我流着泪说："唉！做好事没有不得到好报的，只是有早有晚，这是常理。我的祖先，积修善行，成就仁德，应该享受隆厚的报答。虽然他们生前没能亲自领受，死后却能赐爵受封，荣光显隆，褒扬厚重，享有三朝的恩宠诏命，这就足以让后世称扬，庇佑他们的子孙了。"我于是列出世代的家谱，都刻在墓碑上。接着又记下我父崇国公的遗训和先母是如何教导期望我的，都在墓碑上写明。使人们知道我德行微薄，才能缺少，却遇上清明的时代，做了官员，而且万幸保全了大节，没有辱没祖先，是由于上述的原因。

熙宁三年，庚戌岁四月十五日，儿子推诚保德崇仁翊戴功臣、观文殿学士、特进、行兵郡尚书、知青州军州事、兼管内劝农使、充京东路安抚使、上柱国、乐安郡开国公，食邑四千三百户、实食邑一千二百户，欧阳修撰表。

※ 评析

本文是欧阳修撰写刻在他父亲墓前石碑上的墓表。作者四岁时父亲就去世了，所以本文是通过母亲之口来讲述父亲的事情。表文前半部分称赞先人仁德，后半部分记述家世恩荣，充满扬名显亲的思想。文章不仅写父亲的为人处世，同时也写出了母亲的节操。但文章并不像一般墓碑那样夸张藻饰。追述父亲的孝顺仁厚，母亲的俭约和安于贫贱，只举一两件平实事例，语言质朴，感情深刻真挚。

本文提出了"祭而丰，不如养之薄也"的观点。这句话虽然听起来很简单，却表现出了一个为人子的孝心。在当今这个竞争日益激烈的社会里，人们都在忙于自己的事业，很少去顾及父母的感受。老人们只是在期待儿女能够有时间陪陪自己，可是试想有几个人真正做到了这一点？所以希望这篇文章能给人们以警示，要关心自己的父母，这样以后自己才不会留有遗憾。

辨奸论

北宋·苏洵

※ 原文

事有必至，理有固然。惟天下之静者[1]，乃能见微而知著。月晕而风，础[2]润[3]而雨，人人知之。人事之推移，理势之相因，其疏阔[4]而难知，变化而不可测者，孰与天地阴阳之事[5]？而贤者有不知，其故何也？好恶乱其中，而利害夺其外也。

昔者，山巨源见王衍曰："误天下苍生者，必此人也！"郭汾阳见卢杞曰："此人得志，吾子孙无遗类矣！"自今而言之，其理固有可见者。以吾观之，王衍之为人，容貌言语，固有以欺世而盗名者。然不忮[6]不求，与物浮沉，使晋无惠帝，仅得中主[7]，虽衍百千，何从而乱天下乎？卢杞之奸，固足以败国；然而不学无文，容貌不足以动人，言语不足以眩世，非德宗之鄙暗，亦何从而用之？由是言之，二公之料二子，亦容有未必然也。

今有人[8]，口诵孔、老之言，身履夷、齐[9]之行，收召好名之士、不得志之人，相与造作言语，私立名字，以为颜渊、孟轲复出；而阴贼险狠，与人异趣。是王衍、卢杞合而为一人也，其祸岂可胜言哉？

夫面垢不忘洗，衣垢不忘浣，此人之至情也。今也不然，衣臣虏之衣，食犬彘之食，囚首丧面[10]，而谈《诗》《书》，此岂其情也哉？凡事之不近人情者，鲜不为大奸慝，竖刁、易牙、开方是也。以盖世之名，而济其未形之患，虽有愿治之主、好贤之相，犹将举而用之；则其为天下患，必然而无疑者，非特二子之比也。

孙子曰："善用兵者，无赫赫之功[11]。"使斯人而不用也，则吾言为过，而斯人有不遇之叹，孰知祸之至于此哉？不然，天下将被其祸，而吾获知言之名，悲夫！

※ 注释

1 静者：心态平静、思维冷静的人。2 础：柱子下面的石礅。3 润：潮湿。4 疏阔：宽大广阔。这里有渺茫难以捉摸的意思。5 天地阴阳之事：指自然界的一切现象。6 忮（zhì）：嫉妒，忌恨。7 中主：中等才能的皇帝。8 今有人：指王安石。9 夷、齐：伯夷，叔齐。两人都是商朝末年孤竹国国君的儿子，相传孤竹国国君死后，兄弟俩相互推让，都不继位，后一同逃往周地。周武王伐纣，二人叩马而谏。商亡后，他们足不踏周地，口不食周粟，饿死于首阳山。他们的行为为后代儒家所推崇。10 囚首丧面：形容不注意修饰。11 善用兵者，无赫赫之功：孙子认为，善于用兵的人往往退敌于未临，所以从表面上看起来没有显著的战功。

※ 译文

事情的发展有一定的结局，道理有本来的规律。天下只有心态平静、思维冷静的人，才能从细微的变化中预知事情的明显后果。月亮周围出现了光圈，意味着要刮风；柱底的石墩返潮，预示着要下雨，这是人人都知道的。人世间事情的发展变化，道理情势的相互因循，它们渺茫难知，变化多端而不可预测，哪里比得上天地万物的阴阳变幻呢？可是贤能的人有所不知，这是什么缘故呢？这是因为喜好或厌恶的感情扰乱了他们的心，而利害的得失又影响了他们的行动。

从前，山巨源见了王衍，说："将来贻误天下老百姓的，一定是这个人。"郭汾阳见了卢杞，说；"这个人一旦得志，我的子孙将会被铲除净尽。"从现在来看，的确有可以预见的道理。据我看来，王衍的为人，他的容貌言语，确实有欺世盗名的地方，然而他不嫉妒别人，不过分贪求，只是在世俗中随波逐流。如果晋朝没有晋惠帝，仅仅有一个一般的君主，即使有千百个像王衍这样的人，又怎么能使天下大乱呢？卢杞的奸险，固然足以使国家败坏，但是他不学无术，容貌既不足以动人，言谈也不能迷惑世人。如果不是昏庸鄙陋的唐德宗，又哪里能够重用他？由此说来，山、郭二公对王、卢二人的预言，也未必准确吧。

现在有些人，嘴上说着孔子、老子的话，亲身实践着伯夷和叔齐的清高行为，收罗了一伙沽名钓誉的士人和一些不得志的人，他们在一起制造舆论，自我标榜，把自己说成颜渊再世、孟轲复生。可是他们内心却阴险狠毒，志趣和一般人大不一样。这真是合王衍、卢杞于一个人了，造成的祸患哪里能够说得尽呢？

脸脏了不忘记洗擦，衣服脏了不忘记洗涤，这是人之常情。现在他们却不是这样，穿着奴仆的衣服，吃着猪狗的食物，头发像囚犯一样又长又脏，脸像居丧者一样布满尘垢，却大谈诗书，这难道合乎情理吗？凡是做事情不近人情的，很少有不是大奸大恶的，竖刁、易牙、开方就是这类人。以盖世的名望来助成他们还没有呈现出来的祸患，虽然有励精图治的君主以及喜爱贤才的宰相，也还是会提拔，并加以重用。那么，他们将来成为天下的祸患，那必然而无疑的情况，这不是王衍、卢杞所能比拟的了。

孙子说："善于用兵的人，没有显赫的战功。"假使这个人不被重用，那么，我的话便会被认为是错的，这个人也会有怀才不遇之叹。如果这样，又有谁能知道他所造成的祸患将会达到这种严重地步呢？如果不是这样，那么天下的人都将遭受他的祸患，而我个人则会获得这卓识的美名，那就太可悲了！

※ 评析

据前人考证，本文是南宋初年道学家为攻击王安石而假托苏洵之名写作的。本文作者站在保守者的立场上攻击改良派，称之为"奸"。为了攻击、诬蔑王安石，从性格、生活、行为等方面，对王安石肆意诋毁与丑化。为达到政治上反对他人的目的，进行人身攻击，这种态度和手法是十分卑劣的，前人对此已有过许多批评。由此可见，一种新事物代替旧事物都不是一帆风顺的，它要经受严格的考验，进而一步一步走向成功。

除此之外，文章提出了“见微知著”的观点，即从小事的发展动向可以预知事情的发展态势乃至结果。这是本文的可取之处。

留侯[1]论

北宋·苏轼

※ 原文

古之所谓豪杰之士，必有过[2]人之节[3]，人情有所不能忍者。匹夫见辱，拔剑而起，挺身而斗，此不足为勇也。天下有大勇者，卒然临之而不惊，无故加之而不怒。此其所挟持者[4]甚大，而其志甚远也。

夫子房受书于圯[5]上之老人也，其事甚怪；然亦安知其非秦之世有隐君子者出而试之？观其所以微见其意者，皆圣贤相与警戒之义；而世不察，以为鬼物，亦已过矣。且其意不在书。

当韩之亡、秦之方盛也，以刀锯鼎镬[6]待天下之士。其平居无罪夷灭者，不可胜数。虽有贲、育，无所获施。夫持法太急者，其锋不可犯，而其势未可乘。子房不忍忿忿之心，以匹夫之力而逞于一击之间。当此之时，子房之不死者，其间不能容发[7]，盖亦危矣。千金之子，不死于盗贼，何哉？其身可爱，而盗贼之不足以死也。子房以盖世之才，不为伊尹、太公之谋，而特出于荆轲、聂政之计，以侥幸于不死，此圯上老人之所为深惜者也。是故倨傲鲜腆[8]而深折之。彼其能有所忍也，然后可以就大事，故曰：“孺子[9]可教也。”

楚庄王伐郑，郑伯肉袒牵羊以迎。庄王曰：“其主能下人，必能信用其民矣。”遂舍之。勾践之困于会稽，而归臣妾于吴者，三年而不倦。且夫有报人[10]之志，而不能下人者，是匹夫之刚也。夫老人者，以为子房才有余，而忧其度量之不足，故深折其少年刚锐之气，使之忍小忿而就大谋。何则？非有平生之素，卒然相遇于草野之间，而命以仆妾之役，油然[11]而不怪者，此固秦皇之所不能惊，而项籍之所不能怒也。

观夫高祖之所以胜，而项籍之所以败者，在能忍与不能忍之间而已矣。项籍唯不能忍，是以百战百胜，而轻用其锋。高祖忍之，养其全锋而待其敝，此子房教之也。当淮阴破齐，而欲自王，高祖发怒，见于词色。由是观之，犹有刚强不能忍之气，非子房其谁全之？

太史公疑子房以为魁梧奇伟，而其状貌乃如妇人女子，不称其志气。呜呼，此其所以为子房欤[12]！

※ 注释

1 留侯：即张良，字子房。相传为城父（今安徽亳县）人。秦末，聚众归附刘邦，为刘邦的重要谋臣。楚汉战争中，辅佐刘邦打败项羽，建立汉朝。后封于留（今江苏沛县东南），故称留侯。2 过：超出。3 节：志节，指志向和气概。4 所挟持者：指志向，抱负。5 圯（yí）：桥。6 刀锯鼎镬（huò）：借喻以暴力待人。7 其间不能容发：比喻到了非常危险的境地。8 鲜腆（xiǎn tiǎn）：这里指没有恭维的言辞。9 孺子：小孩。称别人为“孺子”，是傲慢的表现。10 报人：向人报仇。11 油然：顺从的样子。12 此其所以为子房欤：意思是说，张良相貌柔弱，而志节过人，经桥上老人指点，能够忍人之所不能忍，这正是张良的长处。欤：句尾叹词。

※ 译文

古时候被称为英雄豪杰的人，一定有过人的志节，能容忍一般人所不能忍受的事情。普通人一旦被侮辱，就会拔剑而起，挺身而斗，这不能算是勇敢。天下那些真正有大勇的人，在意外事情突然降临时不惊慌，无缘无故地对他加以侮辱，也不发怒，这是由于他的抱负很大，而且志向高远的缘故。

张良从桥上老人那里得到兵书，这件事很奇怪。但是又怎能知道不是秦时隐居的君子，特意出来考验张良的呢？看他用来微微显示自己意思的，都是圣贤相互提醒告诫的道理。而世人却不明白，以为是神仙，这也太荒谬了啊！况且老人的真实用意并不在于授书。

当韩国灭亡、秦国正强盛的时候，秦国用刀锯、鼎镬等各种刑具残酷地对付天下贤士，那些平白无故被杀戮的人，不计其数。当时即使有孟贲、夏育这样的勇士，也无法施展他们的本领。施行严刑峻法过于急切的人，他的锋芒是不能去触犯的，而且当时的形势也没有可乘之机。张良不能忍耐愤怒的心情，想以个人的力量，逞强于一次狙击之中。这个时候，张良能够活下来，生死之间简直容不下一根头发，实在是危险极了。富贵人家的子弟，不死于盗贼之手。这是什么原因呢？因为他们知道生命的可贵，不值得同盗贼相斗而死。张良凭着他出类拔萃的才能，不效法伊尹、太公那样考虑大的谋略，而只想采取荆轲、聂政那种行刺的小计，因为侥幸才保住了生命，这是桥上老人深深地为他惋惜的事。因此，老人在他面前故意摆出高傲无礼的态度，狠狠地挫伤他。他必须能够忍耐，然后才能够成就大的事业。所以老人说：“这小伙子是可以教诲的。”

楚庄王攻伐郑国，郑伯袒露身体，牵着羊去迎接他。楚庄王说：“一国的君主能够屈己尊人，一定会得到百姓的信任和拥护。”于是收兵，不再攻伐。勾践被围困于会稽山上，于是留在吴国做人质，如同奴仆一般，三年也不表示厌倦。再说，有报仇的志向，却又不能屈己尊人，这是世俗人的刚强。至于那桥上老人，他以为张良才能有余，但担心他度量不足，所以才狠狠地挫伤他那刚强暴躁的脾气，使他能够忍受小的愤怒而实现远大的谋略。为什么呢？两个平常毫无交往的人，突然相遇在乡野之间，却命令张良去做奴仆，而张良处之泰然，不以为怪。这样的人当然是秦始皇所不能惊吓，而楚王也不能激怒的。

观察汉高祖之所以取胜，项羽之所以失败的原因，也在于能忍与不能忍罢了。项籍只因为不能忍耐，所以百战百胜而轻易地使用他的精锐力量。汉高祖能够忍耐，蓄养他的全部精锐等待项羽的疲敝，这正是张良教给他的。当淮阴侯韩信攻破齐国，想要自立为王的时候，汉高祖大怒，表露于言词和神情上。由此看来，高祖还是有刚强不能忍耐的性情，如果不是张良，还有谁能成全他呢？

太史公曾猜测张良一定是身材魁梧、相貌奇伟的人，但他的体态、容貌竟像妇人女子一样，与他的志向气节很不相称。唉，这大概就是张良之所以是张良的原因吧！

※ 评析

本文是苏轼的名作之一，表现出苏轼史论论述绵密又挥洒自如的风格。作者以“张良遇圯上老人”这一事件展开评论，对传统的神秘观点进行了批判，同时还列举了郑伯、勾践能忍辱负重之史实，将汉高祖刘邦和项羽的忍与不忍相对比，以说明“小不忍则乱大谋”，从而确立“忍小忿而就大谋”这一论点。

文章主要讲忍与不忍对事情的结果。自古至今就有“忍一时风平浪静”的说法，可是一到关键时刻，人们往往控制不住激动的情绪而做出冲动的事情来。本文就是向我们展示一个道理：小事要忍才有可能成就大事。激动往往会断送自己的退路，而陷入失败无法挽回的地步。

全文以严肃的议论开始，以“闲笔”作收尾，含蓄深刻，饶有趣味。

卷十一

国于南山之下，宜若起居饮食与山接也。四方之山，莫高于终南，而都邑之丽山者，莫近于扶风。以至近求最高，其势必得。而太守之居，未尝知有山焉。虽非事之所以损益，而物理有不当然者。此凌虚之所为筑也。

凌虚台记

北宋·苏轼

※ 原文

国[1]于南山之下，宜若起居饮食与山接也。四方之山，莫高于终南，而都邑之丽山者，莫近于扶风。以至近求最高，其势必得。而太守之居，未尝知有山焉。虽非事之所以损益[2]，而物理[3]有不当然者。此凌虚[4]之所为筑也。

方其未筑也，太守陈公杖履[5]逍遥[6]于其下，见山之出于林木之上者，累累[7]如人之旅行于墙外而见其髻[8]也。曰："是必有异。"使工凿其前为方池，以其土筑台，高出于屋之檐而止。然后，人之至于其上者，恍然不知台之高，而以为山之踊跃奋迅而出也。公曰："是宜名凌虚。"以告其从事苏轼，而求文以为记。

轼复于公曰："物之废兴成毁，不可得而知也。昔者荒草野田，霜露之所蒙翳[9]，狐虺[10]之所窜伏。方是时，岂知有凌虚台耶？废兴成毁，相寻[11]于无穷，则台之复为荒草野田，皆不可知也。尝试与公登台而望，其东则秦穆之祈年、橐泉也，其南则汉武之长杨、五柞，而其北则隋之仁寿、唐之九成也。计其一时之盛，宏杰诡丽，坚固而不可动者，岂特[12]百倍于台而已哉！然而，数世之后，欲求其仿佛，而破瓦颓垣，无复存者，既已化为禾黍荆棘、丘墟陇亩矣，而况于此台欤！夫台犹不足恃以长久，而况于人事之得丧[13]、忽往而忽来者欤？而或者欲以夸世而自足，则过矣。盖世有足恃者，而不在乎台之存亡也。"

既以言于公，退而为之记。

※ 注释

1 国：指城邑，这里用作动词，指建城邑。2 损益：损，减小；益，增加，这里是影响的意思。3 物理：事物的道理。4 凌虚：高耸入天空中。5 杖履：拄着手杖漫步。6 逍遥：怡然自得的样子。7 累累：连贯成串的样子。8 髻：挽束在头顶的头发。9 蒙翳（yì）：遮蔽。10 虺（huǐ）：毒蛇。11 相寻：互相循环，周而复始。12 特：仅仅，只。13 得丧：获得和丧失。

※ 译文

终南山下修建城邑，城中人的起居、喝茶、吃饭好像都会和山有接触。围着州城的山峰，没有哪座比终南山更高，而靠近终南山的城邑，比扶风更近的就没有了。从离山最近的城邑去探求最高的山，按地势来说，一定可以做到。可是太守居住的地方，从来就不知道山在哪里。虽然这对政事没有什么影响，但是在事理逻辑来说就不应是这样。这就是修建凌虚台的原因啊。

当这个台还没修建的时候，扶风太守陈先生就拄着手杖，悠然地出去漫步。瞧见树林的上边露出山形的影子重叠着、串联着，在一起好像是成群结队行走的人走在墙外而露出他们的发髻一样，就说："这里必定有奇妙的景致！"于是叫人在山前开凿出一口池塘，用挖出的土石修筑成一座高台，比屋檐还高时才停止。这样一来，步行到台子上面的人，恍恍惚惚不知道台子有多高，却以为是山突然长出来，踊跃奔腾。陈老先生说："这台子应该叫'凌虚'。"他把他的主意告诉部下苏轼，要求他写一篇文章来记下这件事。

我答复陈老先生说："一座建筑物的破败或兴盛，存在和毁坏是无法预料的。先前，这里是一片长满野草的荒地，是霜露遮蔽，狐狸、毒蛇出没的地方，在那时，怎么会知道这里将会有凌虚台呢？破败和兴盛，存在和毁坏，它们无穷无尽地相互转化循环，那么，有朝一日，凌虚台重新成为野草荒地，也是无法预料的。我曾经与您登上台子极目眺望，台子的东方是秦穆公时建成的祈年宫和橐泉宫，台子的南面是汉武帝时修筑成的长杨宫和五柞宫，它的北面是隋炀帝时的仁寿宫、唐太宗时修复仁寿宫而成的九成宫啊。想见那一时的盛大气派、宏伟奇特和壮丽、坚固不可动摇的程度，比起这凌虚台来，难道只是超过一百倍吗？可是几代过去后，想要再找到它们旧的大致形貌，却连破瓦断砖、倒塌的墙都不再存在了。即使是这样的宏伟建筑都已经变成长满禾、黍的田野，荆棘丛生的废墟，更何况是这座凌虚台呢！这凌虚台尚且还不能依靠它的坚固而长久地存在下去，更何况是人世的得失，忽去忽来，这样的飘忽不定呢！如果有人想用这些亭台楼阁向世人夸耀，同时满足自己，那就错了。其实世界上有足够用来依靠的，并不在乎一座台的存在或毁灭。"

我把自己的想法对陈先生说了，回来后就写下这篇文章。

※ 评析

此文虽然为"记"，重点是"论"。这篇文章是苏轼应扶风太守陈希亮的要求而作。文章以流畅的笔调叙述凌虚台建造和命名这件事。抒发了作者"废兴成毁"的感慨，由此推出世事不可预料。同时指出不能消极地"夸世自足"而要不懈地探求，这样才能实现自己的目标。最后，作者以乐观旷达的笔调写道："盖世有足恃者，而不在乎台之存亡也。"

全文感情充沛，沉郁苍凉，最耐人寻味的是作者没有点明"世有足恃"是什么，使文章更显深沉、含蓄。

超然台记

北宋·苏轼

※ 原文

凡物皆有可观。苟有可观，皆有可乐，非必怪奇伟丽者也。哺[1]糟啜[2]醨[3]，皆可以醉；果蔬草木，皆可以饱。推此类也，吾安往而不乐！

夫所为求福而辞祸者，以福可喜而祸可悲也。人之所欲无穷，而物之可以足吾欲者有尽。美恶之辨战于中，而去取之择[4]交[5]乎前，则可乐者常少，而可悲者常多。是谓求祸而辞福。夫求祸而辞福，岂人之情也哉？物有以盖之矣。彼游[6]于物之内，而不游于物之外。物非有大小也，自其内而观之，未有不高且大者也。彼挟其高大以临我，则我常眩乱反复。如隙中之观斗，又乌知胜负之所在？是以美恶横生[7]，而忧乐出焉，可不大哀乎！

余自钱塘移守胶西，释[8]舟楫之安，而服[9]车马之劳；去雕墙[10]之美，而蔽采椽[11]之居；背湖山之观，而适桑麻之野。始至之日，岁比[12]不登，盗贼满野，狱讼充斥，而斋厨[13]索然，日食杞菊，人固疑余之不乐也。处之期年，而貌加丰，发之白者，日以反黑。予既乐其风俗之淳，而其吏民亦安予之拙也。

于是治其园囿，洁其庭宇，伐安丘、高密之木，以修补破败，为苟完之计。而园之北，因城以为台者旧矣，稍葺[14]而新之。时相与登览，放意肆志焉。南望马耳、常山，出没隐见，若近若远，庶几[15]有隐君子乎？而其东则庐山，秦人卢敖之所从遁也。西望穆陵，隐然如城郭，师尚父、齐威公之遗烈，犹有存者。北俯潍水，慨然大息，思淮阴之功，而吊其不终。台高而安，深而明，夏凉而冬温。雨雪之朝，风月之夕，予未尝不在，客未尝不从。撷[16]园蔬[17]，取池鱼，酿秫酒[18]，瀹[19]脱粟[20]而食之，曰：“乐哉！游乎！”

方是时，予弟子由，适在济南，闻而赋之，且名其台曰“超然”。以见予之无所往而不乐者，盖游于物之外也。

※ 注释

1 哺（bǔ）：吃。2 啜：喝饮。3 醨（lí）：薄酒。4 择：挑选。5 交：交错。6 游：游心。7 横生：不断出现，到处发生。8 释：离去，原意为解除。9 服：适应。10 雕墙：用彩画装饰墙壁。11 采椽：简陋的房屋。12 比：屡屡，连续。13 斋厨：指官署的厨房。14 葺（qì）：修理。15 庶几：也许，可能。16 撷：采摘。17 蔬：蔬菜。18 秫酒：高粱酒。19 瀹（yuè）：煮。20 脱粟：糙米。

※ 译文

万物都有值得观赏之处，只要值得观赏，就都可以使人快乐，不必是奇异瑰丽的东西。吃酒糟、喝淡酒，都能使人醉倒；瓜果、蔬菜、草木一类东西，也都可用来饱肚。照这样类推，我到什么地方会不快乐呢？

那些追求福禄而躲避祸患的人，认为福禄让人高兴，而祸患使人悲哀。人的欲望没有穷尽，但能满足我们欲望的事物却是有限的。如果心里总存在着美与丑的斗争，眼前总是进行着取与舍的选择，那么，使人快乐的东西往往很少，而令人悲哀的事却常常很多。这叫作寻求祸患而逃避幸福。求祸辞福，难道是人的常情吗？这是受了物欲蒙蔽的缘故。那些人整天沉迷在物质生活当中，而不能超越现实。事物本没有大小的区别，从它的内部来观察，那就没有不是又高又大的了。它凭着那种高大俯瞰着我们，使我们头昏目眩，难辨是非，恰如通过小小的缝隙看人家殴斗，又怎能知道谁胜谁负？因此，美好和邪恶交错地产生，欢喜和忧愁也就随之都出现了，这不是很可悲吗？

我从浙江钱塘调任密州知州后，失去了舟楫畅通的安逸，忍受着骑马坐车的辛劳；离开了华丽的建筑，住在这简陋的房屋；远离了湖山的胜景，奔走于充满桑麻的荒郊僻野。刚来的时候，庄稼连年歉收，盗贼遍地，案件很多；厨房里很寒酸，每天只吃一些野菜。人们猜想我的心里一定不快乐。但我在这里住了一年，面容却更加丰腴，头上的白发也一天天地重新变黑了。我已经喜欢上这里的淳朴风俗，这里的官吏和百姓，也真正习惯了我的笨拙。

于是我修建了园圃，整理了房舍院落，砍伐安丘和高密山上的树木，来修补破败的地方，作为暂时安居的计划。在园子的北面，一个在城墙上修建的高台已经破旧不堪，我把它略微修补了一下。时常和宾客一起登台眺望、舒展情怀，从台上向南面望去，马耳山、常山在云雾中忽隐忽现，时远时近，那里大概有隐士吧。高台东面的卢山，是秦朝的卢敖隐居的地方。向西面望去，穆陵关隐约中宛如城郭一般。姜太公和齐桓公的赫赫功业，还保存在这里。向北俯瞰潍水，不禁慨然叹息，怀想淮阴侯当年的功业，伤悼他悲惨的结局。台子高大而结实，深广而明亮，冬暖夏凉。无论雨雪飘洒的早晨，还是月白风清的夜晚，我都在台上，宾客们也总是跟随着。我们采摘园中的蔬菜，捕捞池里的鲜鱼，酿了高粱美酒，煮了糙米饭，边吃边说：“在这里游玩多快乐啊！”

当时我的弟弟子由，正在济南做官，听到这情景便写了篇赋，并给这个台取名为“超然”。以此来表现我无论到什么地方都很快乐，大概是由于超于物外的缘故吧。

※ 评析

本文始终围绕“超然”表达超然物外、随遇而安的思想。

宋神宗熙宁三年（公元 1070 年），苏轼任密州知州时修复了一座楼台，苏辙为它取名为“超然”。作者由此写了这篇文章。全文说理叙事，写景状物，烘托出洒脱、淡远的心境，但也透露出消极避世，渴望钻到老庄哲学中寻求心灵安宁的思想。

在某种意义上，这种超然物外的方法又何尝不是一种好的方法呢？它能使人心情愉悦，释放自己，而不受外界的影响。有时人有太多的欲望，可是当你的欲望不能实现的时候，就会陷入一种十分苦闷的地步。这时学一学苏轼，让自己置于山水之中，感受一下山水的灵性与闲适，这样心情就会豁然开朗，那又何必沉浸于功名利禄中自寻烦恼呢？追求一种旷达乐观的情怀，才是最大的收获。

潮州韩文公庙碑

北宋 · 苏轼

※ 原文

匹夫而为百世师，一言而为天下法，是皆有以参天地之化，关盛衰之运。其生也有自来，其逝也有所为。故申、吕自岳降，傅说为列星，古今所传，不可诬也。

孟子曰：“我善养吾浩然之气。”是气也，寓于寻常之中，而塞乎天地之间。卒然遇之，则王公失其贵，晋、楚失其富，良、平失其智，贲、育失其勇，仪、秦失其辩。是孰使之然哉？其必有不依形而立，不恃力而行，不待生而存，不随死而亡者矣。故在天为星辰，在地为河岳，幽则为鬼神，而明则复为人。此理之常，无足怪者。

自东汉以来，道丧文弊，异端并起。历唐贞观、开元之盛，辅以房、杜、姚、宋而不能救。独韩文公起布衣，谈笑而麾之，天下靡然从公，复归于正，盖三百年于此矣。文起八代之衰，而道济天下之溺[1]；忠犯人主之怒，而勇夺三军之帅。此岂非参天地、关盛衰、浩然而独存者乎？

盖尝论天人之辨，以谓人无所不至，惟天不容伪[2]。智可以欺王公，不可以欺豚鱼；力可以得天下，不可以得匹夫匹妇之心。故公之精诚，能开衡山之云[3]，而不能回宪宗之惑[4]；能驯鳄鱼之暴，而不能弭皇甫镈、李逢吉之谤；能信于南海之民，庙食百世，而不能使其身一日安之于朝廷之上。盖公之所能者，天也；其所不能者，人也。

始潮人未知学，公命进士赵德为之师。自是，潮之士皆笃于文行，延及齐民，至于今，号称易治。信乎孔子之言："君子学道则爱人，小人学道则易使也[5]。"潮人之事公也，饮食必祭，水旱疾疫，凡有求必祷焉。而庙在刺史公堂之后，民以出入为艰。前太守欲请诸朝作新庙，不果。元祐五年，朝散郎王君涤来守是邦。凡所以养士治民者，一以公为师。民既悦服，则出令曰："愿新公庙者听。"民欢趋之。卜地于州城之南七里，期年而庙成。

或曰："公去国万里而谪于潮，不能一岁而归。没而有知，其不眷恋于潮也，审矣。"轼曰："不然！公之神在天下者，如水之在地中，无所往而不在也。而潮人独信之深，思之至，焄蒿凄怆[6]，若或见之，譬如凿井得泉，而曰水专在是，岂理也哉？"

元丰元年，诏封公昌黎伯，故榜曰"昌黎伯韩文公之庙"。潮人请书其事于石，因作诗以遗之，使歌以祀公。其辞曰：公昔骑龙白云乡，手抉云汉分天章，天孙为织云锦裳。飘然乘风来帝旁，下与浊世扫秕糠[7]。西游咸池略扶桑，草木衣被昭回光[8]。追逐李、杜参翱翔，汗流籍、湜走且僵，灭没倒影不能望[9]。作书诋佛讥君王，要观南海窥衡、湘，历舜九嶷吊英、皇。祝融先驱海若藏，约束蛟鳄如驱羊。钧天无人帝悲伤，讴吟下招遣巫阳。犦牲鸡卜羞我觞，于餐荔丹与蕉黄。公不少留我涕滂，翩然被发下大荒。

※ 注释

1 而道济天下之溺：指韩愈提倡儒家正道，把天下人从佛、道的毒害中拯救出来。2 伪：人为的事物，和自然的相对。3 能开衡山之云：韩愈经过衡山时，正遇秋雨，他潜心默祷一番之后，天就放晴了。4 而不能回宪宗之惑：指韩愈谏迎佛骨，唐宪宗不听一事。5 "君子学道则爱人"二句：表现了孔子提倡礼乐教化的政治目的。6 焄蒿凄怆：祭祀时引起凄怆的感情。7 秕糠：比喻异端邪说。8 草木衣被昭回光：整句意思是说韩愈的道德文章辉映一代，如同日月光照大地，泽及草木一样。9 灭没倒影不能望：形容张籍、皇甫湜像倒影一样容易灭没，不能仰望韩愈日月般的光辉。

※ 译文

一个普通人能够成为百世师表，说一句话就成为天下人的准则，这都是因为他们的品格可以与天地化育万物相等同、与国家命运的盛衰相关联。他们的降生是有来历的，他们的死亡也有所作为。所以申伯、吕侯出生是山神降世，传说傅说死后成为天上的星星。这些古今传诵的事不可不信。

孟子说："我善于修养我的浩然正气。"这种气，寄托在平常的事物之中，而充塞于整个天地之间。突然遇到了它，那么王侯公卿显不出他们的尊贵，晋、楚这样的国家也显不出他们的富强，张良、陈平会失去他们的智谋，孟贲、夏育也会丧失他们的勇敢，张仪、苏秦也会失去他们的辩才。是什么东西使得他们这样呢？这一定有一种不凭借形体而自立，不依仗外力而自行，不依赖生命而存在，不随着死亡而消逝的东西。这种东西，在天上就化为星辰日月，在地上就成为山岳河川，在阴间化为鬼神，在人世又变成人，这些都是很平常的道理，没什么值得大惊小怪的。

自东汉以来，儒道衰颓，文风败坏，各种异端邪说相继兴起，虽然经过唐代贞观、开元的盛世，又加上房玄龄、杜如晦、姚崇、宋璟的辅佐，仍然不能挽救过来，只有韩文公从庶民百姓中崛起，谈笑着指挥古文运动，天下人纷纷跟随着他，使思想和文风回到正路上来。这到今天，大约有三百年了。韩文公的文章挽回了衰败八代的文风，他提倡的学说把天下人从沉沦中拯救出来。他的忠心触怒了君主，他的智勇战胜了三军主帅。这难道不是与天地相并立，与国家盛衰相关联，浩然独存的正气吗？

有人曾经论述过天道和人事的区别，认为人没有什么做不到的事，只是天道不是人力所能改变。人的智谋可以欺骗王侯公卿，却不能欺骗小小的猪和鱼；凭借武力可以夺取天下，却不能得到普通百姓的忠心。所以，韩文公的精诚能够驱散笼罩衡山的云雾，却不能使唐宪宗从迷惑中清醒；能够驯服鳄鱼的凶暴，却不能制止皇甫镈、李逢吉的诽谤；能够取信于潮州的广大百姓，为他建庙，死后世代享受祭祀，却不能使自己在朝廷中得到一天安宁。这是因为韩公所能顺应的是天道，而不能做到的是处理人事。

起初，潮州人不知道读儒家的书，韩文公派进士赵德去做他们的老师。从这时起，潮州的学者们都很重视文章、德行，这种风气也影响到了平民百姓，直到今天，这里还被称为是容易治理的地方。确如孔子所说："君子学了礼仪道德就有仁爱之心，平民学了礼仪道德就容易驱使。"潮州人侍奉韩文公，一饮一食都必定祭祀，每当遇到水旱灾害、疾病瘟疫等有求于神灵的事情，必定向他祷告。可是韩文公的庙宇建在刺史公堂的后面，老百姓觉得进进出出很不方便。前任太守曾想请示朝廷，另建座新庙，但没有实施。元祐五年，朝散郎王君涤来做这个州的太守。他实行的用来培养贤士、治理百姓的所有措施，无不仿效韩文公的做法。在百姓已经心悦诚服后，他发出号令说："愿意新建韩公庙的人就听从命令。"百姓们都高兴地去参加修庙。于是，在距潮州城南七里的地方选定了庙址，一年内新庙就建成了。

有人说："韩公被贬斥到离京万里的潮州，不到一年就回去了。如果他死后有知，显然是不会眷恋潮州的。"我说："不对！韩公的神灵在人间，就像水在地下一样，到处都是。可是唯独潮州人对他特别信赖，无限思念。在祭奠时，人们在升腾的香雾中感到悲伤，仿佛见到了他。这就像挖井挖到了泉水，却说泉水只存在这里一样。哪有这种道理呢？”

元丰元年（实为元丰七年），皇帝下诏书封韩文公为昌黎伯，所以新庙的匾上写着“昌黎伯韩文公之庙”。潮州人请我把他的事迹刻写在石碑上，于是我写下诗送给他们，让他们吟唱，以此来悼念韩公。诗的词句为：昔日里您骑龙驹遨游白云乡，长空挥手，分开银河日月天章，织女用云彩为您织就锦绣衣裳。您乘风飘游来自天帝身旁，下到人间为的是一扫浊世的鄙陋文章。您西游咸池，又东到扶桑，文章道德辉映一代，草木都蒙受光芒。您追随李白、杜甫，同他们比翼翱翔，张籍、皇甫湜惭愧流汗，退避奔走得僵倒在地上，连韩公的影儿也不敢仰望。您疾书奏章，抨击佛学，讽劝君王，被贬潮州，游览衡、湘，路过九嶷舜墓，凭吊女英、娥皇。祝融为您开路，海神率众潜藏，您为民赶走鳄鱼，如驱羔羊。天庭少了人才，天帝为之悲伤，派遣巫阳高歌下界招您回天堂。潮州百姓杀牛宰鸡再进酒浆，这里有荔枝鲜红，香蕉微黄。文公啊，您不稍稍逗留让我们眼泪流淌，祈望您飘然而来，披拂着长发走下大荒！

※ 评析

这是一篇碑文。在文中，苏轼对韩愈的一生，尤其是对韩愈在思想文化上所起的重要作用，给予了极高的评价。苏轼认为韩愈的这种人格、思想、精神之所以不为人们所理解，甚至受到不公正的待遇，是由于他能替天行道，而不会媚世阿俗的缘故。

文章前两段写“庙碑”，在文学、儒学以及政治才能方面给予了韩愈高度的赞扬和热情的歌颂；中间两段写“潮州”，主要讲述韩愈在潮州的政绩以及人们对他的怀念。最后写作这篇文章的缘由，结尾颂扬了韩愈的重大功绩以及作者对韩愈的怀念。

文章写得很有气势。多种手法的运用，加上错落参差的句子和音调铿锵的语言，使文章十分生动而又灵活。

前赤壁赋

北宋·苏轼

※ 原文

壬戌之秋，七月既望，苏子与客泛舟，游于赤壁之下。清风徐来，水波不兴。举酒属[1]客，诵明月之诗，歌窈窕之章。少焉，月出于东山之上，徘徊于斗牛之间。白露横江，水光接天。纵一苇之所如，凌万顷之茫然。浩浩乎如冯虚御风，而不知其所止；飘飘乎如遗世独立[2]，羽化而登仙。

于是饮酒乐甚，扣舷[3]而歌之。歌曰："桂棹兮兰桨，击空明兮溯流光。渺渺兮予怀，望美人[4]兮天一方。"客有吹洞箫者，倚歌而和之，其声呜呜然，如怨如慕，如泣如诉，余音袅袅，不绝如缕。舞幽壑之潜蛟，泣孤舟之嫠妇[5]。

苏子愀然[6]，正襟危坐而问客曰："何为其然也？"

客曰："'月明星稀，乌鹊南飞'，此非曹孟德之诗乎？西望夏口，东望武昌，山川相缪，郁乎苍苍，此非孟德之困于周郎者乎？方其破荆州，下江陵，顺流而东也，舳舻千里，旌旗蔽空，酾酒[7]临江，横槊赋诗，固一世之雄也，而今安在哉！况吾与子渔樵于江渚之上，侣鱼虾而友麋鹿；驾一叶之扁舟，举匏樽以相属；寄蜉蝣[8]于天地，渺沧海之一粟；哀吾生之须臾，羡长江之无穷；挟飞仙以遨游，抱明月而长终。知不可乎骤得，托遗响[9]于悲风[10]。"

苏子曰："客亦知夫水与月乎？逝者如斯，而未尝往也；盈虚者如彼，而卒莫消长也。盖将自其变者而观之，则天地曾不能以一瞬；自其不变者而观之，则物与我皆无尽也。而又何羡乎？且夫天地之间，物各有主。苟非吾之所有，虽一毫而莫取。惟江上之清风，与山间之明月，耳得之而为声，目遇之而成色，取之无禁，用之不竭。是造物者之无尽藏也，而吾与子之所共适[11]。"

客喜而笑，洗盏更酌。肴核既尽，杯盘狼藉。相与枕藉[12]乎舟中，不知东方之既白。

※ 注释

1 属（zhǔ）：原是挹注的意思，引申为劝酒。2 立：助词。3 扣舷：敲打着船边。4 美人：指所思念的人，不是说美貌的女子。5 嫠（lí）妇：寡妇。6 愀（qiǎo）然：忧愁凄怆的样子。7 酾（shī）酒：斟酒。这里是"洒酒"的意思。在江面上洒酒，表示对古代英雄豪杰的凭吊。8 蜉蝣：这里用来比喻人生短促。9 遗响：箫的余音。10 悲风：秋天凄厉的风。11 共适：共同享受。适：享受的意思。12 枕藉：互相枕着靠着睡觉。

※ 译文

壬戌年的秋天，七月十六日，我与客人乘船游于赤壁之下。清风缓缓地吹拂，江面水波平静。举起酒杯，邀客人同饮，朗诵《月出》诗，吟唱"窈窕"一章。一会儿，月亮从东山上升起，徘徊在北斗和牵牛星之间。白茫茫的雾气笼罩着江面，水光与夜空连成一片。我们任凭这一叶小舟在茫茫万顷的江面上自由飘动。浩浩荡荡地就像凌空御风，不知道将要停留何处；轻快飘逸，就像离开了尘世，无拘无束，羽化飞升，登上仙境。

这时，大家喝着酒，高兴极了，敲着船舷唱起歌来。歌词是："桂木的棹啊兰木的桨，拍打着清澈的江水啊，迎着流动的波光，我悠远广阔的情怀啊，仰望着思念的人儿，她在天的那一方。"客人中有一个会吹洞箫的，随着歌声吹箫应和。箫声呜呜，像怨恨又似思慕，如哭泣又如倾诉，余音缭绕，若断若续，宛如绵绵的细丝，使潜伏在深渊中的蛟龙起舞，孤舟上的寡妇啜泣。

我不禁感伤起来，整整衣襟，端正地坐着，问客人道："箫声为什么这样的凄凉？"

客人说："'月明星稀，乌鹊南飞'，这不是曹孟德的诗句吗？向西望是夏口，向东望是武昌，山川缭绕，一片苍翠，这不是曹孟德被周瑜击败的地方吗？当他占领荆州，攻下江陵，顺长江东下的时候，战船前后相连，绵延千里，旌旗遮蔽了天空，临江斟酒，横握着长矛吟诗，本是一代英雄！可是现在却在哪里呢？何况你我在江中和沙洲上捕鱼打柴，以鱼虾为伴，以麋鹿为友；驾一叶孤舟，举起匏樽互相劝酒；寄托这像蜉蝣一样短促的生命于天地之间，渺小得像沧海中的一颗谷粒；慨叹我们生命的短促，羡慕长江流水的无穷；希望同仙人遨游，与明月一并永存。我知道这不可能忽然得到，便只能寄箫声于悲凉的秋风。"

我说："您也知道那江水和月亮吗？江水永远不停地流逝，但其实并没有流走，月亮总是那样缺了又圆，但始终没有增减。如果从它们变化的一面来看，那么天地万物连一眨眼的瞬间都有变化；如果从不变的一面来看，则万物和我们都将永恒，又有什么值得羡慕的呢？再说，天地之间，万物都有各自的主人，假如不是我所拥有的东西，即使是一丝一毫也不要取用。只有这江上的清风，山间的明月，耳朵听到了，就成为声音，眼睛看到了，就成为形色。享有它们，无人禁止；使用它们，没有穷尽。这是大自然无穷无尽的宝藏，我和您可以共同享受它们。"

客人听了之后，高兴地笑了。洗净酒杯重新酌酒。菜肴果品已经吃光，席面上杯盘散乱。大家互相枕着睡在船中，不知不觉东方已经发白。

※ 评析

本文是苏轼被贬黄州，和友人同游黄冈赤壁时所写。因他后来又写有一篇《赤壁赋》，因此把这篇称为《前赤壁赋》。本文从月夜泛舟写起，通过对历史人物的凭吊，表现出作者对现实生活的厌倦，对人生无常的怅惘，同时也表现了旷达乐观的人生态度。

文章语言优美清新，写景、抒情、议论三者结合得极其自然巧妙，不露斧凿之痕。

后赤壁赋

北宋·苏轼

※ 原文

是岁十月之望，步自雪堂，将归于临皋。二客从予，过黄泥之坂。霜露既降，木叶尽脱，人影在地，仰见明月，顾而乐之，行歌相答。已而叹曰：“有客无酒，有酒无肴，月白风清，如此良夜何？”客曰：“今者薄暮，举网得鱼，巨口细鳞，状如松江之鲈。顾[1]安所[2]得酒乎？”归而谋诸妇，妇曰：“我有斗酒，藏之久矣，以待子[3]不时[4]之需。”

于是携酒与鱼，复游于赤壁之下。江流有声，断岸千尺；山高月小，水落石出。曾日月之几何[5]，而江山不可复识矣！予乃摄衣而上，履巉岩，披蒙茸，踞虎豹，登虬龙，攀栖鹘[6]之危巢，俯冯夷[7]之幽宫。盖二客不能从焉。划然[8]长啸[9]，草木震动，山鸣谷应，风起水涌[10]。予亦悄然而悲，肃然而恐，凛乎其不可留也！反而登舟，放乎中流，听其所止而休焉。时夜将半，四顾寂寥。适有孤鹤，横江东来，翅如车轮，玄裳缟衣[11]，戛然长鸣，掠予舟而西也。

须臾客去，予亦就睡。梦一道士，羽衣[12]蹁跹[13]，过临皋之下，揖予而言曰：“赤壁之游乐乎？”问其姓名，俯而不答。“呜呼噫嘻！我知之矣，畴昔[14]之夜，飞鸣而过我者，非子也耶？”道士顾笑，予亦惊寤。开户视之，不见其处。

※ 注释

1 顾：表转折，但，但是的意思。2 安所：何处。3 子：古代对男子第二人称的尊称。4 不时：预料不到的时候。5 曾日月之几何：就两次游赤壁所见的景象对比而言，前为秋景，此为冬景。6 鹘（hú）：隼，一种凶鸟。7 冯（píng）夷：古代传说中的水神名。8 划然：指长啸声。9 啸：撮口发出长而清的声音，借以抒发郁郁不乐的情怀。10 风起水涌：原是自然现象。作者故意附会为长啸的结果，借以衬托自己的心情。11 玄裳缟衣：黑裙白衣。12 羽衣：道士穿的衣服。13 蹁跹（piān xiān）：比喻道士体态轻盈。14 畴昔：往日，这里指昨日。

※ 译文

这一年的十月十五，我从雪堂步行出发，准备回临皋馆。两位客人跟着我，一起走过黄泥坂。这时已经降过霜露，树叶已落光了。人影映在地上，抬起头，只见明月当空。我们看着四周清幽的景色，很是快乐，于是一边走一边吟唱，互相酬答应和。

过了一会儿，我叹息说：“有客没有酒，有酒没有菜，月明风清，怎样度过这美好的夜晚呢？”客人说：“今天傍晚，撒网捕到一条鱼，大嘴巴，细鳞片，样子像是松江鲈。但是从哪里能弄到酒呢？”回去后跟妻子商量，妻子说：“我有一斗酒，贮存好久了，预备供您在突然的时候饮用。”

于是带着酒和鱼，再到赤壁下游览。江里的流水发出声响，两岸的峭壁高达千尺。山峰高耸，月亮显得很小，江水下落，石头显露出来。才过了多少时光，上次游览所见景色就认不出了！于是我提起衣襟上岸，踏着险峻的山岩，拨开纷乱的杂草，蹲在宛如虎豹的石头上，爬上状如虬龙的古树，攀缘高处飞隼筑窝巢的悬崖，俯视水神幽深的水宫。两位客人都不能跟我到极高处。高声长啸，划破夜空，草木震动起来，山谷回响，风起浪涌。我也感到忧愁悲凉，心中恐惧，害怕得不敢再留在那里了。回到船上，任小船飘荡到江心，停在哪里就在哪里休息。这时快到半夜了。环视四周，寂寞空荡。恰好有只孤鹤，横过长江从东面飞来，翅膀有如车轮，黑裙白衣，戛然一声长鸣，掠过我的小船，向西飞去。

一会儿弃舟登岸，客人辞去，我也回家睡觉。梦见一个道士，穿着羽衣，轻盈飘逸，从临皋馆下经过。他向我拱手行礼，说：“这次游赤壁游得快乐吗？”问他的姓名，他低头不答。“啊！我知道了！昨天晚上，一声长鸣从我船上飞过去的，不正是您么？”道士回头对我笑了笑。我惊醒了，开门一看，哪有他的影子。

※ 评析

本文是苏轼第二次游赤壁时所写，距初游赤壁，时间虽只三个月，但景色不同，心情各异。就自然山水方面，前赋字字在写秋色，后赋却写冬景，在个人情感上，上次登山月高风清，作者自然安乐；这次登山情景恐怖，转而陷入悲伤。这是两篇赋的不同之处。

在这篇文章中，作者描绘了冬夜的江岸，渲染出山间惊怖凄凉的气氛；又写了他独自登高而引起的悲戚心情。结尾处用白鹤道士虚幻的梦境，表现出作者幻想脱离尘世，却不能逃避现实的矛盾心情。同时也给全文笼上一层缥缈迷幻的气氛。

六国论

北宋·苏辙

※ 原文

尝读六国[1]世家[2]，窃怪天下之诸侯以五倍之地、十倍之众，发愤西向，以攻山西千里之秦，而不免于灭亡，常为之深思远虑，以为必有可以自安之计。盖未尝不咎其当时之士虑患之疏而见利之浅，且不知天下之势也。

夫秦之所与诸侯争天下者，不在齐、楚、燕、赵也，而在韩、魏之郊；诸侯之所与秦争天下者，不在齐、楚、燕、赵也，而在韩、魏之野。秦之有韩、魏，譬如人之有腹心之疾也。韩、魏塞[3]秦之冲[4]而蔽山东之诸侯，故夫天下之所重者，莫如韩、魏也。

昔者范雎用于秦而收韩，商鞅用于秦而收魏，昭王未得韩、魏之心而出兵以攻齐之刚、寿，而范雎以为忧，然则秦之所忌者可以见矣。秦之用兵于燕、赵，秦之危事也。越韩过魏而攻人之国都，燕、赵拒之于前，而韩、魏乘之于后，此危道也。而秦之攻燕、赵，未尝有韩、魏之忧，则韩、魏之附秦故也。夫韩、魏，诸侯之障，而使秦人得出入于其间，此岂知天下之势耶？委区区之韩、魏，以当强虎狼之秦[5]，彼安得不折[6]而入于秦哉？韩、魏折而入于秦，然后秦人得通其兵于东诸侯，而使天下遍受其祸。

夫韩、魏不能独当秦，而天下之诸侯藉之以蔽其西，故莫如厚韩亲魏以摈秦。秦人不敢逾韩、魏以窥齐、楚、燕、赵之国，而齐、楚、燕、赵之国因得以自完于其间矣。以四无事之国，佐当寇之韩、魏，使韩、魏无东顾之忧，而为天下出身以当秦兵。以二国委秦[7]，而四国休息于内，以阴助[8]其急，若此可以应夫无穷。彼秦者将何为哉？不知出此，而乃贪疆埸[9]尺寸之利，背盟败约，以自相屠灭，秦兵未出，而天下诸侯已自困矣。至于秦人得伺其隙以取其国，可不悲哉！

※ 注释

1 六国：指齐、楚、燕、韩、赵、魏。2 世家：西汉司马迁所修《史记》体例的一种，主要用于记载诸侯的历史。六国各有世家。3 塞：阻挡。4 冲：交通要道。5 “委区”二句：诸侯放弃韩魏，让其单独抗秦。委：放弃，下文中的“委”是对付的意思。区区：形容很小。6 折：挫折、屈服。7 以二国委秦：即把抵抗秦国的事托付给韩、魏。8 阴助：暗暗地帮助。9 疆埸：国界。

※ 译文

我曾经阅读《史记》中的六国世家，私下感到奇怪的是，天下的诸侯，凭着五倍于秦的土地、十倍于秦的兵力，奋力向西攻打崤山以西，地方千里的秦国，最后却不能免于被秦灭亡。我常常对这个问题深思远虑，认为一定会有使他们保全的计谋。因此，未尝不责怪当时的谋士，对祸患考虑得太疏忽，对利害的见识太浅薄，并且不能察明天下的形势。

秦国同诸侯们争夺天下的重要地区，不在齐、楚、燕、赵，而在韩、魏境内；各诸侯国同秦国争夺天下的重要地区，同样不在齐、楚、燕、赵，而在韩、魏郊外。韩、魏的存在，对秦国来说，就好像人有心腹之患。韩、魏两国阻塞着秦国的交通要道，掩蔽着崤山以东的各诸侯国，所以对天下各国来说，最重要的地方，没有能超过韩、魏两国的了。

从前范睢在秦国被重用，就设法拉拢韩国；商鞅在秦国被重用，就设法拉拢魏国。秦昭王没有得到韩、魏的归服，就出兵进攻齐国的刚、寿地区，范睢为此而担忧。这就可见秦国最顾忌的是什么了。秦国对燕、赵用兵，这对秦国来说，是危险的事情。因为越过韩、魏，去进攻别国的国都，前有燕、赵的抵抗，而韩、魏又会从后面乘机进攻，这是一条危险的道路。可是秦国攻打燕、赵两国，却不曾担心韩、魏从后面袭击，这是由于韩国和魏国依附了秦国的缘故。韩国和魏国是各诸侯国的屏障，却让秦人在两国通行无阻，这难道是了解天下的形势吗？放弃小小的韩、魏两国，让它们去抵挡如虎狼一般强大的秦国，它们又怎能不屈服而归附于秦国呢？韩、魏屈服而归附秦国，这以后秦国的军队便可以经过韩、魏对东方各诸侯国用兵，从而使整个天下都受到它的祸害。

韩国和魏国不能独自抵挡秦国，而天下的诸侯却依靠它来抵挡西面的秦国，所以不如加强与韩、魏的亲密关系，来抗拒秦国。秦国不敢跨越韩、魏来窥探齐、楚、燕、赵之国，那么，齐、楚、燕、赵之国也就能凭借这种局势保全了自己。以四个没有战争的国家，帮助面对敌寇的韩、魏，使韩、魏没有东顾之忧，从而替天下诸侯挺身而出，抵抗秦国。让韩、魏两国对付奏国，而四国在后方休养生息，并且暗暗地帮助两国解除患难，像这样，就可以应付一切变化的局面，那秦国又能怎么样呢？六国诸侯不出于这样的考虑，却贪图边境上的尺寸小利，背弃盟誓，毁坏信约，自相残杀，相互吞灭。秦国尚未出兵，而天下的诸侯已经疲惫不堪了，致使秦国等到可乘之机，攻取他们的国家，难道不令人悲叹吗？

※ 评析

在这篇文章中，苏辙分析了六国先后被歼灭的历史，指出六国诸侯眼光短浅，胸无韬略，不能联合一致，共同对敌，以致先后灭亡。本文是在北宋王朝面临北方边境和西夏威胁的形势下写的，要求积极抗敌，具有一定的针对性和现实意义。

文章紧紧围绕“不知天下之势”的论点，分别从韩、魏和其他四国两方面论述，进行正反论证，极具说服力。此文文风畅快、爽利，金圣叹曾评价说：“看得透，写得快。笔如骏马下坂，云腾风卷而下……”

黄州快哉亭记

北宋·苏辙

※ 原文

江出西陵，始得平地，其流奔放[1]肆大[2]，南合沅、湘，北合汉、沔，其势益张。至于赤壁之下，波流浸灌[3]，与海相若。清河张君梦得，谪居齐安，即其庐之西南为亭，以览观江流之胜。而余兄子瞻名之曰“快哉”。

盖亭之所见，南北百里，东西一舍。涛澜汹涌，风云开阖[4]。昼则舟楫出没于其前，夜则鱼龙悲啸于其下。变化倏忽，动心骇目，不可久视[5]。今乃得玩之几席之上，举目而足。西望武昌诸山，冈陵起伏，草木行列，烟消日出，渔夫、樵父之舍，皆可指数[6]。此其所以为“快哉”者也。至于长洲之滨，故城之墟，曹孟德、孙仲谋之所睥睨，周瑜、陆逊之所骋骛，其流风遗迹，亦足以称快世俗。

昔楚襄王从宋玉、景差于兰台之宫。有风飒然至者，王披襟当之，曰：“快哉，此风！寡人所与庶人共者耶？”宋玉曰：“此独大王之雄风耳，庶人安得共之？”玉之言，盖有讽焉。夫风无雄雌之异，而人有遇不遇之变。楚王之所以为乐，与庶人之所以为忧，此则人之变也，而风何与焉？

士生于世，使其中不自得，将何往而非病[7]？使其中坦然，不以物伤性，将何适而非快？今张君不以谪为患，收[8]会稽[9]之余，而自放山水之间，此其中宜有以过人者。将蓬户瓮牖[10]，无所不快，而况乎濯长江之清流，挹西山之白云，穷耳目之胜以自适也哉？不然，连山绝壑，长林古木，振之以清风，照之以明月，此皆骚人思士之所以悲伤憔悴而不能胜者，乌[11]睹其为快也哉！

※ 注释

1 奔放：水势迅急。2 肆大：水道浩大。肆：展开。3 浸灌：浸透灌注。形容水势又大又猛。4 风云开阖：形容云时而散开，时而聚合，变幻不定。阖，同“合”，消失。5 不可久视：形容江流汹涌，让人不敢久看。这里是就没有亭子时的情况说的。6 指数：指点着数清。7 病：这里指忧愁。8 收：这里是结束的意思。9 会（kuài）稽：即“会计”，指管理钱财、赋税等事务，这里泛指公务。10 蓬户瓮牖（yǒu）：用蓬草编成的门，用破瓮做的窗户，指贫苦人的住所。11 乌：何，哪里。

※ 译文

长江流出西陵峡，开始进入平地，水势奔腾浩荡。南面汇合入湘水、沅水，北面汇合汉水、沔水，水势显得更加壮阔。流到赤壁之下，江水滔滔，就像是无际的海洋。清河县的张君梦得，贬官后住在黄州，他在靠近房舍的西南方修建了一座亭子，来观赏江流的胜景。我哥哥子瞻给它取了一个名字叫“快哉”。

在亭子里看到的江水，从南到北上百里，从东到西三十里。波浪汹涌，风云变幻。白天，船只在亭前出没；夜晚，鱼龙在亭下悲鸣。从前没有亭子时，景色瞬息万变，使人触目惊心，不敢长久地观看。现在却可以在亭子里的茶几旁座位之上，尽情玩赏。向西眺望武昌的群山，只见峰峦起伏，草木排列成行，烟云消散，阳光普照，渔翁和樵夫的房舍都历历可数。这就是取名为“快哉”的缘故。至于那沙洲的岸边，旧城的废墟，曾为曹孟德、孙仲谋傲视群雄的所在，是周瑜、陆逊大显威风的地方。那些遗留下来的传说和英雄事迹，也足以使一般的人称快了！

从前楚襄王和宋玉、景差在兰台宫游玩。一阵风吹来，飒飒作响，楚王敞开衣襟迎着风，说：“这风多么使人快乐啊！这是我和百姓共有的吧？”宋玉说：“这只是大王享受的雄风，百姓怎么能共同享受它呢？”宋玉的话大概是有所讽刺吧。风并没有雄雌之别，而人则有受与不受赏识的不同。楚王之所以感到快乐，而百姓之所以感到忧愁，正是由于人的境遇不同，跟风有什么关系呢？士人活在世上，如果心中不得志，那么，到什么地方没有忧愁呢？如果他胸怀坦荡，不因外物而妨害自己的性情，那么，到什么地方没有快乐呢？现在，张君不把被贬谪当作忧患，办完公务之后，便任情漫游山水之间。这大概是他心中有超过别人的地方。即使是用蓬草编门，用破瓮做窗，也没什么不快乐的。更何况洗涤于清澈的长江水中，面对着西山的白云，赏尽耳闻目见的胜景来使自己舒畅呢？如果不是如此，那么，连绵不断的峦峰，幽深陡峭的沟壑，辽阔的森林，参天的古木，清风拂摇，明月高照，这些都是引起文人士子感到悲伤痛苦以至难以忍受的东西，哪里看得出它们能使人快乐呢！

※ 评析

本文是作者谪居筠州（今江西高安）时所作。文章描述了快哉亭上那足以使人快意的景物，说明了快与不快决定于心胸是否旷达。只有像亭主人一样胸怀坦荡，才能从壮丽的自然中得到生活的乐趣。可见作者与现实抗争之意。本文的中心是议论，但由写景带出，显得流畅自如。

文章最后一段分析“快哉”与否取决于人的心境。确实，有些人整天处于郁闷的状态中。他们就缺少苏辙这种心态——就算是被贬谪，也依然自得其乐，这才是热爱生活的积极态度。如果遇到一点挫折就一蹶不振，那么将如何面对以后的生活呢？

卷十二

是故一昼一夜，华开者谢；一秋一春，物故者新。激湍之下，必有深潭；高丘之下，必有浚谷。

司马季主论卜

明·刘基

※ 原文

东陵侯既废，过司马季主而卜焉。季主曰："君侯何卜也？"东陵侯曰："久卧者思起，久蛰[1]者思启[2]，久懑[3]者思嚏[4]。吾闻之：'蓄极则泄，闷[5]极则达，热极则风，壅极则通。一冬一春，靡[6]屈不伸；一起一伏，无往不复。'仆窃有疑，愿受教焉！"季主曰："若是，则君侯已喻之矣！又何卜为？"东陵侯曰："仆未究[7]其奥也，愿先生卒教之。"

季主乃言曰："呜呼！天道[8]何亲？惟德之亲。鬼神何灵？因人而灵。夫蓍，枯草也；龟，枯骨也，物也。人，灵于物者也，何不自听而听于物乎？且君侯何不思昔者也？有昔者必有今日。是故碎瓦颓垣，昔日之歌楼舞馆也；荒榛断梗，昔日之琼蕤玉树也；露蛬风蝉，昔日之凤笙龙笛也；鬼磷萤火，昔日之金釭华烛也；秋荼春荠，昔日之象白驼峰也；丹枫白荻，昔日之蜀锦齐纨也。昔日之所无，今日有之不为过；昔日之所有，今日无之不为不足。是故一昼一夜，华开者谢；一春一秋，物故者新。激湍之下，必有深潭；高丘之下，必有浚谷[9]。君侯亦知之矣，何以卜为？"

※ 注释

1 蛰：虫类冬眠，比喻潜伏。2 启：开，出来。3 懑：闷。4 嚏：打喷嚏。5 闷（bì）：关闭。6 靡：无，没有。7 究：彻底知道。8 天道：上天的意志。9 浚谷：深谷。

※ 译文

东陵侯已经被废黜为平民，去拜访司马季主请他为自己占卜。季主问："您想卜什么呢？"东陵侯说："躺久了的人想要站起来，家里呆久了的人便想出来，长久胸闷的人便想打喷嚏。我听说：'积蓄得太满就会发泄，闷得太久了就要通达，热得太厉害了就会刮风，阻塞得太死就会畅通。历冬经春，没有总是屈而不伸的；一起一伏，没有一去不返的。'我私下里有些疑惑，希望能得到您的指教。"季主说："这样说来，您已经明白事理了，还要占卜什么呢？"东陵侯说："我不能透彻地明白其中的奥妙，希望先生能彻底开导我一下。"

季主于是说："唉！天道亲近谁呢？它只亲近有德之人；鬼神有什么灵验呢？它是靠人才灵验的。蓍茎只是枯草，龟壳只是枯骨，都是没有知觉的东西。人比任何东西都有灵气，为什么不听从自己却相信无知之物呢？再说您为什么不想一想过去呢！有过去也就一定有今天。因此破碎的瓦片、倒塌的土墙，原是过去的歌楼舞馆；枯树断枝，原是过去的华美园林；露虫秋蝉的鸣叫，原是过去的悦耳音乐；磷火流萤，原是过去的辉煌灯烛；秋荼野荠，原是过去的美味佳肴；红枫白荻，原是过去的绫罗绸缎。从前没有的，现在有了，不算过分；从前有的，现在没有了，也不算不足。因此，过了一天一夜，盛开的花朵会凋谢；历经一春一秋，陈旧的东西会变新。急流下面一定有深潭，高山下面一定有深谷。您也明白这些道理，为什么还要占卜呢？”

※ 评析

本文是一篇寓言，采取对话形式，借东陵侯被废黜后想重新得到起用而问卜一事，表达了事物必然变化和物极必反的朴素辩证法思想。文章通过东陵侯提出的问题，来证明事物衰落得太久就会兴盛，说明他相信自己将会再次被起用的事实。但是司马季主的回答是以六种事物的昔日显赫而转变为今日的衰败，说明事物由盛必然转向衰亡的道理，并且对天道、鬼神及占卜提出了疑问和否定。同时也暗示东陵侯起用之事，是不得而知的。

文章句式整散间错，音韵和谐。大量运用排比和对比，加强了论证力量。

卖柑者言

明・刘基

※ 原文

杭有卖果者，善藏柑，涉[1]寒暑而不溃[2]，出之烨然[3]，玉质而金色，剖其中，干若败絮。予怪而问之曰：“若[4]所市[5]于人者，将以实笾豆[6]，奉祭祀，供宾客乎？将衒[7]外以惑愚瞽[8]乎？甚矣哉，为欺也！”

卖者笑曰：“吾业是有年矣。吾赖是以食吾躯。吾售之，人取之，未闻有言，而独不足子所乎？世之为欺者不寡矣，而独我也乎？吾子未之思也。今夫佩虎符、坐皋比[9]者，洸洸[10]乎干城[11]之具也，果能授孙、吴之略耶？峨大冠、拖长绅者，昂昂乎庙堂之器也，果能建伊、皋之业耶？盗起而不知御，民困而不知救，吏奸而不知禁，法斁[12]而不知理，坐縻[13]廪粟[14]而不知耻。观其坐高堂，骑大马，醉醇醴，而饫[15]

肥鲜者，孰不巍巍乎可畏、赫赫乎可象[16]也？又何往而不金玉其外、败絮其中也哉！今子是之不察，而以察吾柑！”

予默然无以应。退而思其言，类东方生滑稽之流。岂其忿世嫉邪者耶，而托于柑以讽耶？

※ 注释

1 涉：经历。2 溃：腐坏。3 烨（yè）然：光彩鲜明的样子。4 若：你。5 市：卖。6 笾（biān）豆：宴会和祭祀时盛食品或供品的器具。竹制的叫笾，木制的叫豆。7 衒（xuàn）：炫耀。8 瞽（gǔ）：瞎子。9 皋比（pí）：虎皮。这里指虎皮椅子。10 洸（guāng）洸：威武的样子。11 干城：指保卫国家。干：盾牌。12 斁（dù）：败坏。13 縻：通“糜”，耗费。14 廪（lǐn）粟：国库的粮食，这里指俸禄。15 饫（yù）：饱食。16 象：效法。

※ 译文

杭州有个卖水果的人，善于贮藏柑橘，经过严寒酷暑柑橘也不腐烂，拿出来仍然色彩鲜艳，玉石般的质地，黄金般的颜色。但是剖开当中一看，干枯得像破旧的棉絮。我很奇怪，就责问他：“你要卖给别人的这些水果，是准备用来装在盘子里面，供奉祭祀或招待客人用的呢？还是炫耀它的外表，用来迷惑那些傻瓜或盲人的呢？你这种欺骗行为，太过分了！”

那个卖水果的人却笑着说：“我从事这个买卖已经有多年了，我依赖它养活自己。我卖人买，从来没听到过什么怨言，却偏偏只有您不满意而愤愤不平呢？世上行骗的人不少，难道就我一个吗？您就不好好想一想啊。如今那些佩戴着虎符、坐虎皮交椅的人，威风凛凛，好像是保卫国家的将才，他们果真能拿出孙武、吴起那样的策略来吗？那些戴着高大的帽子，拖着长长的衣带的人，神气十足，好像是朝廷的栋梁之材，他们果真能建立伊尹、皋陶那样的功业吗？强盗蜂起却不知道抵御，人民困苦却不知道解救，属下为非作歹却不知道禁止，法纪败坏却不知道整顿，白白地耗费国家的俸禄却不知道羞耻。看那些坐在高堂上，骑着大马，美酒喝得醉醺醺，山珍海味填满肚皮的人，哪一个不是看起来高不可攀、令人敬畏、显赫威武、值得效法呢？然而他们又何尝不是外表像金玉，而腹中像破棉败絮呢！您不去考察这些，却来挑剔我的柑橘！”

我沉默了，无话可答。回来再仔细品味他的话，觉得他有些像东方朔那样诙谐而能言善辩，莫非他是个愤恨世道、仇视邪恶的人，却借柑橘来进行讽刺吗？

※ 评析

这是一篇著名的寓言。作者对当时的社会现实有着清醒的认识，他借卖柑者之口，道出了那些“佩虎符、坐皋比者”“峨大冠、拖长绅者”虽然身居重要位置，却是一些愚蠢之才。同时提出了“金玉其外，败絮其中”的名言，尖锐地讽刺了元末那些昏庸无能、尸位素餐，但表面上又威武堂皇的文臣武将，表达了作者对黑暗现实的清醒认识和无比憎恶。

“金玉其外，败絮其中”已成为尽人皆知的名言警句，它教育我们对待人或事物都不要被其外表所迷惑，要深入分析，认清其本来面目。

沧浪亭记

明 · 归有光

※ 原文

浮图[1]文瑛，居大云庵，环水，即苏子美[2]沧浪亭之地也。亟求余作《沧浪亭记》，曰：“昔子美之记，记亭之胜也。请子记吾所以为亭者。”

余曰：“昔吴越有国时，广陵王镇吴中，治南园于子城之西南。其外戚孙承佑，亦治园于其偏。迨淮南纳土，此园不废。苏子美始建沧浪亭，最后禅者居之。此沧浪亭为大云庵也。有庵以来二百年，文瑛寻古遗事，复子美之构于荒残灭没之余，此大云庵为沧浪亭也。夫古今之变，朝市改易。尝登姑苏之台，望五湖之渺茫，群山之苍翠，太伯、虞仲之所建，阖闾、夫差之所争，子胥、种、蠡之所经营，今皆无有矣！庵与亭何为者哉？虽然，钱镠因乱攘窃，保有吴越，国富兵强，垂及四世，诸子姻戚，乘时奢僭[3]，宫馆苑囿[4]，极一时之盛；而子美之亭，乃为释子所钦重如此。可以见士之欲垂名于千载，不与澌然[5]而俱尽者，则有在矣！”

文瑛读书喜诗，与吾徒[6]游，呼之为沧浪僧云。

※ 注释

1 浮图：梵语的音译，即佛，这里指和尚。2 苏子美：名舜钦，字子美，北宋诗人，与梅尧臣齐名。3 奢僭：奢侈潜越。僭：超越本分，指冒用上一级的名义与器物。4 苑囿：畜养禽兽并种植林木的园林。5 澌然：冰块溶解的样子。6 吾徒：即吾辈，指读书人。

※ 译文

文瑛和尚居住在大云庵，四周环水，是从前苏子美建造沧浪亭的地方。文瑛多次请我写一篇《沧浪亭记》，说："从前苏子美写的《沧浪亭记》，写的只是沧浪亭的优美风景，请您记下我重新修建这个亭子的原因。"

我说："从前吴越国存在时，广陵王镇守苏州，他在内城的西南面建造园林；吴越王的外戚孙承佑也在它的旁边建造园林。到了把淮南之地拱手送给宋朝时，这座园子也没有荒废。苏子美开始建筑沧浪亭，最后僧人居住在这里，这沧浪亭就变成了大云庵。大云庵建成至已有二百年了，文瑛寻访古代的遗迹，在荒芜残破的废墟上，重新修复沧浪亭，这大云庵又变成了沧浪亭。时代变迁了，朝代也发生了变化。我曾经登上姑苏台，眺望着烟波浩渺的五湖、苍翠的群山；太伯、虞仲所建立的，阖闾、夫差所争夺的，子胥、文种、范蠡所筹划的，现在都没有了，大云庵和沧浪亭又算什么呢？虽然这样，钱镠趁着天下大乱窃取了王位，占有吴越，国富兵强，延续了四代，他的许多子孙和姻戚，乘机兴起，奢侈无度，修造的宫馆苑囿，盛极一时。然而只有苏子美的沧浪亭被一个佛家弟子如此重视。由此可见，士人想要千载垂名，不与形体一同消失，是另有原因的。"

文瑛爱好读书并喜欢诗，同我们这些人交游，我们称他为沧浪僧。

※ 评析

作者用朴素简洁的语言、自然流畅的笔调，叙述了沧浪亭演变的始末，并把沧浪亭与盛极一时的吴越国的宫馆苑囿相比，宫馆苑囿，虽一时极盛，如今却被人遗忘。从而得出结论：使士人千载垂名的不是兴建的建筑物，而是士人的品德和文章。

文章短小精悍，言简意赅，由近及远，以小见大，可为古人"上德立德，其次立功，其次立言"的"三不朽"之说张目，令天下士子奋然自振，具有很强的教育意义和现实意义。

蔺相如完璧归赵论

明・王世贞

※ 原文

蔺相如之完璧，人皆称之，予未敢以为信也。夫秦以十五城之空名，诈赵而胁其璧，是时言取璧者，情[1]也，非欲以窥赵也。赵得其情则弗予，不得其情则予；得其情而畏之则予，得其情而弗畏之则弗予。此两言决耳，奈之何既畏而复挑其怒也？

且夫秦欲璧，赵弗予璧，两无所曲直[2]也。入璧而秦弗予城，曲在秦；秦出城而璧归，曲在赵。欲使曲在秦，则莫如弃璧；畏弃璧，则莫如弗予。

夫秦王既按图以予城，又设九宾[3]，斋而受璧，其势不得不予城。璧入而城弗予，相如则前请曰："臣固知大王之弗予城也。夫璧非赵璧乎？而十五城秦宝也。今使大王以璧故，而亡其十五城，十五城之子弟，皆厚怨大王以弃我如草芥[4]也。大王弗予城而绐[5]赵璧，以一璧故而失信于天下，臣请就死于国，以明大王之失信。"秦王未必不返璧也。今奈何使舍人怀而逃之，而归直于秦？

是时秦意未欲与赵绝耳。令秦王怒，而僇[6]相如于市[7]，武安君十万众压邯郸，而责璧与信，一胜而相如族[8]，再胜而璧终入秦矣！

吾故曰：蔺相如之获全于璧也，天也。若其劲[9]渑池，柔[10]廉颇，则愈出而愈妙于用；所以能完赵者，天固曲全之哉！

※ 注释

1 情：实情。指秦国确实只是想得到和氏璧。2 曲直：理亏、理直。3 设九宾：古代举行朝会大典用的极隆重的礼节。4 草芥：比喻轻贱，引申为轻微纤细的事物。5 绐（dài）：欺骗，欺诈。6 僇：通"戮"，杀戮。7 市：市朝，指众人汇集的地方。8 族：灭族。9 劲：强，有顽强坚决之意。10 柔：安抚，这里有忍让、团结之意。

※ 译文

蔺相如保全和氏璧，人们都称赞他，我却不敢认为事情确实如此。秦用十五座城的空名，欺骗赵国并且威逼着要其和氏璧，说要得到玉璧是真实的意图，并不是想打赵国的主意。赵如果了解秦的真实意图就不给它，不了解它的真实意图就给他；了解秦的真实意图却怕它就给，了解秦的真实意图但不怕它就不给，这只要两句话就解决了，为什么既怕他又要挑起他的怒气呢？

况且秦王想要玉璧，赵王不给玉璧，双方都没有什么理亏、理直可说。玉璧送到了秦国，秦王却不给城，理亏在秦国；秦拿出了城而玉璧送回去了，理亏在赵国。要想让秦国理亏，就不如不要玉璧；怕失去玉璧，就不如不给。

秦王既然已经按地图来给城，又设置了九宾的大礼，斋戒沐浴来接受和氏璧，那形势是不会不给城的。如果秦王收了和氏璧，却不给城，相如就可以上前去请求说：

"我本来就知道大王是不会给城的。和氏璧不就是赵国的一块璧么?那十五座城却是秦国的宝贝。现在如果大王因为玉璧的原因失去了这十五座城,十五座城的子弟,都会深深怨恨大王,因为大王抛弃他们就像抛弃小草一样。如果不给城而骗取赵王的玉璧,因为一块玉璧而失信于天下,那么我就请求死在秦国,从而揭露大王不守信用的事实。"这样,秦王不一定不退还玉璧。现在为什么却派随从怀揣着玉璧逃回去,而让秦国得理呢?

这是当时秦国还不想和赵国断绝关系罢了。假如秦王发了怒,把蔺相如杀死在市朝上,派武安君带领十万大军逼近邯郸,叫赵王交出玉璧,责骂赵王失信。那么,秦国打一次胜仗,相如就会灭族,再打一次胜仗,和氏璧就会落入秦国。

所以我说:"蔺相如能够保全那块玉璧,这是天意啊!"至于他在渑池会上那样顽强坚决,对廉颇那样忍让团结,那是他的方法多,运用这些方法又越来越巧妙。他之所以能保护赵国,是上天在曲意成全他啊!

※ 评析

蔺相如完璧归赵,历来为人们传诵。蔺相如在这一历史事件中表现的胆识、智慧、气度,令人钦佩,因而被历代的人们传扬赞颂。但是,本文作者却提出了不同看法。他认为赵国和蔺相如在和氏璧事件中有诸多不妥,蔺相如使随从带璧逃归赵国的做法更不明智,因为这"归直于秦",使秦国占了理。所以,作者分析蔺相如之所以能全身回国以及赵国幸免于兵,只不过是侥幸。

本文是篇翻案文章,发前人所未发,且见解深刻,分析周密,逻辑严谨,值得我们借鉴、学习。同时也应指出,文章最后有封建"天命论"思想,这是我们应该予以摒弃的。

五人墓碑记

明·张溥

※ 原文

五人者,盖当蓼洲周公之被逮,激于义而死焉者也。至于今,郡之贤士大夫,请于当道,即除魏阉废祠之址以葬之,且立石于其墓之门,以旌其所为。呜呼,亦盛矣哉!

夫五人之死，去今之墓而葬焉，其为时止十有一月耳。夫十有一月之中，凡富贵之子、慷慨得志之徒，其疾病而死，死而湮没不足道者，亦已众矣。况草野[1]之无闻者欤？独五人之皦皦[2]，何也？

予犹记周公之被逮，在丁卯三月之望。吾社之行为士先者，为之声义、敛资财以送其行，哭声震动天地。缇骑[3]按剑而前，问："谁为哀者？"众不能堪，抶[4]而仆之[5]。是时以大中丞抚吴者，为魏之私人，周公之逮所由使也。吴之民方痛心焉，于是乘其厉声以呵，则噪而相逐，中丞匿于溷藩[6]以免。既而以吴民之乱请于朝，按[7]诛五人，曰：颜佩韦、杨念如、马杰、沈扬、周文元，即今之傫然[8]在墓者也。

然五人之当刑也，意气扬扬，呼中丞之名而詈之，谈笑以死。断头置城上，颜色不少变。有贤士大夫发五十金，买五人之脰[9]而函[10]之，卒与尸合。故今之墓中，全乎为五人也。

嗟夫！大阉之乱，缙绅而能不易其志者，四海之大，有几人欤？而五人生于编伍[11]之间，素不闻诗书之训，激昂大义，蹈死之顾，亦曷故哉？且矫诏纷出，钩党[12]之捕遍于天下，卒以吾郡之发愤一击，不敢复有株治[13]。大阉亦逡巡畏义，非常之谋，难于猝发，待圣人之出而投缳道路，不可谓非五人之力也！

由是观之，则今之高爵显位，一旦抵罪，或脱身以逃，不能容于远近，而又有剪发杜门[14]，佯狂不知所之者。其辱人贱行，视五人之死，轻重固何如哉？是以蓼洲周公，忠义暴于朝廷，赠谥美显，荣于身后。而五人亦得以加其土封，列其姓名于大堤之上。凡四方之士，无有不过而拜且泣者，斯固百世之遇也！不然，令五人者保其首领，以老于户牖之下，则尽其天年，人皆得以隶使之，安能屈豪杰之流，扼腕[15]墓道，发其志士之悲哉？故予与同社诸君子，哀斯墓之徒有其石也，而为之记，亦以明死生之大，匹夫之有重于社稷也。

贤士大夫者：冏卿因之吴公、太史文起文公，孟长姚公也。

※ 注释

1 草野：原指乡野，此处指民间。2 皦（jiǎo）皦：明亮的样子。3 缇骑：本指古代贵官的侍从，此处指明代专事侦查、逮捕人犯的差役。4 抶（chì）：笞打。5 仆之：使缇骑倒下，打倒在地。6 溷（hùn）藩：厕所。7 按：追究。8 傫（lěi）然：堆积的样子。9 脰（dòu）：颈项。这里指头。10 函：匣子。此作动词，用匣子收藏。11 编伍：民间。古时编制户口，以五人或五家为一"伍"。12 钩党：牵引为同党。钩，牵引，牵连。13 株治：株连治罪。14 剪发杜门：剪发为僧、闭门不出。15 扼腕：用一只手握住另一只手腕，形容感情激动。

※ 译文

这五个人，是在周公蓼洲被捕的时候，激于义愤而死的。到现在，苏州一些贤明的士绅向当局请求，清理已被废除的魏忠贤的生祠来安葬他们，并且立了一块石碑在他们的墓门前，用以表彰他们的行为。啊！真是隆重啊！

这五位志士死后，到现在修墓安葬他们，时间不过是十一个月罢了。在这十一个月里，那些富贵人家的子弟、志得意满的人物，他们得病死去，死了就埋没不值得提起的，也太多了，何况乡间默默无闻的人呢！只有他们声名显耀，这是为什么呢？

我还记得周先生被逮捕，是在天启七年（公元1627年）三月十五日。我们复社里那些行为可以做读书人榜样的人，为他伸张正义，募集财物给他送行，哭声惊天动地。前来抓人的差役手握宝剑跑上前来责问："谁在为他哀哭？"大家再也不能忍受了，把他们打倒在地。这时以大中丞职衔做江苏巡抚的，是魏忠贤的党羽，周先生的被捕就是他指使的。苏州百姓正对他恨之入骨，于是就趁他大声呵责时，哄闹起来追赶他。这位大中丞躲在厕所里才逃脱。后来，他就以苏州百姓暴乱的罪名向朝廷请示，追究这件事，杀了五个人。他们是：颜佩韦、杨念如、马杰、沈扬、周文元，就是现在合葬在这墓里的。

但是这五个人临刑的时候，昂然自若，叫着中丞的名字痛骂他，谈笑着去死。他们被砍下来的头挂在城上，脸色一点没有改变。有贤明的士绅拿出五十两银子，买下这五个人的头用木匣装起来，终于和他们的尸体合在一起。因而现在墓里，是五个人的全身。

唉！魏忠贤当权作乱时，为官者能不改变自己的志节的，天下这么大，又有几个人呢？可是这五个人出身平民，从来没有受过经书上的教诲，却能被正义激发，冒着生命危险毫不顾惜，这又是什么原因呢？并且，当时伪造的诏书纷纷传出，全国到处都搜捕和东林党人有牵连的人，终于因为我们苏州这一次奋起反抗，他们不敢再株连治罪。魏忠贤也因为害怕正义力量而迟疑不决，篡夺帝位的阴谋难以突然发起，等到当今皇帝即位，他就吊死在路上。这不能说没有这五个人的功劳啊。

由此看来，现在那些做大官、居高位的人，一旦被治罪了，有的脱身逃跑，远近都不能容身；又有的削发为僧，闭门不出，假装疯癫，不知躲到哪里去了。他们可耻的、卑贱的行为，比起这五个人的死，轻重到底如何呢？因此，周蓼洲先生的忠诚义节显露在朝廷上，皇帝赐给他美好光荣的谥号，在死后得到荣耀。这五个人因而也能够修建起大坟，把他们的姓名刻在大堤上，所有南来北往的人，经过此地，没有不在墓前跪拜而且哭泣的。这真是百世难逢的事情啊。否则，假使这五人保全他们的头颅，老死在家中，活到他们的生命结束，人人都能把他们当作仆人使唤，又怎么能使那些豪杰们拜服，在他们墓前激动地握住手腕，抒发他们有识之士的悲愤之情呢？所以，我和同社的各位先生，惋惜这座墓只有一块空白的石碑，就为他们写了这篇碑记，也用来说明生死的重大意义，哪怕是百姓，也能对国家安危起重大作用。

贤明的士绅是：太仆卿吴默先生，翰林院修撰文震孟先生和姚希孟先生。

※ 评析

这篇碑记叙述明朝天启六年（公元 1626 年）苏州市民抗暴事件，歌颂了苏州人民不畏强暴、不怕牺牲，敢于向恶势力抗争的精神，表达了对“激于义而死”的五人的敬仰和悼念。文章夹叙夹议，运用了多种对比，突出了五人死得有价值。

历朝历代都有为了国家的正义事业而英勇献身的英雄，他们的事迹永存在人们的心中。“人固有一死，或重于泰山，或轻于鸿毛”，烈士们的牺牲向人们展示了他们的死是有价值的，他们会永垂青史，辉煌千古而不灭。